全国教育科学"十一五规划"2009年教育部重点课题:"基于学生知觉经验唤起的小学美术课堂有效教学模式研究"成果,课题批准号:DBA090295

小学美术教师专业能力必修

xiaoxue meishu jiaoshi zhuanye nengli bixiu

教育部基础教育课程教材发展中心 组编

编委会主任:曹志祥 周安平

李力加 章献明 著

全国百佳图书出版单位 国家一级出版社

图书在版编目（CIP）数据

小学美术教师专业能力必修/李力加，章献明著. —重庆：西南师范大学出版社，2011.12

（青蓝工程系列丛书）

ISBN 978-7-5621-5657-4

Ⅰ.①小… Ⅱ.①李…②章… Ⅲ.①美术课-教学研究-小学-师资培训-教材 Ⅳ.①G623.752

中国版本图书馆CIP数据核字（2012）第000440号

青蓝工程系列丛书

编委会主任： 曹志祥　周安平
策　　划： 森科文化

小学美术教师专业能力必修

李力加　章献明　著

责任编辑：	钟小族　李　平
特约编辑：	刘晓静
封面设计：	红十月设计室
出版发行：	西南师范大学出版社
	地址：重庆市北碚区天生路1号
	邮编：400715　市场营销部电话：023-68868624
	http://www.xscbs.com
经　销：	新华书店
印　刷：	重庆紫石东南印务有限公司
开　本：	787mm×1092mm　1/16
印　张：	18.25
字　数：	340千字
版　次：	2012年3月　第1版
印　次：	2021年7月　第6次印刷
书　号：	ISBN 978-7-5621-5657-4
定　价：	49.00元

若有印装质量问题，请联系出版社调换

版权所有　翻印必究

《青蓝工程》
编委会名单

丛书编委会

主　任	曹志祥　周安平
副主任	付宜红　米加德
编　委	程光泉　顾建军　金亚文　李力加　李　艺
（按姓氏拼音排序）	李远毅　林培英　刘春卉　刘克文　刘玉斌
	鲁子问　毛振明　史德志　王　民　汪　忠
	杨玉东　喻伯君　张茂聪　郑桂华　朱汉国

编者的话

在基础教育课程改革 10 周年之际,伴随着义务教育课程标准的再次修订与正式颁布,我们隆重推出这套"青蓝工程——学科教师专业能力必修系列"丛书。丛书立足于教师应该具备的最基本的教学专业知识与普适技能,为有效实施新修订的义务教育课程标准,深化基础教育课程改革,贯彻落实《国家中长期教育改革和发展规划纲要(2010-2020 年)》,助力素质教育高质量地推进提供了保证。

"教育大计,教师为本。"课程改革的有效实施和素质教育的贯彻落实需要一支高素质、专业化的教师队伍做支撑。教师的专业化发展在我国历来受到高度重视,但今天我国教师的专业化水平与社会的现实需求和时代的进步,特别是与教育改革发展的需要还存在着较大的差距。

以往,我们常常说教师要提高自身的专业水平或教学技能,但一个合格的教师究竟需要哪些最基本的专业知识与专业技能?教师的专业发展又该朝着哪个方向和目标去努力?这些问题,在教师专业化发展,尤其是在学科教师专业能力的提高上,一直以来并不是十分清晰。因此,我们聘请了当前活跃在基础教育学科领域的顶级专家,他们中的绝大多数是直接参与义务教育课程标准修订、审议或教材编写的资深学者,以担任相应学科的中小学教师应该(需要)了解(具备)的最基本的常识性知识和技能为出发点,总结了具有普适意义的学科教育教学知识和技能,力求推进教师教育教学能力的均衡发展,实现大多数教师教育教学能力的达标。从这个意义上,可以说这套丛书是教师专业化水平建设与发展的一个奠基工程,也是 10 年基础教育课程改革成果的结晶。我们希望青年教师不但能从书中充分汲取全国资深专家与优秀教师的经验、成果,更能"青出于蓝而胜于蓝",在前辈的引领下,大胆创新,勇于超越,也因此,我们将丛书命名为"青蓝工程"。

丛书从"知识储备"和"技能修炼"两个维度展开论述(个别学科根据自身特点在目录形式上略有不同)。"知识储备"部分一般包括:①对学科课程价值的理解与认识;②修订后课标(义务教育)的主要精神;③针对该学段、该学科的教学所需的基本知识和内容等。"技能修炼"部分主要针对教学设计、目标把握、教学实施与教学评价等专题展开论述。每个专题下根据学科特点和当前教学实际设有几个小话题,以案例导入或结合案例的形式阐述教师教学所必需的技能以及形成这些技能所需要的方法和途径等。

本丛书具有权威性、系统性和普适性,希望对广大教师,特别是青年教师的专业成长能有实实在在的帮助。

丛书编委会
2012年1月

前　　言

小学美术教师的"自画像"

　　作为一名小学美术教师，如何结合课程标准的学习，关注自己的专业成长与发展？在阅读本书前，可以采用问卷调研的方式，为自己画一幅"自画像"，[①]并展开自我剖析：

- 我原本是一名怎样的小学美术教师？
- 我希望自己能够成为一名怎样的美术教师？
- 我当小学美术教师的优势在哪里？
- 我当小学美术教师的劣势是什么？
- 我对美术课堂教学的认识有哪些？
- 我目前在教学工作中最大的困惑（困难）是什么？
- 我最想提升的美术学科能力是哪个方面？

　　说到小学美术教师的个人成长，必须要问的是：每位小学美术教师有没有认真审视过自己呢？有没有认识到自己的优势与劣势？有没有经常回顾自己的发展轨迹？是否展望过自己的未来？一个小学美术教师，对美术教育认识的加深，对美术课堂教学理解的深化，对自己如何更好地成长，都需要从自我反思开始。在解释与讨论小学美术教师自画像中提出的这些问题，是本书的目标。但是，如何才能从本书的阅读中有所收获，则取决于对自身的反思程度。

　　在小学里，美术被列为最次要的一门学科。谈到小学里的各门学科，有个俗语叫做"小三门"，专门指体育、音乐、美术这三门学科，美术是"小三门"（音体美）里排在最末的一门。由此可以想象，大多数小学美术

[①] 本问卷参阅浙江杭州西湖小学教育集团孙飒老师在浙江省"领雁工程"农村美术教师培训中的文本以及"国培计划"美术教师培训中的问卷文本内容。

教师在学校里的地位是怎样的。

　　2000年，国家启动了第八次基础教育课程改革，美术课得到了一定程度的重视，小学美术教师的地位也有了很大改善，美术课堂教学研究得到推进。通过对2001年确立的《全日制义务教育美术课程标准（实验稿）》的学习，再加上10年美术新课程改革后课堂教学实践的洗礼，小学美术教师对美术课程的认识水平有了较大提高。但是，如何按照《义务教育美术课程标准》（2011年版）的要求，做一名合格的小学美术教师，如何上好每一节美术课，如何展开美术教学研究，更具体一点，如何更恰当地处理美术课堂教学中的每一个细节问题，如何使小学生在美术课堂上得到并积累其一生受益的可持续发展的创造能力，仍是小学美术教师关注并希望得到具体点拨的问题。希望你阅读了本书后，对一些问题的思考会发生变化，对美术课堂教学的认识能逐步深化，这是本书所希望达到的效果。

目 录
Contents

第一章　认识美术及其意义　1

第一节　美术到底是什么 / 3
一、历史上被混淆了的概念 / 3
二、不要空讲"美"与"术" / 8
三、究竟什么是艺术 / 9

第二节　眼睛、视觉、想法 / 12
一、我们的眼睛 / 12
二、说说视觉 / 21
三、想法——思维 / 27

第三节　物象、图像、独眼龙 / 38
一、眼睛知觉物象后的思维转化 / 38
二、课堂上摄影图片的应用 / 44
三、图像的解读 / 47
四、"独眼龙"带来了什么 / 56

第二章　"造型·表现"教学能力的修炼　61

第一节　手中的线条从哪里来 / 63
一、儿童喜欢用线条表现 / 63
二、线条原来是这样出现的 / 65
三、线条与形态不是临摹出来的 / 67

四、线条可以这样表现 / 71

第二节　如何让儿童形成"形"的意识 / 76
　　一、模糊意识与不清晰的"形" / 76
　　二、塑造、表现"形"的学科探究 / 77
　　三、儿童表现"形"的教学策略探究 / 79
　　四、造"形"教学修炼的要素 / 80

第三节　七彩变化的世界 / 84
　　一、生活里的色彩与学科中的颜色 / 84
　　二、怎样表现色彩更有意思 / 86
　　三、表现色彩的方法有哪些 / 87

第四节　板、版、版画 / 93
　　一、板的生成性转移 / 93
　　二、版与版画的关系 / 97

第三章　"设计·应用"教学能力的修炼　　99

第一节　美术课中的设计学习 / 101
　　一、从"手工·工艺"到"设计·应用"的转变 / 101
　　二、材料结构的变化 / 103

第二节　"设计·应用"学习领域的核心内容 / 106
　　一、由画画走向图形知觉 / 106
　　二、怎样平衡动手与动脑的关系 / 110
　　三、从本质上认识设计 / 112

第四章　"欣赏·评述"教学能力的修炼　　115

第一节　说一说你的看法 / 117
　　一、让学生自由阐述 / 117
　　二、知觉唤起之后才能说 / 119

第二节　描述性地写出来 / 123
一、做好描述性总结 / 123
二、欣赏课中的描述与思考 / 124

第三节　解构、结构、重构 / 129
一、对一个教学设计的修改意见 / 129
二、对教学设计的思考 / 134

第四节　特别的看与有意思的说 / 138
一、看明白才能说出来 / 138
二、视觉经验决定表达 / 143

第五章　"综合·探索"教学能力的修炼　　149

第一节　什么是"综合·探索" / 151
一、梳理无形的网，选择合适的点 / 151
二、美术姓"文"吗 / 153

第二节　走向综合天地宽 / 156
一、点、线、面、形态、色彩之后还有什么 / 156
二、单元整体设计，深入挖掘主题 / 159

第六章　电脑、课件、社会文化资源进入美术课堂　　163

第一节　美术课堂如何"声情并茂" / 165
一、实物进课堂 / 165
二、课堂进场馆 / 166
三、课堂到课外 / 169
四、课件助课堂 / 171
五、网络通课堂 / 173

第二节　玩转三只"机" / 174
一、发挥计算机的核心作用 / 174

二、强化照相机的"吞噬"作用 / 179

三、体现摄像机的记录和还原作用 / 181

四、与计算机相关的其他"机" / 183

第三节　手工教具与材料的利用 / 184

一、必用与巧用——教师的课堂教具 / 184

二、材料与超越材料——学生的综合创作 / 186

第七章　美术教学语言的修炼　195

第一节　美术课堂上该怎样说话 / 197

一、小学美术教师需要什么样的课堂语言 / 200

二、美术课堂中的问答 / 203

第二节　教学语言的基础保障 / 212

一、宽容、幽默、通达 / 212

二、深情、感动、快乐 / 218

第八章　美术教学的教研一体化修炼　223

第一节　课堂教学研究的着眼点 / 225

一、什么样的孩子在美术课堂上最听话 / 225

二、美术课堂的"乱"与"静" / 228

三、面对课堂中的"乱与静",美术教师如何修炼自己 / 230

第二节　如何研究小学美术课堂教学 / 232

一、把美术教材上厚 / 232

二、美术课堂教学中的假设与实证 / 234

第三节　小学美术教师的课程意识 / 240

一、超越课本与学科 / 240

二、学习进行教育叙事研究 / 244

第九章　发展性美术能力的培养　255

第一节　在体验中发展 / 257
一、手生了吗 / 257
二、边教边画 / 260

第二节　在思考中发展 / 263
一、静思中的研读 / 263
二、如何自主思考 / 266
三、生活感觉与艺术感觉 / 269
四、"浪漫的思想、踏实的脚步" / 271

参考文献 / 273

后　记 / 275

第一章
认识美术及其意义

美术,到底是怎么一回事?美术教师可能会认为,这不是个问题啊,自己本来就是学美术出身的,还能不了解美术吗?研读完本章,你就会发现,做一位小学美术教师,对于"美术"这个似乎很熟悉的概念,需要思考的问题还有太多。

第一节 美术到底是什么

说到美术的概念，有的美术教师会说："美术包含了两个方面，一是审美，二是技能。"有的美术教师会说："美术，美术，既有美，还有术。"也有的美术教师会说："搞这么清楚有啥用呢？我就只管美术教学，学术研究的事情让专家们去操心吧。"还有的美术教师说："我就知道自己是小学美术教师，我的工作任务就是教孩子画画、做手工，开展学校里的美术活动，对于美术到底是什么，还真没有深入地想过，一时半会儿还答不上来。"

案例

讨论"美术"这个概念
（教师培训中与美术教师的对话）

主讲教师：大家都是美术教师，经历过美术学院的学习，今天问大家一个问题，当然，这是个非常熟悉但又不那么容易回答的问题：美术到底是什么？美术的内涵是什么？

（主讲教师的一席话，还真把美术教师们给问住了，大家面面相觑，欲言又止，想回答，似乎又很怕自己回答得不对）

教师1：我来说说，美术应该包含两个方面的意思：一是审美，二是表现技术。美术教师既要引导学生审美，对美有认识，还要有技术性的学习，让学生学会美术表现的技能。

主讲教师：回答得不错，但这样的回答还不太完全。再问一下，美术用英文怎么读？

教师2：art。

主讲教师：回答得很好。再继续问大家，"art"的另外一个意思是什么？也就是说，英文"art"除了翻译为"美术"之外，还能翻译为什么？

（一位听课教师插话回答：艺术）

主讲教师：很好啊！大家知道吗？由于英文"art"在一百年前被翻译为中文时的某些历史缘故，我们今天对美术这个概念的认识应该说比较含混，也可以说有点混淆不清。

（听课的美术教师们脸上呈现出吃惊的表情）

……

一、历史上被混淆了的概念

"美术"这个词语，进入中国已有一百多年的历史。在中国古代，并没有"美术"

这一说法，这个词是由英文"art"翻译而来的。但是，这个单词又可翻译为"艺术"，那"美术"到底指的是什么呢？小学美术教师重新理解和认识美术非常必要。只有对这一概念、内涵的认识变得明晰的时候，美术课堂教学的设计与实施方法才会发生改变。

1. 美术的内涵有哪些

从翻译角度讲，中文与英语的词语不能对应，汉语与英语的词义是不能直译的，其中的内涵意义也并不是简单对照的。例如，英文"art"可翻译成汉语"艺术"，但按照逻辑的说法，"艺术"是比"美术"更高一级的概念。除了美术之外，艺术还包括音乐、舞蹈、戏剧、电影、电视，甚至文学。在当今社会里，艺术的范围在进一步扩充，还应该包括一切视听及网络传达的艺术作品。但是，英文"art"被翻译为汉语后，"艺术"与"美术"却一直在被共用或者混用。

美术教师1：既然美术划归于艺术门下，那么，今天学校里的美术教师、美术课、美术教学等这些已经非常明晰的概念和事实，究竟是怎么回事呢？中国的大学里还都叫做"美术学院"。例如，中央美术学院，还有西安美术学院，这又是怎么回事呢？

美术教师2：按照这个说法，以后我们学校的美术教师是不是需要改变称呼呢？是叫"艺术教师"吗？这与音乐教师又怎么区分呢？

美术教师3：我们教好自己的美术课就行，有必要这么咬文嚼字地来讨论"美术"和"艺术"吗？多耽误时间！与其这样研讨，还不如直接给我们看一节示范课。

这些问题问得好，我们先看看权威辞书是怎么解释的。"美术"这一概念，《辞海》的解释为："亦称'造型艺术'，社会意识形态之一，通常指绘画、雕塑、工艺美术、建筑艺术等。欧洲17世纪开始用这一名词时，泛指含有美学情味和美的价值的活动及其产物，如绘画、雕塑、建筑、文学、音乐、舞蹈等，以区别于具有实用价值的工艺美术。也有人认为'美术'一词正式出现在18世纪中叶。18世纪产业革命后，技术日新月异，商业美术、工艺性的美术类别日多，美术范围亦见扩大，有绘画、雕塑、建筑艺术、工艺美术等，在东方还涉及书法和篆刻艺术等。中国'五四'运动前后开始普遍应用这一名词。近数十年来欧美各国已不大使用'美术'一词，往往以'艺术'一词统摄之。"

既然《辞海》说"美术"这个词是由"艺术"一词来统摄的，那"艺术"又是怎么一回事呢？"艺术"这个词本身在词源上与"技术"有关。今天，社会通常使用的"艺术"这个词，是在一百多年前翻译"art"时使用"艺"和"术"两个字，来表达"art"在西方传统中的意义。但是，当时的翻译用的却是中文"美术"这个词。"美术"作为英文"art"的对应词，在新文化运动之前，出现在一些中国学者的译著中。

例如，蔡元培先生在1903年的译著《哲学要领》中，曾将"art"译成"美术"。但是，"art"这个词含有"艺术"和"美术"的双重意思，中国学者早期使用"美术"一词的时候，其内涵是偏重于"艺术"概念的。又如，蔡元培在《国立美术学校成立及开学式演说词》中说："美术本包有文学、音乐、建筑、雕刻、图画等科。"同时又指出"唯文学一科，通例属文科大学，音乐则各国多立专校，故美术学校，恒以关系视觉之美术范围"。蔡元培先生的这段话，是将美术学校的"美术"专门看做"视觉之美术范围"的意思。

同样都使用中文，台湾学者在分析"艺术""美术"这些概念的区别时，按照西方的思路，把精致的艺术称为"美术"，英文叫做"fine art"，这个"美术"的内涵不包括音乐与舞蹈，只是指用手工技巧制作出来的绘画、雕刻和建筑。但是有一点需要注意，西方人看不起那些手工成分太重的工艺美术类的艺术，比如，金属镶嵌、编织、雕刻饰物等应用艺术。

随着时代变化，在我国，"美术"一词变成了专指绘画、雕塑、工艺等造型艺术的名词，与"艺术"形成了一种隶属关系。例如，大学学科名称，"艺术学"为一级学科，2011年国务院学位委员会研究通过，艺术学科独立成为"艺术学门类"，美术学正式成为艺术学门类下的一级学科。

作为小学美术教师，清晰了解"美术"的概念及其内涵，对把握好自己所从事的美术教学，是至关重要的事情。按照《义务教育美术课程标准》（2011年版）（以下简称《课程标准》）要求，美术课程以对视觉形象的感知、理解和创造为特征，美术教师在思考自己课堂教学具体内容的时候，能够从造型艺术，或者从视觉艺术等更恰当的认识层面上理解学校的美术课堂教学，反思自己的工作与职责，那么，对于小学生们的成长来说，就是最好的事情。

2. 美术教师需要认识"艺术"吗

美术教师1：现在明白了，原来我们常说的"美术"和"艺术"一直是含混不清的，我自己也不知道这些，总觉得这些对自己来说意义不大。但现在讨论了这个问题，感觉还是有点意思的，可以引出很多话题。

美术教师2：如果明白了"美术"和"艺术"的不同，自己在思考教学问题的时候，是不是应该更有深度呢？从艺术的高度思考问题，又能够为美术教学带来什么呢？

"艺术"这个词并非汉语中原本的"艺"字和"术"字的意思。中国古汉语中的"艺"字，其意思为"种"，指的是种树和农耕的技巧，也可以指园艺的技巧。总的来说，汉语中的"艺"字泛指技巧。例如，原来的中央工艺美术学院，在没有合并入清华大学，改名为"清华大学美术学院"之前，曾经用过的学校标志，就是参照象形文字中的"艺"字进行设计的，其视觉形象为一个曲着腿、双手扶着树苗的种树之人。

"术"字的意思为方术，是指采用人为的方式来控制不可知的领域。例如，古时候最高的术为"观天象而知天命"的数术，低一等的"术"为"法术"。后来，"术"的概念逐步扩大，包括各种数术方技。其实这些"术"也包括今天所说的科学技术，比如，对人的身体进行诊治称为"医术"。在汉代之前，对数术方技的掌握也称为"艺"，与"六艺"的"艺"字同义，具体的操作则称为"术"。

在《晋书》中，"艺"字与"术"字并用，已不单指农耕技术的"艺"和方术的"术"，而将其看做专门用人为方式探索不可知领域的活动，即"探幽明"。后代的人将

"艺术"这个概念弱化，限指个人的审美创造活动，既包含对不可知领域的探索，也包含对审美情趣的培养。

追溯其根源，这样的限指是由于后人对孔子"游于艺"之说的误解，后人认为孔子允许人们文雅地、轻松随便地放纵声色。其实，孔子是将艺术视为很高的人生发展阶段，他的意思是人们若想充分地实现自我、发展自己，就要"兴于诗，立于礼，成于乐"，从诗中呈现的知识入手，在人际关系、人情世故中了解立身处世的道理，在艺术中达到浑然天成的状态，这样才能达到"游于艺"的境界。

"艺术"这个名词在中西方文明中，其本义是表述精巧的技艺。古希腊、古罗马、中世纪是如此，中国古代文明也是如此。中国古代的六艺——礼、乐、射、御、书、数，几乎把一切需要技巧完成的工作都包括了进去，只是没有包括下层阶级做的事情。对于这一点，古希腊人更仁慈一些，他们对技艺的解释，偏重于手工的作业，因为绘画、雕刻、建筑之类都需要辛苦的工作，同时又需要熟练与精湛的技巧。

现代社会里所用的"艺术"这个词语（概念），是19世纪末20世纪初从西语体系中翻译出来的，再由日文转译为汉语。所以，"艺术"一词并不是在中国本土文化中发展起来的，而是从西方文化中借取过来的。

将"艺术"这两个汉字用做"art"的译文，这个汉语专用词与"art"的本义必然有相关之处。从西方语源角度考察，希腊语中的"艺术"一词指的是耕作技术，恰巧与中国的古义相似。后来希腊人将其义扩大，指称高超微妙的技术，恰巧又与中国的古义相似。中外的"艺术"古义都强调技术问题，但有一点值得注意，"艺术"的古义都和所翻译的那个"艺术"的含义无关，因为，翻译者当时根据的并不是"art"这个词的本义（古义），而是根据日本的译文翻译的。

到了19世纪艺术发展的浪漫主义时期，各艺术流派，尤其是象征主义流派，已经把"为艺术而艺术"作为最高的目标。这标志着艺术已经具备了独立的价值，成为自成体系、自我完善的学科，艺术本身就是一种特殊的审美技巧。

从这个发展脉络看，"art"这个词在艺术自身经历的发展过程中，其语义一直在不断地变化。但是，中文译文"艺术"这个词，在这个转变的历史过程中并没有一起发生转变，我们在日常生活、工作里使用的"艺术"或"美术"这两个词，是比较混乱的，以至于今天的人们对此概念的理解有偏差，包括小学美术教师在内，一直没有对其形成比较清晰的理解。造成人们理解、认识偏差的原因有三个方面：

一是中国社会长期内忧外患，艺术创作活动及艺术教育并没有进入世界艺术现代化进程中。

二是中国的艺术传统和西方的艺术传统在翻译"art"时正好交叉，过后又各自按照不同的文化传统去发展。

三是虽然"艺术"这个词的古义在中国和希腊有相似之处，但区别也是根本的。这就是说，中文的"艺术"和希腊的艺术虽然在翻译的时候曾经互用，但所指的内容并不完全一样。

在了解"艺术"这个词的历史演变后，我们对艺术和美术的理解就会更深刻。"艺术"这个概念在今天的社会里，其含义与用法与过去是不一样的。在现代艺术中，"艺术"表示一种整体的文化现象。

另外，在现代社会里，以视觉图像传达为目标的多媒体艺术，实际上表示了一种操作事件的技巧，这与希腊语中"艺术"的本义比较接近。所以，当"art"这个词由日语翻译为"艺术"（美术）这两个汉字的时候，它恰巧（也许这就是译者当时的一种特殊用心）与汉语语源的"艺"字（种树，即农业生产技巧）和"方术"（控制人以外的各种因素的方法技巧）相吻合，但是，这两个汉语词汇的语源外延并不涉及国家制度和祭祀礼仪（至少在战国之后已经如此）。

从社会行业的角度看，"艺术"这个词语是用来表示社会行业分工中的类别。比如，我们在生活中常常听到这样的话："这个人是搞艺术的。"这说明了"艺术"这个词语是与金融、化工、宗教、行政等词语并列而用的。近代以来，由于我国社会文化受日文翻译的影响，中文里"艺术"这个词主要是用来称呼美术、音乐、戏剧、舞蹈等传统审美活动的。

20世纪末，随着现代艺术在我国不断被深入解读，艺术的范畴扩大到前所未有的领域，人们对"艺术"这个词语的理解也在更宽的视野中不断深化。今天的人们所认识和理解的"艺术"暗含了中国古代"艺术"的原意，它是对自然整体以及这个整体中人与物质世界关系的观照。

正是由于"美术"这一专用术语在近现代中国历史中应用的含混性，《辞海》将这个词语解释为"造型艺术"是非常贴切的。而在发达国家的艺术课程标准里，艺术涉及四个方面的学科领域，是以视觉艺术、音乐、舞蹈、戏剧来划分的。因此，如果用"视觉艺术"来指称人们所理解的美术的特定含义，应该说更合适。然而，无论在人们的日常言谈中，还是在正式文献中，或是在学校科目的指称方面，人们都已经习惯使用"美术"这一术语了，说到美术的时候，人们的指向性会非常一致。但由于现代社会文化观念、媒体、表现材质等都已经发生了巨大的变化，如何对美术进行分类，怎样才能更加全面地理解今天社会及未来社会的美术，应该是所有美术教师必须搞明白的问题。

例如，美国将艺术学习定位在视觉艺术领域，要求在视觉文化日益盛行的时代，通过艺术学习，提高学生的视觉文化修养（visual literacy）。这种视觉文化修养，不仅具有审美价值，而且具有使用价值。[①]《课程标准》规定："学习图像传达与交流的方法，形成视觉文化的意识和构建面向21世纪的创造力已成为当代美术课程的基本取向。"

小学美术教师们只有理解了这些，才会对美术学院里的美术（艺术）的含义及其本质内容有清晰的认识。可能有的美术教师还会反问："中央美术学院是个大的名号，

---

① 王柯平等著. 美育的游戏［M］. 南京：南京出版社，2007.

但在中央美术学院里竟然还设有人文学院的编制，到底是'美术'这个词语的概念大呢，还是'人文'这个词语的含义更宽泛呢？"此刻，按照上述分析来思考问题，大家就应该明白了。

综上所述，由于历史的原因，当"美术"这个词语成为中国社会约定俗成的一种指称或基本认识习惯后，有些观念就一直在抑制和影响中国艺术教育的进程。对于这些认识的分析与思考，恰恰是一个美术教师需要特别清晰地理解的。

二、不要空讲"美"与"术"

案例

在小学里，常常听一些美术教师在说，美术包括"美"与"术"两个方面。这样单一地认识美术，对于小学美术教师来说，在思维观念上是有局限性的。美术，并不是"审美"加"技术"，如果上升到艺术的高度，更不能这样狭隘地认识美术。

问题：如今的小学美术教师应该怎样理解和认识美术？

答案：要从整体艺术观的角度来理解学校的美术课程。

一个小学美术教师需要全方位观照艺术，多角度思考美术，深刻认识学校美术教育，特别是要由视觉性、实践性、人文性、愉悦性整体上认识理解美术课程。

若由美术谈到艺术，如何从整体上理解艺术呢？当代英国著名艺术评论家和美学家赫伯特·里德的提问，能够对美术教师们有所启发："艺术就是美吗？美感的基本特征是什么？艺术作品的基本要素有哪些？艺术的价值是什么？"

里德先生凭借多年丰厚的艺术实践，从视觉艺术欣赏的角度出发，对这些问题进行探讨，深入浅出地阐明了艺术的特质。

在面对艺术大师毕加索的作品时，美术教师的理解与普通公民的基本认识肯定不同。例如，国家基础教育新课程实验教材《艺术》（教育科学出版社2003年版，杨立梅主编）三年级上册课题"毕加索的和平鸽"，面对教材中毕加索的作品，有人称赞："画得多好！这才是大师的手笔，真正的艺术！"当然，对于毕加索的版画作品《和平鸽》，给予这样的评价很恰当。而当教学进行到六年级上册时，在"我们爱和平"这个单元，当教材呈现毕加索的作品《格尔尼卡》的时候，不少人迷惑不解地抱怨："这画乱糟糟的，多难看！这也算艺术？"再如，当看到《艺术》教材中康定斯基、蒙德里安的作品时，不少学生与家长无法理解这些美术作品为什么会这样表现。

大多数人的基本思路是：艺术应该等于美，艺术和美之间似乎处于一种一致的关系。因此，人们在观照每一件艺术作品的时候，总是会有意无意地用美作为衡量艺术的直接尺度。历来的学校教育，使得普通公民已经形成了"美即艺术"或者"艺术就是美"的认识。许多小学美术教师对这样的观点似乎比较认可，但他们绝没有想到，这是在误导人们。里德先生的核心观点是"艺术与美之间并无必然的联系"，这是为什么呢？里德先生说："我们之所以对艺术有许多误解，主要是因为我们在使用'艺术'和'美'这两个词时缺乏一致性。可以说，我们长期以来一直在滥用着这两个词。我们总是以为凡是美的就是艺术，或者说，凡是艺术就是美的；凡是不美的就不是艺术，丑是对艺术的否定。事实上，艺术并不一定等于美。"

由于人们本来就没有弄明白什么是"艺术"，也没有搞清楚"什么是美的"，更没有理解美感究竟是怎么回事，没有明白正常的审美活动与艺术之间到底是什么样的关系，所以，这样的误解一直在影响着人们对艺术、艺术教育本质的认识，以及对美和审美的基本认识。例如，在小学美术课堂上我们会看到这样的现象：美术教师问学生："这幅画美不美啊？"学生齐声回答："美！"美术教师又问："这幅照片上的花漂亮吗？"学生又齐声回答："漂亮！"这种教学现象反映出，此时小学生们根本不了解什么是美，也不明白什么是漂亮，他们只是跟着老师的问话机械地回答。

如果小学美术教师能够多学习一些美术史，然后从社会学的角度，对目前世界各地已经存在的一些艺术形态有所了解的话，再回过头来看这个问题，那么，就会发现，艺术无论在过去，还是在现在，常常是一件不美的东西。

那艺术究竟是什么呢？

美是一种特殊的人生哲学观念下的产物，它具有人的个性特点，能够使人的价值得到升华。不同的作品具有不同的美感，但人的肉体上的快感，如喝酒后的愉悦与欣赏美术作品、音乐作品时所体验到的快感绝不是一样的，前者不能归属于审美。这些都应该成为美术教育需要澄清的观念问题。

因此，美术教师在小学美术课堂上应避免向学生们空谈"美"。美术，绝不是"美"与"术"相加。美与漂亮不是一回事，能够形成美感的艺术，往往具有特别的表现形式。美术教师传达审美意义时，需要先认真研究美是如何形成的，既包括哲学意义，又包括形式美感的构成规律，还包括人在当下的体验。

三、究竟什么是艺术

假如以"美术是什么""什么是艺术"为题在中小学对美术教师进行现场测验，可能出现的结果是：教师们对这个问题的理解是含混的、不清晰的、不客观的。

说到"艺术"这个词，在一般情况下，人们通常将它与"造型的""视觉的"艺术活动联系起来。"art"这个词传进中国后，由于人们对其解释的狭隘，"art"在一般情况下就是"美术"的代称，而不是泛指所有的"艺术"。这就是国情与历史条件限制带给人们的习惯性认识基础。这样的认识，自然将音乐等学科划出了艺术的范围。

"艺术"常常被界定为一种"意在创造出具有愉悦性形式的东西"。这些形式可以满足人们的美感，但是，美感是否能够得到满足，则取决于人是否具备相应的鉴赏能力，即一种能够对存在于各种艺术形式关系中的和谐与整合性的感知能力。

艺术的价值是什么？历代的人们都有不同的观点，综合起来，可以归纳为以下几个层面：

"艺术的价值有赖于人类情感的深度。"

"艺术的价值在于以简明的表现手法对生活做出诗意的、宗教的或哲理的诠释。"

"艺术的价值在于表现了一种艺术家只有依靠直觉力量才能把握得住的理想的均衡或和谐。"

"艺术的价值在于表现了永恒的人性。"[①]

从上述的四个不同层面,可以将艺术价值归纳为:

(1) 形式价值(愉悦性、抽象性、和谐性)。

(2) 心理价值(同情性、趣味性与潜意识生活)。

(3) 哲理价值(精神内涵的广度与深度,隐含在作品中的普遍意义)。

这是康定斯基所推崇的"形神兼备"的艺术价值观。

我们可以从这个意义上理解学校的艺术教育目标,思考小学美术课堂教学究竟应该教给学生什么,到底应该怎么教。在这样的认识基础上,根据不同版本的美术教材研究课堂教学问题的时候,就要在整体上多多思考。经过这样的思考,就确立了美术课堂教学研究的方向。

当小学美术教师能够从艺术的整体层面上来理解、认识学校美术课堂教学的时候,当他们能够从艺术历史的发展脉络上分析美术教学问题的时候,他们就能够在更宽阔、更高的水平上研究自己的美术课堂教学。对此,美术教师可以从三个方面来修炼自己:

1. 从视觉艺术的角度思考教学问题。要从眼睛这一感官的知觉本质上考虑儿童的能力发展问题,要应对全面视觉图像化时代,从视觉思维研究的高度入手,以解构图像文本的方式设计教学。例如,太阳这个主题在美术教学里反复出现,关于太阳的视觉感受是每个小学生都有的知觉经验,教师在美术课堂上需要引导小学生们对过去还不太了解的太阳文化展开探究。此刻,美术教师所呈现的太阳图片应该是根据文化意义来选择的,比如马王堆帛画中的"太阳里面有金乌"。又如,成都金沙遗址中的金箔"四鸟追日"。再如,彩陶纹样中的太阳崇拜图形等。在西方艺术中则可以选择玛雅文

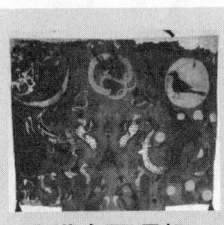
汉代帛画(局部)

金沙遗址出土
——四鸟追日金箔

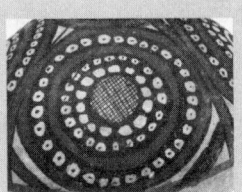
彩陶中太阳纹饰1

彩陶中太阳纹饰2

贺兰山岩画太阳神

陶罐太阳图形局部

陶罐中的太阳

玛雅文化中阿兹
特克人的太阳历石

---

① 赫伯特·里德. 艺术的真谛 [M]. 王柯平译. 北京:中国人民大学出版社,2005. 14—15.

化中的"太阳历石",古希腊的"太阳神"等。图片选择定位应以太阳文化为基础,而且要将各个历史文化中的艺术精品与小学生的视觉经验相连接,使其产生一种新的体验。这样的教学思路蕴涵着艺术的本质——情感。太阳,千百年来的人们对其寄予了多么深厚的情感。

2. 从美学高度思考问题。赫伯特·里德关于艺术价值的四个层面的分析,均从美学的高度进行阐述。小学美术教师们可能对美学这个抽象的概念缺乏理论分析,但是,一个小学美术教师要提高教学水平,如果离开自身的美学修养,则是无法达到的。例如,中国画教学是小学美术教师经常探讨的表现性教学。但是,大多数小学美术教师并没有从中国画的本质上去研究问题,他们只是在教学里运用了中国画的工具和材料让小学生们表现。中国画教学离不开欣赏中国画作品,例如,齐白石的作品,或者是中国传统山水画作品。在小学美术课堂上,前者可能还比较容易解说,但后者一般难以讲清楚,小学美术教师会感觉很难向小学生们解释清楚古代画家究竟为什么这样画。仅仅从一幅传统的山水画来看,它的解读也需要中国文化、中国美学来论证,课堂教学要由这些方面共同构成中国画欣赏的学习语境,但是这些都需要美术教师根据作品的细节,结合历史文化知识,对其进行有深度的分析。以这样的思路来讲课,才能上好走向文化的美术课程。

3. 美术教师在观念形态上的认识。艺术是人类在创造世界的过程中形成的一种观察世界、体认世界的重要方式。美术家的世界是一个"看见"独特风景的世界。美术家的看见不是一般人为了生存需要意义上的看,看见是有特殊距离的一种自我意识的拥有,美术家是以艺术的方式拥有这个世界。艺术教育终极目标下的学校美术课程,其所要达成的课堂教学有效性之一,就是引导学生(普通公民)去感受、体验艺术家所具有的独特的知觉、特殊的看见、个人意象性的目光,并从中获取对这个物质世界一种新的发现,逐步形成有独特认识力的眼光。

第二节 眼睛、视觉、想法

一、我们的眼睛

每个人都有一双明亮的眼睛，眼睛是人身体中最重要的功能器官之一。

当我们的眼睛注视着每个物体时，当我们的眼睛观察着自己想要了解的事物时，在眼睛瞳孔每次被视觉对象刺激的时候，你的思维也在随着眼睛的视点急速地运转着。这就是视觉思维在人的生活与成长中的最基本的作用。

在日常生活中，眼睛帮助人们进行思维的目标是：满足最基本的生活、生存需要。人看到了可口的食物，就想获得它；看到了自己认为恰当而又时尚的衣服，就想穿它；看到了一款特别适合自己的好车，就希望拥有它。这些是人最基础的需要。

在现代社会中，生活节奏非常快，人们为了获得高质量的生活而不停忙碌着。我们经常出现这样的情况：在喧嚣的大都市或嘈杂的街区，感觉自己的心灵几乎要窒息，感觉现代生活真的好累、好累……

无论是学校里的学生、公司里的职员，还是企业里的员工、社会服务行业中的职工，或者是乡间的农民，他们在忙碌中哪怕有一丝一毫的空闲时间，也希望能够享受生活与自然带给自己的恩赐。

恩赐的获得首先需要我们的眼睛。眼睛是最能够让人获得感官满足的身体器官。当身体疲惫、心灵疲劳时，我们需要眼睛为我们带来慰藉。看一眼远处绿色的树丛，望一望雨季不多出现的蓝天，这一切都是围绕着眼睛展开的。

1. 如何认识眼睛

案例

我们的眼睛

（教学设计文本与教学实录）

教学设计：李殷 李力加

执教：李力加

（注：本教学内容以同课异构的方式，分别在小学四年级、乡镇初中一年级、重点高中二年级、大学医学院本科二年级，针对不同文化背景、不同年段的学生进行教学，对基本内容进行了不同的组合，针对不同学生，对图片及艺术作品作出了不同选择。本案例是在杭州西湖小学教育集团文新小学407班展开的）

师：什么是眼睛啊？听起来这是一个很大的课题呢，但是，如果简单地说，答案也许同样很简单。

生：眼睛是我们用来了解世界的工具。

生：听语文老师说过，眼睛是我们心灵的窗户。

师：回答很精彩。

（图版呈现出不同的眼睛特写：儿童的、少年的、青年的、老年的眼睛特写）

生：哇！那是谁的眼睛？

师：老人的眼睛，这张图片上的是李老师的眼睛。

（学生兴奋得大叫）

师：这是谁的眼睛？

生：这是我们校长的眼睛！

师：同学们的眼神真敏锐，一眼就能够认出这张图片上的是你们校长的眼睛。

生：（大叫）这是我们孙老师的眼睛！

师：说得真好！大家看得很准确！

（小学生对自己熟悉的事物感觉特别兴奋，共鸣的产生来自于常态生活中的知觉回忆被唤起）

师：如果说眼睛是我们的情感不可或缺的组成，是我们的精神不能忽视的伴侣。你认为这样的说法有没有道理呢？

师：通过眼睛，我们看到了蓝色的天空、绿色的树叶、金色的阳光、五颜六色的花朵。

（图版呈现蓝色天空下的景物，这组图片通过色彩的强烈刺激与形态的局部放大，使学生的眼睛在关注图片时发生强烈的反应）

师：通过眼睛，我们看到了天空中的行云、被风摇动的树叶、阳光下灿烂的笑容、花丛中歌唱的孩子。

（图版呈现阳光下灿烂的笑脸，学生此刻的情绪特别高涨，不时在大声地喊着）

师：通过眼睛，我们看到的是一个又一个单纯的事物，但是同时，这一个又一个貌似单纯的事物又组成了一个整体，恰到好处地融合在一起，组成了这个世界。不敢想象，没有了眼睛，我们的世界将是怎样的。

生：如果没有了眼睛，这个世界将变得一片黑暗。

生：如果没有了眼睛，我们将无法正常生活。

师：但是，可以肯定地说，在原始人的心里，眼睛并不是我们现在想的这样。在那个时候，眼睛是神圣的象征。

（图版呈现三星堆青铜器作品中"蚕丛纵目"的图像及其局部特写，学生的反应强烈，争着问这是什么）

师：当你用眼睛看着你面前的人或物的时候，那个被你看到的人就永远印在了你的心里，那个被你看到的物就变成了你的。所以，古书上说到的"纵目"是近乎邪恶的存在，带着不可抗拒的力量。

生：我知道！这个眼睛是蜀国人的。

师：你从哪里得到这样的答案？

生：看书知道的。

师：能不能把你知道的故事讲给同学们听？

（学生描述略）

师：唐恩宇同学说得多么好！她真是我们的小老师！

师：所以，古时候的人特别崇拜眼睛，他们按照眼睛的形状，发明了一个字：目。

（图版呈现"目"字的甲骨文、大篆、小篆、隶书、楷书写法）

师："目"从此成了眼睛的学名。

师：但是，眼睛里看到的不仅仅是那些邪恶的东西，被眼睛看到了也并不代表就会发生不幸。

师：人们睁开了眼睛，看到了天空，原来天空有阴有晴。阴天的时候，天空是昏暗的，让人很害怕；而晴天的时候，天空是温暖的，那种近乎透明的蓝色，让人很舒畅。

（图版呈现温暖晴朗的蓝天和布满乌云的天空）

师：人们睁开了眼睛，看到了河流，原来河流有缓有急，缓缓流淌的小溪，带来了欢跃的水花。水花在阳光的照耀下，跳跃在苍白的石头上。而滚滚而来的长河，却常常让人产生敬畏感。

（图版呈现不同状态下的流水）

师：原来，眼睛里看到的，不仅仅是那些可怕的东西。

师：或者不是因为眼睛，而是因为用眼睛看的人心里有了不同的想法，而产生了不同的感觉。

师：你有过这样的经历吗？当你开心的时候，看到什么都是美好的，即使是阴霾的天空中，依然会有自在的浮云。但是，如果你遇到了不快乐的事情，正如考试的时候感觉不好了，在回家的路上，忐忑不安的你，又怎么会注意到头上那枝已然绽放的春日里的第一朵花呢？

师：也许，我们用眼睛看着这个世界时，也用自己的心灵改变着自己看到的结果。

师：也许，眼睛看到的东西带有太多太多的主观因素。

分析：在上述教学对话里，教师引导小学生第一次认真关注自己的眼睛。一般情况下，人不会去专门在意自己眼睛的功能，因为这已经成为人的生活习惯。但是，美术课的学习应该回到事情的本质上来。

在美术课堂上，无论是小学生，还是中学生，或是大学生，其眼睛（视觉）被图像刺激后，与大脑记忆中的内部符号发生触接，于是会迅速反映出图像（作品）所传达的是什么，并在自己的认知系统唤起一个词汇项目。如果眼睛所接收的图像信息是陌生的，是自己过去不曾相识的，此刻，视觉符号信息的不匹配现象就出现了。在美术课上，小学生看到现代美术作品，会向教师求援，询问这是什么。于是，孩子在美术课堂学习中即将产生新的概念，新的记忆编码将要储存。

这一段教学的意义是，引导学生关注自己的眼睛，能够从对眼睛的思考开始，以新的视角来知觉常态美术及其作品。这样的教学是带有很强干预性的，因为大多数学生从来都没有这样认真地站在视觉思维的高度来认识自己的眼睛。

2. 眼睛在看什么

人的眼睛随时都在看，离开了眼睛，人就无法正常生活。但是，人一天到晚究竟都在看什么呢？

案例

"我们的眼睛"教学实录片段

执教：李力加

（注：本段教学分别在浙江师范大学附属中学、浙江省农村初中美术教师"领雁工程"班现场教学，部分内容在杭州第七届国际教育大会杭州采荷小学四年级某班进行了主题教学）

师：大家听说过哲学家的一个争论吗？议题是：我们的眼睛所看到的能不能真实地反映这个世界呢？

师：有一群哲学家说可以，因为我们的眼睛是准确的视觉器官；而另一群哲学家却摇头说不能，因为我们的眼睛带有太多的主观因素。两群哲学家争吵啊吵啊，时间流过了几百年，甚至上千年，但是我们却依然在生活着，用我们的眼睛看着这个世界。

（图版呈现伦勃朗作品《两个哲学家》和拉斐尔作品《雅典学院》，艺术小词典介绍这两部作品）

师：那么，我们用自己的眼睛看到的是什么呢？

生：我们看到了生活里的事物。

师：说得真好。

师：用科学的语言讲，眼睛是一个视觉器官。如果没有视神经的通路，我们就无法看到任何形象；如果没有视细胞的作用，我们就无法看到五颜六色的世界，也无法区分白天和黑夜。但是，在现代科学中，有人提出了大脑中其他的区域也会影响到视觉结果。也许，这就是主观的作用吧。

师：在第一节物理课上，老师总是会讲一个概念——误差。什么是误差呢？老师一定会强调：在实验中，由于人的习惯不同，会导致明显的误差。比方说，用尺子丈量某一个线段，大家的答案就会有很大的不同。

（图版呈现中学物理课实验图片）

师：在第一节化学课上，老师也会提到一个概念——颜色。化学这门学科中有很多不同颜色的物质，可是，在不同人眼中，即使是同一种物质，颜色也会有不同，这也是和个人的习惯有关的。所以，使用试纸的时候，老师总是会这样强调：大家要严格与标准颜色相比较。

（图版呈现中学化学课实验图片）

师：在生物课上，老师遇到的问题就更苦恼了。怎么形容一个生物的形状和颜色呢？每个人还是会给出不同的答案。

（图版呈现中学生物课实验图片）

师：为什么会这样呢？这是因为我们有着不同的心灵，因而也就有着不同的眼睛。

师：我们用眼睛看着这个世界，同时也用心灵感知着这个世界，我们看到的世界其实已经不完全是原来的样子了，而是带上了我们的情感。语文课上，老师讲过这样一个句子，是杜甫的名句："感时花溅泪，恨别鸟惊心。"（学生应和着一起朗读）为什么花会哭，为什么鸟会惊？其实，花不会哭，鸟也不会惊，但是，在痛苦的诗人眼中，花就是在哭。你看吧，这露珠就是花的泪，鸟儿也在惊心呢，你听到它们的叫声了吗？那都是带血的啼鸣啊。

师：所以，当你把心灵色彩投到你所看到的物象上，那些原先没有生命的东西就会不由自主地带上你的情感。

（图版呈现眼睛特写——带有情感色彩的眼神）

师：例如，同样是蝉的鸣叫，骆宾王想到的是高洁，因为那个时候他正在监狱里面。李商隐则会觉得烦躁，因为他那时找工作失败了。不同的人有着不同的经历，看到同样的事物也就会有不同的感想。

师：所以说，我们的眼睛啊，带着太多的感情。

师：你很喜欢一个东西的时候，你会怎么样呢？

生：爱不释手。

（图版呈现爱不释手的动态与眼神，例如手拿新买的数码相机）

师：那么，当你很厌恶一个东西的时候，你又会怎么样呢？

生：不屑一顾。

（图版呈现不屑一顾的样子）

师：已经讲了这么多，我想再问大家同一个问题：什么是眼睛啊？我们的眼睛是怎样的呢？现在的你，会给我怎样的答案呢？

生：我们的眼睛是一样的，但我们的想法却不同。

师：是的，大家都有一双明亮的眼睛，却有着——

生：不一样的思维。

师：普通人的眼睛与艺术家的眼睛有着同样的功能，都首先用于日常的生活、学习和工作观察。每个人的眼睛本身就是用来看事物的，但由于每个人使用的方法和使用的程度有所不同，所以看到的东西自然就不同。艺术家的眼睛与普通人的眼睛比较起来，有着特殊的、与众不同的功能。大家想不想来探究一下，普通人的眼睛和艺术家的眼睛各是怎样的呢？有什么不同呢？

分析：这段教学，目的在于引导学生认真地对自己最熟悉的眼睛进行研究性学习，重新认识自己已经知道的身体中的重要器官。当学生能够在新的观念启发下，对眼睛的认识有所改变，他们对美术这门学科的认识就会发生变化。

对于这样的教学内容，教师在面对不同年龄段的学生时，其关注点是不一样的。

眼睛到底在看什么？没有经过这个课题学习的学生，可能还没有更深刻的理解。作为一个小学美术教师，过去也往往不曾有过这样的思考，不曾在美术课堂上专门花时间来研究眼睛，也不曾料想到眼睛与美术教学竟然有着极其密切的关系。所以说，美术教师如果没有从视觉思维的角度来研究美术课堂教学，就是在做本末倒置的事情。

"看"是每个人的眼睛最基本的功能，但是看与看是不一样的。普通公民的看，艺术家的看，美术教师的看，其他学科教师的看，都是不一样的。因此，修炼如何来研究看的问题，成为小学美术教师的必修课。

3. 如何看的修炼

教学案例"我们的眼睛"，是美术教师引导学生学习如何去看的一个主题内容。对于美术教师来说，首先需要自己能够具有特殊的眼光，并在某种意象性思维的引领下，做到有意识地去看、有目的地去看。

修炼1：在乎自己的意象

美术教师都知道眼睛的重要性，但大多数美术教师却忽视了眼睛感受事物形象后所产生的意象。每一天，人的不同感觉器官——视觉、听觉、触觉、嗅觉、味觉等，在思维引导的综合作用下，感知着生活里的世界。其中，眼睛是最重要的感知器官，在知觉生活里不同物象的时候，往往起到了统率其他感觉器官的作用。

所有人的眼睛在与其他器官共同知觉事物之后，会产生一个似乎并不存在的意象，也就是暂时不在眼前的物象，这种意象可以称为"心理图画"。例如，在睡梦中出现的图像，一般是人在生活里知觉事物后的心理图画反映。美术教师也不例外，同样会做梦，同样会产生心理图画这样的意象。但是，很多美术教师却没有在意自己的梦，也不太在乎自己的大脑对不在眼前的事物形象的反映。例如，在自己的梦中出现了一条鱼，到底为什么出现鱼，其象征意义是什么呢？美术教师并没有在乎这个梦，也不在意梦中出现的鱼。

有一句非常熟悉的话："美梦成真。"想发财的美梦一旦成真，就可以不再辛苦地去进行课堂教学，但是这样的美梦似乎不会光顾美术教师。"美梦成真"到底会不会来呢？"美梦成真"都去光顾世间的哪些人呢？答案为：一是儿童，二是艺术家。

孩子是最喜欢做梦的，而且，孩子的梦充满了神奇与童话般的色彩。艺术家也爱做梦，艺术家的梦往往是超现实的美梦、浪漫的梦，但却是非常有创意的梦。除了儿童与艺术家之外，文学家也爱做梦，文学家的梦多以神话的象征性出现，让人们对此描述充满了期待。

美术教师需要修炼的是，要认识并在乎自己的意象和这些出自美梦里的心理图画。每个人在生活的世界里通过眼睛的知觉选择后，会产生各自的思维构成，此刻往往能够生成某种意象，这种意象是刺激人产生创造性思维的基础。美术教师应该做一个有心人，要有意识地去思考自己的意象（心理图画）。因为，意象性与美术教师的发展是无法分割的。在美术表现中，绘画性的描绘、符号式的表现、记号式的记录等，都由自己的意象性思维而来。

案例

备课中的着迷

Ａ教师接到领导安排，要代表学校参加区里的美术公开课比赛。对于这样一个上面（领导）指定的工作，Ａ教师自然不能怠慢。他在考虑，拿出一节什么样的课到区里参加比赛呢？为此，平时本来倒头就睡的他这天晚上失眠了，没有睡好，自然对备课的影响很大。眼看着公开课比赛的日子临近，Ａ教师还没有拿出让自己满意的教学设计方案，这可怎么办呢？Ａ教师的日常教学工作还比较忙，他只好先应对上课。第二、第三节课的课间时间回到办公室，Ａ教师突然发现在线的QQ上有××专家的头像符号在闪动，他立刻发起对话，请求专家帮助。专家说了这样的话："美术课堂教学最能够打动人的地方，在于教师的教学能够激发学生的情感，而学生情感的触动需要课堂上的教学主题与学生原有的视觉经验相关联，使其在美术学习中产生当下的情感体验。比如说树叶，小学生把树叶拿起来，对着光线比较亮的方向看去，发现树叶内部的脉络原来是那样丰富，就好像是……"

Ａ教师忽然大悟："我明白了，谢谢！"Ａ教师又急于去上课了，谈话到此暂停。

午饭后，晚间没有睡好的Ａ教师感觉太困倦，头一歪就靠在椅子上睡迷糊了。在片刻的休息中，他进入了梦境：自己来到一个微观世界里，眼前出现了很多粗细不同的管道，管道里流动着红色的液体，液体越来越多，越来越密集……突然，Ａ教师醒来了。"我这是在做什么梦？"他不解地摇着头……

他越想越觉得这事情很蹊跷！这有着红色液体的管道是什么？为什么会看到这样密集的管道？他又一次上网登录QQ，此刻，那位专家不在线，他把自己的梦用留言的方式告诉专家，请他帮助解析。

晚上11点，他接到专家的信息，说留言写在QQ上。Ａ教师立刻打开电脑，他看到了专家的留言："人有着不同的梦境，在梦里经常会出现那些似乎与真实世界不同的但似乎又是真实的物象，这就是意象，也可以称为'心理图画'。你这几天一直在想公开课如何上的问题，你的心理图画是那些红色液体在不同粗细的管道里涌动，这些意象是由哪里来的呢？这是由你上课、备课的思绪所引起的。假如你在教学里采用让小学生欣赏人的毛细血管图像（图片）的方法，再与树叶的图像（图片）相结合的话，这样的教学肯定就关联了学生的生命感……"

原来如此！意象性的思维竟然是这样的神奇！Ａ教师决定，在公开课教学导入中采用让学生欣赏毛细血管图像（图片），再与树叶的图像（图片）相结合的欣赏学习思路。

修炼2：眼睛的敏感

眼睛的敏感来自哪里呢？答案是：小学美术教师需要坚持返回生活世界的态度与行为。

有的美术教师会问，我的眼睛一直在注视着生活里的每时每刻，还有什么返回不返回呢？实际并不然，问题就出现在生活里。在日常生活中，眼睛的单一性、习惯性注视过程会使人的视觉变得麻木，人们对生活里的物象及其细节变化丧失了敏感，并不在意从眼睛视线中流逝的物象。

返回生活世界，是美术教师具备的一种要求自己的眼睛时刻保持敏感性的态度，美术教师在观看物象时的心理状态需要由"认识""打量"的常态转换为"欣赏""使用"的主动姿态。美术教师不要把生活里的物象当做某种"认识""打量"的"对象"，不要把自己与生活物体隔开，而要欣赏、亲近生活世界与教学工作，要有与生活细节、教学工作融为一体、打成一片、抱成一团的感觉。只有具备这样的眼睛，小学美术教师才能更好地认识生活、感悟教学。

当美术教师注视生活、工作的眼光改变之后，不把自己当做认识生活物象的主体，不把生活、工作当做被认识的客体的时候，就会发现，自己和生活、工作处于无法分开、不分彼此的状态，二者之间是一种相互交往的关系，在一起发生主体与主体之间的交往。

案例

儿童眼中的物

一天，W老师在给二年级的孩子上课，教学主题为"植物的表现"。这是一节直奔主题的表现式教学，实际上就是教二年级的孩子们画植物。W老师是一位新老师，她在教学中采用的办法是，将自己的师傅Z老师在教学中曾经用过的范画搬到自己的课堂里，同时，又将Z老师课堂教学中留下的表现比较完整的若干幅学生作业一起当教学资料带到课堂。

教学导入后，学生立刻进入表现性过程。W老师将Z老师的范画和其他同学的作品都呈现在展板上，目的是让小孩子们能够多看看，甚至是临摹一下，争取把课堂作业完成得好一些。但是，课堂上的情况事与愿违。只见这些二年级的孩子低头画自己的，很少有学生抬起头来看展板上的画作。

在教学指导过程中，W老师非常郁闷：孩子们怎么这样啊？提供了这么多的范画，怎么也不照着画一画呢？吸收其他同学的长处多好啊！

分析：依据二年级小孩子的视觉经验，植物是他们最熟悉的物象之一。假如小孩子有意"描绘"某种植物，他们就会围绕事物的突出特点，加以再现式的画。但是，绘画的表现需要视知觉的支撑，儿童在追寻事物形态的时候，总是以把某物对照自己画中此物的心理来指令自己的思维，因此，孩子们的眼睛在知觉物象的时候，已经包含了对物体一些特征的捕捉，但这样的知觉还是属于视觉经验的结果，还有许多不完善的地方，这是儿童写实性表现心理所具备的感知意象。

W老师作为新美术教师，眼睛的敏感性显然不足。表现植物主题的绘画课教学，最需要的是教师自己事先对所要传递的植物形态有特殊的敏感，需要自己的眼睛能够看到植物的特别之处。只有这样，小学生在课堂中才能有比较到位的认识，落实到画纸上才可能更有水平。

学生眼睛的敏感来自教师的引导。在小学生们常态的绘画表现中，画得"像"几乎成为孩子们的表现目标，对于手头表现功夫稍逊的孩子来说，画不"像"可能就成为其不再喜欢美术课与美术活动的原因之一。但是，在课堂观察后，研究者会发现，小孩子在表现时并不一定按照美术教师的指令去画得"像"，而是根据自己内心的需要，对这些现实存在的事实（植物图形）的本质进行比较详细的描述，这样的事实存在反映了孩子们的知觉意识，因而，他们在课堂上宁肯低头自己去表现，也不愿意按照教师的指令照着画临摹。

对于案例中的现象，美术教师可以从以下方面进行调整：

（1）美术教师对儿童课堂表现中思维意识本质的还原，建立在对存在事实的实证主义研究基础上。美术教师首先需要对其课堂上的表现情况进行描述性分析，发现学生们存在的问题的本质，然后采用其他的教学方式引导学生的视知觉，尝试对孩子们的知觉变样展开研究，从而分析其发生的根源所在。对学生情况有了基本认识后，要在第二次课专门抽时间安排本课作业分析，并在分析的基础上提示学生们眼睛敏感的重要作用。

（2）美术教师要对植物图片进行分析，把学生曾经画过的与植物主题相关的图画用电脑软件制作出来，分解成视觉发现的步骤图，告诉学生们为什么美术学习中需要眼睛敏感。第一幅是植物摄影图片，第二幅为看到线条（将植物摄影图片用软件制作成线条表现的画面），第三幅是用色调表现的该植物画面，第四幅为用色彩表现的该植物画面。美术教师此刻要这样告诉孩子们："同学们知道吗？老师的眼睛就是这样厉害，在生活里看到真实的植物之后，脑海里立刻就能够闪现出这样的几种画面。大家也需要练习这样的眼光啊！而且，老师相信，在老师的带领下，大家的眼睛都会如同孙悟空那样，成为'火眼金睛'。"

  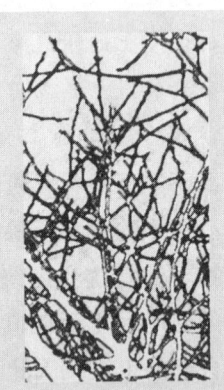 

（3）进行儿童画作品分析。教师要事先选择在上节课教学里曾经出现过的儿童画作品、本班同学画的作品等，将它们制作成PPT，分析当时课堂上的情况：大概有多少同学是在按照自己的视觉经验把心里的植物图形画出来；又有多少同学曾经抬起头来看展板上同学的作业与教师的范画，吸收其他同学的植物图形表现自己的意图；还有多少同学是根据开始导入时对植物摄影图片欣赏的记忆或印象进行表现的……在这个分析的过程中，教师要把学生表现的作业尽可能地全部照顾到，给孩子们以尊重。在作品分析的后半段时间，教师要结合摄影图片的分析，引导孩子们结合摄影图片上的植物形态进行提炼，构成新的画面，并布置作业练习。

（本节文本由李殷、李力加撰写）

二、说说视觉

视觉是生物在进化过程中，在适应生活环境、争取自由生存的过程中不断发展、调整、进化的一种基本能力。视觉被认为是人最为重要的感觉，是所有感官中的垄断者。人类的视觉基于生物视觉进化的进程，有着其独特的结构与功能。当我们用眼睛来观察、注视这个世界的时候，这个世界才会充满文化和美丽。

1. 有这么两本书

在艺术领域中，有两本专门谈视觉的书——《艺术与视知觉》和《视觉思维——审美直觉心理学》，由一个叫鲁道夫·阿恩海姆的德裔美国人写的。这两本书是从事艺术的人应该反复阅读的书。

20世纪50年代，鲁道夫·阿恩海姆在《艺术与视知觉》中提出"一切知觉中都包含着思维，一切推理中都包含着直觉，一切观测中都包含着创造"的重要思想。由此，视觉思维的思想已经形成，这为美术教师的课堂教学提供了一个崭新的视野。特别是在当今，视觉图像传达方式已经完全占领信息化传播平台的时候，每一个小学美术教师应该认真反思自己的课堂教学：在孩子们的眼睛已经被大量社会视觉图像"浸染"的时代里，美术课的具体教学方式难道还与10年、20年前一样吗？

鲁道夫·阿恩海姆在他所著的两本书中，向我们传递了这样一个重要的信息：知觉到的东西，永远多于眼睛所看到的东西。一般人会认为思维是比知觉更高级的心理能力，因此不太重视对眼睛感知的研究。但是，对于一个小学美术教师来讲，不研究小学生眼睛的知觉问题，又如何去深入研究美术教学呢？

多年来，在全国范围内能够深入研读这两本书的小学美术教师不是很多。为什么呢？大家反映：这两本书比较难以读懂，语言生涩，读着读着就想睡觉；另外，这样的理论书籍，总感觉和实际的美术课堂教学关系不那么紧密，无法在读书过程中将两者联系起来进行思考，思维进不到书中去。

美术教师1：难道我非要去读这两本书？我已经教了这么多年，不读这两本书不也一样走过来了？包括比我年龄还大的美术教师，他们也都在继续这样的教学，为什么一定要研究视觉思维呢？

美术教师2：《艺术与视知觉》是一本很难以读下去的书！虽然我知道这本书对自己的美术教学特别重要，我自己也看过书的一些片段，里面写得非常好，但如果真要研究这本书，我自己还是没有能力坚持下来。这可能需要美术教育方面的研究生们去完成吧。

美术教师3：能不能有人像李老师一样，把书里的内容用比较简单的、容易理解的话分解，再说给我们一线美术教师听？如果能够结合教学案例来讲就更好了，这样可以让我们理解得更透彻。

对于教学工作比较辛苦的一线小学美术教师而言，如果花专门的时间来研究这两本书，的确不是一件容易的事情。但是，如果能够结合自己的美术课堂教学实践来理解书中的论点，就能够比较快地明白视觉思维所蕴涵的道理。

案例 1

生活里的花与美术作品里的花

自幼儿园开始，小孩子就接触花，但这样的接触都是浅层的。美术教师要将引导小孩子如何去看生活里的花与美术作品里的花摆在课堂指导的第一位。

例如，摄影图片里的花，其色彩、形态与小学生们在生活里看到的花有什么区别？教师呈现的美术作品中的花又是怎样的？

一般的美术教师在教学的时候，往往将著名艺术家在作品中表现的花用大屏幕呈现出来，或者将范画的印刷品发放给学生。例如，在儿童美术教学中，选用凡·高、塞尚等艺术家表现花的作品，让孩子们去临摹。

教学策略：

在儿童美术教学中，教师要将花这个学习主题按照单元的形式构成系列课程。

第一步，以花为主题，按照单一的学科课程进行教学设计。准备：生活中各种花的图片和以花为主题的美术作品，归纳出它们不同的表现形式，将其进行分类。

第二步，依据不同课型分解学科表现。课型可分为临摹课、写生课、意向表现课、综合探索课等，表现方法、材料、工具的选择等要对应这些课型，以便将它们划分成更细的课。除了签字笔、记号笔、彩色水笔、油画棒、水粉颜料等工具、材料外，还包括中国画表现、纸版画表现、多样纸材料的构成表现等。

第三步，按照不同课型重新构成视觉分析内容。例如，儿童的眼睛知觉一开始对线条最敏感，而可以表现线条的工具有很多。教师在教学设计的时候，把具体的以花为主题的图片用电脑软件分别制作成线条形态提炼过程的分解图，引导小孩子在看图片的过程中，由实在物象形态向线条符号表现的呈现性知觉过渡。与此同时，引导小孩子采用不同的工具，自己用线条的表现方法现场体验怎样表现花更有意思。如下图：

第四步，在上一课的基础上，将色彩表现、不同艺术家对花的表现进行逐个分解，并将它们融合在具体的教学中。这样，经过一个系列单元的学习，儿童的视觉思维方面就会发生比较显著的变化。美术教师在日后的教学中再引导小孩子欣赏摄影图片及美术作品的时候，小孩子就会逐渐出现有个性的视觉思维学习的成果，因为每个小孩子的眼睛知觉是不一样的。

分析：本教学设计案例说明，在生活里，小学生和普通人一样使用自己的眼睛，都是为了具体生活的需要。而在美术活动中，我们如果按照生活里的习惯来使用眼睛，肯定不能进行真正意义上的美术学习，因为美术学习所需要的眼睛不同于生活中的眼睛。这个道理，普通公民和小学生不明白，但美术教师必须明白。现在的问题是，多年来的美术教学一直没有从视觉思维的根本上去设计、构思、形成系列课程。

案例2

"我心中的太阳"教学分析

教学设计：李力加

执教：李力加

在这个教学设计与教学实施的过程中，有这样一段教学分析：

图片呈现：长沙马王堆汉代帛画，其中有一个重要的局部图形——"太阳里面有金鸟"。（见图）

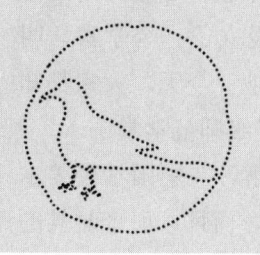

教师将这个图像的形式与内容呈现给小学一年级的学生时，最重要的引导在于打破一年级孩子在幼儿园里已经获得的关于太阳图形的固有概念。例如，在画纸的左上方或者右上方，画出半个放出光芒的太阳。又如，即便是画圆圆的太阳，也都画成了概念中的笑脸形态。

引导一年级小学生由对"太阳里面有金鸟"的图像与表现形式的知觉开始，使其对太阳图像的内容和表现形式的认识发生改变。

为了强化这个主题，教师在教学中出示一组太阳里有金鸟的图形，一共有6张，是按照"太阳里面有金鸟"这个图案制作的线条图形，打印后发放给学生。面对这些图形，所有的孩子均可以看出，图形表面各有不同的表现形式，如条形线与鸟，孩子们看后说："这是被关在鸟笼子里的金鸟。"此环节实际上的教学指导意义并非是这样浅显。用电脑软件制作这一组图形的最基本的目标和出发点，不是让孩子们仅仅看到物象的表面形态，而是要让小孩子明白和理解"图底关系"，并由此知觉物象的空间关系。

无论金鸟的图形采用什么样的形式来表现，它与太阳背景（底）的关系都将说明空间的存在。在教学开始的时候，小学生可能无法立刻认识到空间关系，因此，教师可以出示"太阳里面有金鸟"的图形，逐步引导学生进行理解。这样的教学是针对目前小学美术教学里的问题而设计的，它能够促进儿童对空间关系的认识与理解，改变

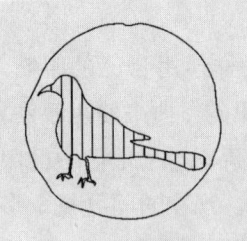

小学美术课堂教学停留在临摹画的水平上止步不前的现状。（见图）

分析：《艺术与视知觉》这本书反复讲到"图底关系"这个概念，如果小学美术教师在教学中将图底关系直观地呈现给一年级小学生，这对解读《艺术与视知觉》这本书是有直接帮助的。

2. 小学美术教师为什么要研究视觉问题

小学美术课是从哪里发展而来的呢？要回答这一问题，必须回到本书一开始的讨论，问题出现在对"美术"与"艺术"这两个概念理解混乱的时候。在一百多年前的中国，学堂（大学）里最早建立的美术教育专业，是叫"美术系"，还是叫"美术教育系"或者"美术学系"？都不是。在那个时候，最早的专门研究美术教育专业方向的是学科。1906年，在南京成立了"两江优级师范学堂"，这个学堂设立了一个学科，叫做"图画手工科"，这就是近代中国师范院校里最早的美术教育专业。今天，大家都知道的一个比较有名的大学——南京师范大学，其前身就是"两江优级师范学堂"。

我们知道了"图画手工科"这个专业名称的时候，就能够理解，在中国学校美术课的发展历史中，"图画"课的历史最悠久，同时还有"手工"课，而且，那个时候的"手工"课与"劳技"课混合在一起。所以，不难发现，为什么人们一提到美术课的时候，马上会联想到绘画或者手工活动，这都与历史遗留的学科问题关系密切。

由于这样的历史，相当多的小学美术教师在自己的美术课堂教学中长期处于一种比较单一的思维状态，他们在设计教学时，思维会停留在具体的美术表现上，而没有对改变小学生基本能力的视知觉思维进行关注，这样就使美术教学与时代的发展脱了节。

如今，视觉图像传达方式已经完全占据时代信息传播的制高点，如果小学美术课堂教学还在具体的绘画、具体的手工表现环节里打转转，仅停留在"形而下"的技术层面上，儿童美术教育与人的可持续发展目标如何能够达成呢？所以，今天的小学美术教师特别需要研究小学生的视知觉问题。只有将小学生的视觉经验与审美教育的关系解决了，美术学科的具体表现方法与步骤问题才会迎刃而解。

案例

所有的表现来自于小学生怎么看

教师导语："看"，可以简单地称为视觉。在美术课堂上小学生怎么看，是如何表现美术的知觉基础。每个孩子都会看，但这基本上都是日常生活中的"看"，是一种生活习惯的"看"。在美术课堂上，小学美术教师要引导小学生学习如何用美术的眼光去看，这种看与小学生在生活中的看完全不一样。

（PPT 呈现半圆形组合成的"兔子"形态：长长的耳朵，红红的眼睛，短短的尾巴，白色的毛衣）

师：小朋友可能已经认出来了，这是用半圆形组合而成的小白兔。

生：这个小白兔都是用半圆形组成的，头、身体、耳朵、嘴巴、眼睛，还有尾巴。

师：观察得真仔细！同学们，让我们掌声鼓励。

（PPT 呈现课题：有趣的半圆形）

师：今天，我们来学习"有趣的半圆形"。

（PPT 呈现 6 个不同方向摆放的半圆形）

师：请同学们和老师一起看半圆形的七十二变，看看有什么样的变化。

生：半圆形变成了刺猬。

师：你看到这个刺猬是怎么变化的？

生：添加的斜斜的线表示刺猬的针刺毛，还有圆圆的小果子。

师：说得真好！我们继续看变化。

（PPT 呈现变出的小鸭子、小老鼠、小狗、小乌龟、汽车、花、人、台灯、雪人、小蜗牛、提包等物体）

师：半圆形七十二变的作业要求是：用一个或很多个半圆形拼贴出有趣的动物、植物、物品，比一比谁变得有趣、变得不一样、变得多。

（作业形式：有彩色半圆形纸卡片的拼贴，有在半圆形上的添画表现，还有用拼贴与添画结合的方式进行组合表现等）

分析：这是一个有着历史传统的图画与手工相结合的教学主题，这样的课在 20 世纪 50 年代幼儿园课堂上曾经频繁出现。如今，采用"基本形"教学的方式依旧在不少小学美术课堂里存在着。因为认识"形"对于小孩子来说非常必要，出于这一角度考虑，教师引导小朋友们认知并表现"基本形"。

在进行这一主题的教学时，小学美术教师需要反思：自己如何教，课堂上到底教什么，才能使这样一个传统方法有新意，才能使课堂适合当今时代儿童的心理和生理特点？"半圆形七十二变"这个教学设计是一个美好的想法，但对一年级小学生实施了这样的教学后，孩子们的视知觉内部将会留下什么样的心理记录？这样的教学对今天的儿童会产生什么样的影响？任何事情都是"双刃剑"。这方面有两个问题需要探讨：

一是"炒冷饭"。这样的课题，这样的教学方式，孩子们在幼儿园里已经接触和学习过，在小学一年级美术课堂中重复这样的教学，其衔接作用并不明显，而"炒冷饭"式的学习方式将损害小孩子的美术学习兴趣。当然，发生这样的问题，其根源在于美术教材。普通的小学美术教师拿到这样的教材后，需要思考的是：本课题如何教才能与幼儿园阶段有所不同？

二是如何"看"。认识形状，一直是幼儿园教学里的必修内容。但是，在美术的学科表现里，如何让学生认识形状和表现形态，是需要教师推敲教学方法的。当一个固定的半圆形在小学一年级再次随着教材内容进入课堂学习的时候，小学生对其的视知觉已经不同于幼儿园阶段，因为一年级小孩子的综合视觉经验积累超过幼儿园时期。因此，引导学生如何看、怎样表现，是教学的首要问题。在教学导入后，教师能不能启发小学生们先用自己的手撕出半圆形呢？采用撕纸的方式，小孩子再次知觉半圆形的时候就能够产生动态思维，因为撕纸表现的形状是不确定的。

任何美术形态都是以动态的形式呈现的，艺术家留在画布上的形态也是这样，并非就是肯定的某个形。因此，小学美术教师在课堂教学里需要渗透的思想是：形态呈现的不确定性。

例如，在小学一年级的美术教材中，有关造型表现内容的课题，多个版本里不外乎"太阳""月亮""彩虹""小鸟""下雨了""秋天的叶子"（本课题包含色彩表现）等，这些教学主题包括了对不同形态的知觉练习活动。对于这些主题，小朋友们在造型中最大的问题是，对不同形态的知觉的前概念在本次学习中出现。当美术教师在课堂上呈现出上述主题图片时，小朋友表现出的第一反应是，在幼儿园曾经学习过概念化的太阳、小鸟、树、叶子、小草等形态。这些形态出现在小学的美术课堂上，从学科造型表现能力发展的目标讲，这样的表现属于美术教师教学指导无效。因为小朋友这个时候并没有新的造型发现与实践，而是在背画记忆中某物概念的"形"，并没有感知本次教学中的新形态。而且，这些概念"形"对小朋友的视知觉发展大大的有害，阻碍了孩子们对新的图像的知觉。

小学美术教师可以从以下几个方面进行改进：

（1）小学美术教师在每个新学年接手一年级段美术课后，需要马上进行的工作是：重新整合与修订发到手里的美术教材。因为目前国内11个版本的小学美术教材并没有涉及儿童的视知觉发展问题，只是呈现了对某一主题或"物"的表现，这是非常糟糕的。没有研究儿童视知觉发展的美术教材，是不能为儿童未来美术能力发展奠定基础的。如果儿童不明白如何去"看"，就不明白自己要如何去表现。因此，美术教师要依据改善儿童视知觉的思路，对所用美术教材认真进行调整，添加引导儿童视知觉发展的元素等内容。

（2）在具体的课堂教学里，教师需要根据课题内容，为小学生提供多样造型表现的图片（图示范作），而不是只有一种表现形式。例如，对于树及树叶的画法，教师在课堂上进行现场示范的时候，可以用粉笔表现出多种造型形式，以引导小学生们认识造型表现方法的多样性。教师在出示艺术家作品的时候，最好也能够提供三种以上的同主题作品，要启示小学生们，艺术家有着各自不同的理解与表现，引导小学生比较自然地接受不同的视觉表现形式（符号或表现语言）。在这里，实际上有一个视觉感受上的适应过程。

（3）教师在课堂教学中要多让学生到讲台、黑板上来进行表现，这样做的目的在于，既让小学生建立了自信心，又为其他同学展示了竞争的平台。美术教师要鼓励孩子们主动来表现，看谁能够提出与其他同学不一样的表现方法。教师要长期坚持"用学生教学生"的方法，这样可以为自己的教学生成提供更多机会，同时也为孩子们提供良好的学习氛围，使其形成向同学、教师学习的习惯，促进学生群体美术能力的提升。这个策略中最重要的是，美术教师要引导学生对其他同学的表现方式能够认同与自然地接受，而不是排斥或者不屑一顾。在小学美术课堂上，总会发生小孩子瞧不起别的同学作业表现的情况，因此，教师要通过一种引导，使孩子们从心眼儿里看出其他同学表现的特点和自己能够从中学习到什么。

（4）对概念形态的把握还是需要回到生活的物象上来。在多数幼儿园教学中，概念化的形态认知教学比较普遍，但这样的概念化教学影响了小孩子进入小学一年级后的美术学习。美术教师需要在教学过程中将概念图形与生活里的物象形态结合，在对照中深化小孩子对形态表现的理解。例如，半圆形作为简单的形体，小孩子能够理解，但直接将这样简单、概念的半圆形拉入画面上，产生的结果是呆板。因此，教师在教学中呈现图片的时候，对半圆形表现的理解还是需要回到生活中的物象形态，不要让小孩子去画什么半圆形，而要引导他们在心里产生半圆形态的意象。这是视觉思维上的指导和引领，具体表现时则要从生活物象里自主提炼生动的线条表达形态，而并不是直接画出那呆板的半圆形线条来。

三、想法——思维

美术教师在启发小学生视觉思维的时候，不能在教学一开始就把"思维"这个概念直接说出来，而要指导小学生如何进行美术思考，并启发小孩子先形成自己的想法。一旦有了想法，或者是想法多起来的时候，他们的视觉思维就开始形成了。

绝大多数的想法都离不开眼睛的看，不同的看引出的想法自然会不同。孩子们看到的每一件艺术作品（包括同伴的作品）、每一幅图片，都是一种表现性形式的具体反映。小学生们在看的时候一般不会意识到这一点，但是美术教师必须很清晰地引导孩子们。不同的艺术家创造出来的艺术形式是不一样的，不同的艺术作品会带给人们的眼睛（感官）以某种特别的知觉或想象，为什么会这样呢？因为不同的艺术家即便是面对同样的物象，也会把自己的独特想法用某种形式传递出来，艺术作品所表现的、形式所承载的东西是人类的情感。摄影图片也是同样的，面对同一个主题，不同的摄影者拍摄的图片会有不同，因为他们有着各不相同的拍摄指导思想，并寄予了不同的情感在其中。

案例

太　阳

（教学设计时素材的选用）

依旧引用太阳主题。这个主题，历代的表现有很多，可以让小学生欣赏几类作品。一是长沙马王堆汉代帛画里的"太阳里面有金乌"，二是贺兰山岩画中的"太阳神"，三是玛雅文化中的"太阳神"，四是成都金沙遗址里的金箔"四鸟追日"，五是中国彩陶中纹样里的"太阳崇拜"纹样，六是汉画像石中的太阳纹样等。这些作品都属于人类早期的艺术创作，由此启发小学生：不同时代、不同地区的人看到太阳后的表现是不一样的，但是，这些作品都有一个共同点，寄托了人们对太阳的情感，蕴涵了人们表达太阳主题的意义。

如果教师在教学中想要给小学生们看一些写实的作品，可以选择希腊雕塑里的阿波罗（太阳神）。这与上述作品的表现形式有着很大区别，但情感依旧是表现的核心。

分析：在教学过程中，美术教师要引导小学生欣赏、认同这些无名艺术家寄寓在作品（太阳）里的想法，包括能够欣赏其他小朋友作品里的想法。只有建立这样的意识，孩子们在美术课堂中看作品的时候，才会改变固有的眼光。

毕加索说："我为别人看见。"这是在说，作为一个艺术家，他看见了别人看不见的事物，正如我们所说的，他有幻觉——"出现在我面前的突然的幻觉"。他事先不知道他要画什么，也没有决定要用什么颜色。他不想做任何事，也不寻求任何事。他任凭自己的感觉去自由驰骋，在精神恍惚中去绘画，但这种恍惚有着一切敏锐性，有着梦境中的那种视觉的清晰性。[①] 什么是为别人去看见呢？那就是毕加索所具有的独特想法。在普通人都想不到的时候，他想到了，而人们只有在欣赏他的作品时，才恍然大悟，发出感慨："原来是这样啊！"

这样的情况也出现在孩子的作品中。很多时候，当美术教师发出了对某一主题表现的指令后，很多孩子当时并不知道自己要画什么。在这样的状态下，为了完成美术教师布置的作业，小孩子此刻就是凭着自己现场的感觉进行作画，他们的状态看似就是恍惚的，但这恍惚中却有着一种敏锐性。小孩子用自己的表现话语向大家诉说自己对某个主题的感受，表达自己的想法，这就是与众不同的思考。

1. 什么是美术教师的想法

做一个有主见、有事业心的小学美术教师，与他人最大的区别在于有自己的想法。想法来自于对小学美术课堂教学探究的主动性，因此，主动性成为美术教师成长的关键因素。

案例1

做善于发现的思考者
杭州西湖小学教育集团　孙飒

同样是参与，如果只是为了上课而上课，为了听课而听课，那么，参与后，"我"还是原来的"我"。在教研活动中收获大的教师，一定是一个善于发现的思考者。听课中，不光要听和看，更多的还要思考，结合自身的教学经验进行分析，分析教师为什么这样处理这个环节以及这个环节的目的、依据和价值。思考：如果是我执教，我会怎么处理这个环节？我曾经是如何处理同样的情况的？与这个方法相比，我的方法的优劣之处是什么？如果是以后遇到同样的情况，我会怎样处理？为什么？我们要随时把它们记录下来，并在评课活动中积极参与，与同行交流自己的看法，大胆质疑，让自己的思想与同行碰撞，与之共同提高。

---

① ［英］赫伯特·里德. 现代艺术哲学［M］. 朱伯雄，曹剑译. 天津：百花文艺出版社，1999.156—157.

只要养成了思考的习惯，努力成为一个"亮眼睛"的智者，我们就能敏锐地捕捉住活动中的闪光点，随时发现其中的弊端和不足。

分析：这是孙飒老师参加全国美术欣赏课课题研究开题报告会，实施现场研究课《品茗山水间——装置艺术欣赏》后的教学反思。在设计教学与教学实施前后的一段时间里，孙飒老师反复对这一教学展开了多角度的思考与研究，她提出"努力成为一个'亮眼睛'的智者"，就是在培育自己思考习惯的过程中，逐渐使自己有想法。当美术教师有了想法时，学生的想法自然也会多起来，有时候还会产生天马行空般的想法。

案例2

自我认识——女画家卡罗的故事

教学背景：2005年8月，第五届海峡两岸美术教育研讨会在上海举行。会议安排现场教学设计展示，台湾师范大学美术教育学硕士研究生、台北女子高中傅斌辉老师为大家带来了一节具有震撼力的教学设计"自我认识"。大会主席尹少淳先生提出，请李力加教授与上海师范大学教育学院胡之凡教授共同为傅斌辉老师的这节课进行现场点评。

当场点评后，傅斌辉老师非常感谢，留下他的教学设计文本PPT，希望能够再为这一教学设计提出意见，并希望与大陆的美术教师进行交流。

以下是傅斌辉老师的教学设计：

议题式的艺术教学，并不是要取代创作，而是要在创作之后，继续带领学生探索更宽广的艺术世界。

关键概念：从卡罗的艺术来探讨自我认识与表现。

基本问题：

(1) 透过卡罗的艺术品，我们能如何认识她？
(2) 透过卡罗的艺术品，我们能如何认识自己？
(3) 我们如何参考卡罗的手法，将自己的情感与想法表达出来？

主要教学目标：

(1) 能认识卡罗的艺术与生平。
(2) 能透过卡罗的艺术品认识自己的情感与想法。
(3) 能参考卡罗的手法，表达自己的情感与想法。

课程内容：

第一阶段：认识卡罗（美术史）

……

分析：艺术家卡罗作品中的每一种表现形式，在美术课堂上，都能够引起学生的感官知觉或想象，这一视觉经验能够展示出整体内容的各个部分、各个点、各种特征和方位之间的特定关系。傅斌辉老师的教学设计，以严谨的课程构成，将卡罗不同类型的作品、生平故事、作品形式分析方法等融为一体，在步步深入的探究中，让六年级小学生能够理解艺术家卡罗的创作。以下为当时的点评文本：

卡罗作品"自我认识"教学案例的启示

本教学采用议题切入的形式，引发学生的探究，这一课例的教育核心价值是什么？传递给大家什么概念？

本案例采用议题式的教学方式，选用不同的、变化的议题刺激学生思考，方法是以美国的DBAE美术教育理念进行课程设计，课程论与教学论的环节都由美术史进入，面对六年级的小学生，以不同的图像引导学生——"你看到了什么"。学生看图像之后产生反应，然后师生对话，教师再提问，引导学生思考、再看。

学生从反应中发现问题线索，再提问、讨论，并认识艺术家。

我们可以得到的启示有以下几个方面：

（1）课程设计的相对严密性

用多议题生成不同的问题进入讨论情境，又不断生发出新的问题。这一课程设计与教学方式类似于建构主义教育理论中的"抛锚式"教学法及课程理论解析。

这一过程是：提出议题→产生思维→促进学生能力发展。

问题：我们的教师对教学设计不重视，这是长期以来遗留下来的课程与教学论教学和学习的欠缺问题。

（2）我们怎样来设计课程

这其中有两个方面的问题：一是课程设计的技术、方法，这还是比较好解决的；二是教学内容与教学设计的关系。大家注意看，在这个案例的设计中，教学非常关注艺术的本质，也就是人性的东西，是艺术的生命问题。而反思我们的教材，往往是将课题内容全面地展示给学生，因此学生反而不喜欢美术学习了。

问题：如何选择内容与进行适当的教学设计？

（3）教师在教学中的主导作用

在这个案例中，我们看到教师的价值取向始终在引导着教学，出现的局面是：教师的价值取向→问题的交替出现→强化学生的艺术选择→学生能力的变化。

问题：怎样看待教师在教学中的主导作用？如何能够更好地在保护学生主体性与发挥学生的学习积极性的同时，更好地发挥教师的主导作用？

（4）对不同教学环节转换时机的把握

在整个教学过程中，教师对"进入情境""体验描述""讨论思考""创作"这一系列环节都把握得比较得体。

反思：我们的教师如何在恰当的教学时机进行不同的转换？

问题：相对严谨的课程设计是支撑的基础。

（5）相对量化的评价方式

在这个教学案例中，教师使用了相对量化的评价方式，体现了教师的价值观，而且这种评价方式可以在艺术课中应用得比较好。

反思：我们的艺术课程教学如果一量化，就容易走向单一的技术评价层面上去。问题在哪里呢？

问题：在我们自己的教学中是否可以借鉴与使用这样的评价方式呢？

教育部国家《艺术课程标准》研制组核心成员李力加教授点评

2005年8月17日于上海浦东

在此之后几年的美术教育研究讲座中，我多次以专题的形式介绍、评析这一教学设计，并针对这一教学设计进行补充与设计，同时在小学到大学的不同学生群体中实施同课异构研究。

2008年10月，杭州西湖小学教育集团孙飒老师在其执教的西湖文新小学407班上这一课。课前，她专门对教学PPT进行重新整合与修改，以适应自己的教学。由于孙飒老师将自己的想法融入教学设计中，她在教学实施中取得了较好的教学效果。

一个美术教师有想法，需要对美术教学问题具有自己独立的思考。傅斌辉老师教学设计的这种表现形式，可以看成一种教学方法与教学实施的符号，但是，符号所标识的东西并不是其他小学美术教师容易想象和理解的，他们需要的是自我思考后的转换。孙飒老师根据自己对这些文本的研究，在教学设计时进行本土化改造和新设计，使之更好地适应自己学校四年级小学生的学习。傅斌辉老师在台北市小学六年级学生中实施教学的时候，也考虑到了小学生的文化接受能力等因素。如今，这样的课题应用于杭州的小学四年级学生，需要进行再设计、再创造。此刻，美术教师的想法成为一节好课最重要的节点。

孙飒老师的教学设计：

（1）自我认识——从芙列达·卡罗谈起

（2）认识一个人——卡罗

（3）认识她的画——自画像

（4）理解她的表现——四种表现形式

这个修改后的教学设计，将DBAE式的美术教学方法转化为更直观的艺术化思考，启迪小学生凭借着自己的直觉感悟艺术家、艺术家的作品、作品的表现形式等。这样的想法，对原有的美术教学设计进行了适应性的修改与重构，所以最终的教学效果出奇得好。

以下是孙飒老师的教学反思：

儿童学校的美术教育并不是让儿童掌握较高的美术知识技能，都成为画家或者欣赏家，美术教师要做的是激发和调动儿童的情感，使其成为身心健康的人。对于美术欣赏教学而言，其重要的意义在于让孩子能通过美术欣赏活动来感受、思考并表达出他们真挚的感情。

我曾经在一次美术社团活动中上了关于墨西哥女画家卡罗的一课，这是借鉴了台北傅斌晖老师在海峡两岸美术教育研讨会上发布的"自我认识"版本的一堂课。当时看了他的这个PPT，我最大的感受并不是他的教学方式、方法，而是他的教学思想，他试图用艺术开启孩子的心灵，促进他们的自我认识……我认为，无论是对人的成长，还是对艺术的本质而言，这都是最重要的，因为艺术就是一种表达自我的方式，无论是心中所想的，还是眼中所见的，其实无一不是自我认识的过程……

他选取卡罗作为学生认识自我的"桥梁"，是非常容易使孩子理解的，因为卡罗是一个强烈地喜欢表达自我的画家，她的作品最多的就是自画像，而且很真实、很震撼……在我看来，卡罗是一个具有传奇色彩的画家，是一个爱与理想的追寻者，是一个将艺术与生命紧紧交织在一起的真实的人。因此，我愿意带领孩子们一起体验"卡罗之旅"……

思路不复杂，上法也没有什么特别，然而，这一课，却让我惊讶了。我没有想到，孩子们的表现这么精彩！他们深深地被吸引，不停地观察、思索，用自己的心灵去感受画家的心灵……

带着实习生在现场听课的李力加老师课后这么评论："每个儿童都是具有内在潜力的，他们在已经有的生活经验里得到了多方面的锻炼，只是没有释放的机会。当孙老师的教学给学生搭建了对话平台的时候，他们的表现是让所有的教师大跌眼镜的。这就是事实。"

课后，我激动地在博客里写下了关于这一课的教学随笔："对于这节课，我有感受，不光是因为孩子，还因为自己。一个美术教师，经常遨游在艺术的世界里，他的情感及他对艺术的理解也应该是不断丰富、发展的……因为卡罗，因为和孩子们一起沉浸在艺术的课堂，我感到，我和他们共同体验着艺术家及艺术作品中的感情，与此同时，我们也在丰富和发展着自己……当我上完《卡罗》这一课，和学生共同经历了这样一个过程以后，我感到，我已经不是上课前的自己，我的体会更多了，感受更深了，我对自我的认识和思考也将会受到影响……因此，我希望今后探索更多的深入孩子和自己心灵的艺术课，让美术学习更宽广、更深刻，对人的成长起到更大的作用……"

过后，我还在407班陈可砚同学的博客上看到她关于卡罗这一课的一则小日记，我为此而感动和激动。下面是陈可砚同学的日志：

9月23日　心情指数5星　星期二

今天下午我们美术组上了公开课，孙老师带我们认识了一个画家——卡罗。卡罗是墨西哥女画家，她从小就被伤病困扰：6岁得了小儿麻痹症，14岁遇到了车祸，一生动了大大小小32次手术，经受了常人无法忍受的痛苦。孙老师又给我们看了一张图片：卡罗躺在病床上，正在画画。孙老师激动地告诉我们：当时，卡罗刚动完手术。看到这里，我们都惊呆了，我想：卡罗完全可以不画画，但她对画画的喜爱驱使她画画，卡罗真坚强！

回家以后，我把这件事告诉了妈妈，妈妈听了也很惊讶，她也没见过这么坚强的人。

一个美术教师的想法，往往来自他对美术教学问题的独立思考。这一教学案例给我们带来的启示为：小学生们在这样的美术教学里获得了心灵上的感动，他们对问题认识的深刻性，验证了《课程标准》中的许多论点。由此，可以看出，想法对于美教师来说是多么重要啊!

在"认识自我"这个教学主题的设计中,整个教学都在欣赏卡罗作品的过程中引导学生思考。眼睛的知觉对学生思维的引导是具有关键作用的,美术教师的想法是启迪学生深入思考的决定因素,如何能够让小学生们对作品发表当下的感受,是教学能否具备有效性的基础。孙飒老师在教学设计与教学实施中,充分考虑到学生的实际情况与心理需要,注意引导学生在对作品的鉴赏中有意识地去看画面,通过对作品的欣赏唤起小学生们原有的生活经验,并引导学生将生活经验与教学主题发生关联。因此,学生才有如此精彩的对话,才有这样深刻的思考。学生的表现有力地保证了课堂教学的成功。

2. 美术教师如何提升自己的想法

基础教育新课程改革实施以来,不少小学美术教师对自己的课堂教学有着许多不同的想法,这些想法通过案例研究、课题研究、教学反思、美术教学论文写作等形式反映出来。但是,在基层小学美术教师中,整体上的美术教育研究水平还不是很高,距离时代对学校美术教育的期望与要求还有不少距离。因此,美术教师如何提升自己的想法,是小学美术教师需要认真修炼的基本能力之一。

案例1

儿童转型期年段写生单元教学的实践研究

这是杭州市求是教育集团羊敏老师的美术教学研究论文。羊敏老师所修专业为美术学(师范专业),毕业5年,在小学美术教学中积累了一定的经验。其论文关注小学美术课堂教学的焦点问题,对儿童转型期年段写生课单元教学进行实践研究。但是,如何研究,如何把自己的好想法进行提升,并将其转化为小学美术课堂教学研究的论点,则是一线小学美术教师需要强化的一种能力修炼。以下是其论文摘要:

在小学美术教学中要提高孩子的表现能力、造型能力和创作能力,进行写生活动是个好办法。只有进行写生练习,孩子才能摆脱简单和概念式的造型图式。特别是在儿童转型期,具有情感体验的写生教学不仅可以帮助转型期的孩子提高造型能力,增强绘画表现力,而且可以激发孩子绘画的兴趣。因此,作为小学美术教师,要积极开展写生教学,研究设立适合孩子认知能力和情感特征的写生课。笔者根据孩子的年龄、认知和心理特征创设了参照性写生、写实性写生和意向性写生教学三个大单元的课例。通过实践研究,这样的年段写生单元教学架构确实能提高孩子的造型能力和创作能力,激发孩子的创作兴趣。

分析:论文摘要提出了小学美术教学提高孩子表现能力、造型能力、创作能力的途径,即进行写生活动。"只有进行写生练习,小孩子才能摆脱简单和概念式的造型图式。"这一思考来自羊敏老师对小学美术课堂教学现状的分析,他提出了"造型图式"这个概念,"根据孩子的年龄、认知和心理特征创设了参照性写生、写实性写生和意向性写生教学三个大单元的课例"。这样的想法应该说已经有一定的理论提升,有了对视知觉表现概念的假设、实践的论证,并涉及部分研究。

但是，在一篇5000～7000字的论文中（对一线美术教师的要求更倾向于5000字），要比较深入地阐述、论证自己的想法，至少从论文摘要的表述来看，似乎无法讲得很透彻。因为，这个研究涉及的内容比较多，如果泛泛而谈，文章的整体就让人感觉记录性多，议论性少，感性材料多，理性分析少，因此想法提升的目标似乎不容易达到。

以下文本片段的修改思路，针对文中原有的"参照性写生"这一教学内容展开讨论，而不仅仅是停留在对教学现场的记录水平上。

参照性写生

概念界定：参照性写生的主旨是，教师可通过图片、绘画作品、实物、故事、情境创设等方式，引导小学生在面对写生物象时加入自己的主观想法，延伸对形态知觉的范围，使二三年级小学生在早期写生练习中视野更宽阔，为其提供拓展性写生学习的平台。

在学校的美术课堂上，小孩子在最普通的表现性技能接受过程中，更多的是对生活物象与艺术表现所传达的符号的一种心理认知，这可以叫做视知觉。小孩子在这样的知觉过程里，其心灵被一种现实物象的形态所遮盖，他们此刻对表现符号（线条或者笔法、笔触等）的认知并没有形成。他们对形态的理解仅仅停留在是否"逼真"上，或者是普通成人经常说的所谓的"像"这一评价标准上。

美术教师需要注意的是，这个"逼真"或者是"像"的评价标准，往往成为制约小学生绘画表现的心理障碍，是削弱其表达自信心最严重的利器。小学生最在意成人对其作品的评价，而学校的美术教育在这一问题上恰恰比较薄弱。之所以建立参照性写生这一教学单元，在很大程度上是为了减轻二三年级小学生在写生表现时的心理压力，减少小孩子在知觉物象形态时前概念对其的影响。因此，在这个阶段的写生课练习中，美术教师不妨把小孩子的想法和写生学习结合起来，让孩子们的写生练习更富有意义。

案例2

在二年级的参照性写生课单元，我创设了《奇特的葫芦》《想象的大鞋》《生长的植物》等课例。首先，安排《奇特的葫芦》一课，把同事送给我的一个干葫芦放在一个黑色的袋子里，让几个孩子通过触摸去知觉感受，来说自己对这个物体的基本认识，先说感受，再猜一猜是什么。

"圆圆的，有点滑，上小下大，中间细，好像是葫芦。哦，肯定是葫芦！"面对孩子自信的样子，我问道："你为什么这么肯定？""因为我外婆家以前种过满院子的葫芦，大的、小的、直的、歪的，可漂亮了！""葫芦，以前我家也种过。""我爷爷有一个灌酒的老葫芦，很大，很漂亮！"……

小孩子的生活经验，为其知觉感受奠基了基础。当教学设计联系了小学生的生活

经验的时候，教学的实施就变得相对容易了。

　　面对我创设的情境，孩子们七嘴八舌地说开了。由此，我激发了孩子们的情感思维，挖掘了孩子们主观意识下的视觉经验。在孩子们一阵议论后，我在他们基本把握对象形态特征的基础上，鼓励他们对葫芦进行一些拓展性的艺术创想。因此，孩子们最终的作品不仅体现了葫芦的外形特点，而且有一种想象的思维表现在作品之中，不乏创造力和表现力。

　　面对这样的教学情境，小孩子们在表现的过程中没有感觉枯燥，反而很有兴趣。正因为孩子在稚拙地表现物象的过程中加入了自己的想法，作品才有了新的意义。这样的写生活动让孩子觉得很有趣。

　　分析：参照性写生为小学中年级学生自然转化造型表现能力提供了比较宽的知觉场域。在这个教学环节里，孩子们的表现兴趣被激发，情感知觉被唤起。所谓"奇特的葫芦"，并非是因为葫芦装在黑色的袋子里才会奇特。这个创意所暗示的问题是，小学生曾经有过的对葫芦的视觉经验，使小学生们在课堂上对葫芦的生活记忆显现，课堂上原本存在的学科表现性难度此刻被掩盖，孩子们的出色表现是在一种浪漫的艺术化描述中展开的。虽然黑色袋子暂时阻碍了小学生们的视觉，但联想在瞬间已经产生，孩子们的心理图画意象性是其创作表现的原动力。

　　这个教学实践说明，艺术家更渴望爱、更理想化、更不现实，总是想通过自己的艺术作品将生活中不能实现的理想表达出来。小孩子同样渴望着爱，期盼着自己的理想能通过画笔转化为作品。美术教师利用参照性写生的方式，对其情感的调动提供了最大的可能，这样的教学又验证了另一个道理：艺术家情感自由奔放，需要的是创新，而现实生活给予人们的是一种生活、处事、工作的套路与规则。小孩子具有的潜在创造性是艺术家一直追寻的方向，因此，毕加索说："我一生都在向孩子学习。"学习什么呢？学习小孩子对这个世界无拘无束的完全拥抱和对事物的真诚感受。美术课堂需要回归孩子的内心世界，而不是依据成人的某些想法控制孩子，这是美术教育的本质，但在现实教学中，这样的回归太少。

　　案例3

　　《想象的大鞋》这一课，依旧基于同学们的生活，引导其在知觉体验的过程中展开写生表现。看着孩子们穿来了自己最喜欢的鞋子，我满面笑容地说："请伸出你的脚，让我瞅瞅今天你的鞋有多漂亮！"我走到每位同学面前，看着他们的鞋，不停地赞美，指出学生脚上鞋子不同的特点和美的形态。最后，我问道："请你说说喜欢它的理由。""这是我8岁生日那天妈妈给我买的，它的颜色很丰富，鞋面上的花纹很独特，我很喜欢。""这是我圣诞节最喜欢的礼物，它的底很软，穿起来很舒服。"孩子们你一句我一句，他们不仅仔细观察

了自己鞋子的颜色，研究了它的造型，还津津有味地回忆起自己最美好的那一刻。

顷刻间，孩子们把自己对鞋子的爱倾泻于笔尖，因为有了创意的加入，他们的画面表现得更为丰富和有趣。鞋子的造型丰富多样，富有美感，每一个孩子的作品各不相同，呈现出百花齐放的精彩场面。

分析："任何艺术的魅力全在于它的感染力，即它对思想和感情所唤起的情感。我们说，一位画家富有诗意，不是说他的艺术，而是说他富有想象力，说他有这样一种气质。"[1] 孩子的作品也是同样，当小学生们的情感知觉在美术课堂上被唤起的时候，它所凝聚的巨大力量可以生发出让美术教师吃惊的作品。"艺术的价值有赖于人类情感的深度。"[2] 小孩子们对自己鞋子的喜欢，并不是只用话语说一说而已，他们在思维被激发起来的基础上，要通过自己手中的笔将它表现出来。这个教学环节里的情感深度，虽然当时并没有进行心理学自变量的现场测试，但从孩子们的作品，从他们在美术课堂上表现出的兴奋程度，从他们思维中所释放出来的智慧火花，可以看出参照性写生所创设的教学情境对小孩子的美术学习是多么的重要。特别是对于他们感觉有一定难度的景物写生的学习来说，情感知觉的唤起，无疑具有巨大的作用，它使孩子们的潜在能量得以释放。

案例4

基于前两课的基础，进行《生长的植物》一课教学。这天，花的香味弥漫了美术教室的每个角落，二年级的孩子们被花香深深吸引，还没等我说要仔细观察，孩子们就不由自主地凑过来，仔细摆弄起课桌上的花来。

有的说："这花真香，花的颜色真漂亮，它的叶子也很特别。"有的说："花有的已经开始凋谢，有的含苞欲放，造型真好看。"这时，我问道："你闻到了什么？你看到了什么？你观察到了什么？"有个孩子说道："老师，我闻到了一股浓浓的花香，我还似乎感受到外面的蜜蜂正往花这边飞呢。"一个又一个问题，孩子们对花的解读有了深刻的情感体验。最后，许多孩子的画面中果真出现了蜜蜂和蝴蝶。

如此的体验，如此的观察，最终，一幅幅美妙、生动、有趣的作品展现在我的面前，我被孩子们的能力惊呆了。

分析：儿童在美术学习的整体知觉体验中，无论是对学科表现性的操作体验，还是对美术作品欣赏的心理体验，或是对事物的现场体验，都需要依靠视觉思维来推理。例如，对"花"这一主题的心理知觉。在一般情况下的美术课堂教学中，小孩子在看到花、听到教师发出表现指令时，其知觉思维就在自己的意识中产生，片刻中他们会依据对花的记忆形象，来认识教师此刻所要表达的花。而这个时候，孩子就会在心里认为，花只不过如此。此刻，儿童是通过自己记忆里的花的形象图式和知觉过的话语表现花的，他们在课堂上与美术教师对本次学习要表现的花进行对话。因此，尽管美术教师最初的指令性刺激已经不复存在，但花依旧可以呈现于孩子们的大脑。在这个

---

[1] ［英］赫伯特·里德. 现代艺术哲学［M］. 朱伯雄，曹剑译. 天津：百花文艺出版社，1999.183—184.
[2] ［英］赫伯特·里德. 艺术的真谛［M］. 王柯平译. 北京：中国人民大学出版社，2005.14.

时候，儿童的审美感知应该说还没有形成，作用其意识的只是他们旧有的记忆经验。

参照性写生表现的课堂，不同于上述单纯以学科表现为知觉的美术学习。小学生感知的花，表现的材料、工具、作品，都是思想的客体。在每个感知的瞬间和儿童的思维活动里，课堂里花的清香带来了一种崭新的体验场域，小孩子新的感知体验促进了他们对问题的新认识，此刻，新的经验能够替代或改变以前的知觉经验。美术教师在引导孩子们进行知觉体验的过程中，把孩子们感知时的注意力转变为思想的客体，这时感知体验本身就变成了孩子思维中的一个新的概念。因为，在这个时候，孩子们一直沉浸在花的清香所带来的联想中，思维的目标并不是美术学科的具体表现，而是情感的浓烈表达。

美术教师的想法由哪里来？小学美术教师的想法如何提升？从上面这个案例中，我们能够得到直接的启发。一位小学美术教师如果在日常教学中对课堂细节特别在意，能够随时进行拍摄记录，能够在课后反思笔录的基础上不断看书学习，思考问题，并坚持不懈，就能够逐步提升自己的理论水平，因为读书思考与常态美术课堂教学实践的紧密结合为想法的产生奠定了基础。

美术教师可以从以下几方面修炼自己：

（1）读一些美学方面的著作。学习美学的方法是把一些美学概念、思想与学说作为课堂教学的内容展开研究性学习。例如，把另外一幅作品进行涂改，能算是一幅新的艺术作品吗？又如，漂亮是美吗？这些问题属于美学的思辨，美术教师要给学生这样的引导，首先自己要在这方面有所了解、有所研究，这样才能在具体的教学实践中自然生发出这样的问题来。

美学应当作为小学美术课堂教学设计的理论基础，美术教师要借助美学理论所具有的审美智慧与富有哲理性的洞识，通过艺术作品来激发自己与学生的想象力，扩展感知力，促进人格的完满，培养审美理智，实现审美价值，增强人本主义的理解力。例如，不要在课堂上空谈"美不美啊"这类的话，要启发、引导学生在对图片、作品的视觉感受中发现构成美的要素。对称、对比、张力、节奏、韵律等，都是美的要素，但教师不要离开具体的作品空讲，而要指导学生主动在生活中、在艺术作品中发现、归纳出这些要素，并能够用自己的话语说出来。

（2）美术教师要修炼自己的艺术感觉。按照美国学者拉尔夫·史密斯的观点，艺术感觉主要包括审美眼力（aesthetic vision）、批判思维能力（critical thinking）、文化的多样选择（cultural alternatives）能力和欣赏艺术美（excellence in art）的能力。对照这四个方面要求，小学美术教师需要有意识地去训练自己的眼力，磨炼自己的批判思维能力，对多元文化认同并选择，最终具备欣赏艺术美的能力。加强这方面的积累，读书肯定要放在首位，结合读书的反思与教学实践，写出有想法的文章来，与大家展开讨论，经过一段时间的研读，就能够初步形成艺术感觉，这样才能促使小学生们逐渐向艺术感觉的目标迈进。

第三节　物象、图像、独眼龙

美术教师要启发、引导学生从眼睛这一感觉器官的角度，由视觉思维的层面上认识生活世界。物象，是人的日常生活里一切可以看到的具体事物，包括自然、天体、人造物等。所有具体事物（物象）都呈现出不同的形态，而"形"是造型艺术表现学习中最重要的元素。艺术家对"形"这个概念的提炼，是在对自己的生活世界所有物象的知觉中产生的。小学美术教师研究美术教学，提升自己的学科专业水平，促进自己的专业成长与发展，与自己的视知觉认识物象这个造型表现的实在物分不开。在以往的高等学校对美术教师进行培养的美术学（师范）专业课程里，在对基础教育学校美术教师专业成长的研究中，人们对这一问题的思考一直是一个空白。

一、眼睛知觉物象后的思维转化

人的眼睛在知觉物象后必然有一个思维转化的过程。伴随着思维活动，物象的视知觉残留符号在人的视网膜上留下痕迹，当遇到某种指令性信息时，这个视觉痕迹就会立刻被唤起，与信息刺激发生链接或者拒绝链接。在美术课堂教学里，所有小学生的视知觉都要经历这样的过程。研究美术课堂教学的有效性，如果不从小学生美术学习的本质原因——视知觉记忆（经验）唤起的因素入手，任何讨论都没有意义。

下面是一位小学美术教师请求指导的教学设计：

案例

下雪天

教材分析：

《下雪天》是小学美术第九册浙教版中的一课，此课主要是让学生通过记忆、想象，画一张下雪天情景的画。通过该课的学习，培养学生的想象力、创造力，让学生采用自己的绘画语言来表现自己对下雪天的独特感受。

教学目标：

（1）引导学生对下雪天进行观察、回忆、思考、讨论，使学生感受雪景的美。通过交流，丰富学生对下雪天的联想，建立学生对下雪天的情感体验，培养学生关注生活、热爱生活的思想感情。

（2）引导学生在作品中体现自己的个性。

（3）引导学生在自主、合作、交流、探索的学习过程中体验学习的乐趣。

教学重点：

（1）培养学生的想象力、创造力。

(2) 培养学生的形象思维、发散性思维。
(3) 让学生用自己的绘画语言来抒发下雪天的情感。

教具准备：
多媒体课件、水彩颜料、色卡纸、铅画纸等常规绘画用具。

教学过程：

教学过程	教师行为	学生行为	设计意图
一、导入	出示下雪天的图片（雪景及雪地上运动的图片或画）。从天空、雪花、群山、树木、屋顶、路面、运动、人们的活动等方面进行观察，太阳出来时，又是一番怎样的景色？	认真观察并联系自己的生活体验，口述下雪天的情景及有趣的活动。天空——灰蒙蒙 雪花——六角形 群山——白茫茫 树木——像穿了棉袄 屋顶——像盖了一层棉被……	1. 激发学生对下雪天的回忆。2. 培养学生的观察力与想象力。
揭题	现在我们就到雪的世界中去吧！出示《下雪天》。		
二、教学内容 1. 组织学生欣赏优秀作品（图1、图2）	1. 出示图片。2. 图片描述了怎样的场景？3. 绘制作品时所用的工具。4. 给你们带来的感受如何？	1. 观看图片。2. 对图片场景略加描述。3. 谈谈看了作品后的感受。	1. 提高学生的绘画表现能力。2. 提高学生的口头表达能力。
2. 色彩知识讲授（图1、图2……）	下雪天你能看到的颜色有哪些？有这些色彩，但是老师觉得下雪天除了这些色彩以外，还有其他色彩。如人们的衣服、帽子色彩各异（引出色彩给人带来的心理体验）。	蓝、深蓝、灰蓝、深紫……	1. 引导学生去探究大自然中有规律性的东西。2. 培养学生的发散性思维能力。
3. 组织学生进行创作	巡视辅导	自由创作	培养学生的创造能力、动手能力及对知识的运用能力。
4. 评展学生作品	略作点评	学生自己对作品进行评价	提高学生的审美能力和艺术鉴赏能力。
5. 提供课题，研究拓展	天上除了下雪外，还会下什么呢？除了有下雪的天气外，还有哪些天气呢？	雨、冰雹……	使学生能把知识融会贯通。
三、课堂小结	通过这堂课的学习，你有什么感受呢？	根据本堂课的学习及时反思，说出自己的感受。	使孩子们通过反思体会到美术学习的乐趣，促进孩子们的学习积极性。

对于这一教学设计，我提出了以下意见：

第一，按照美术新课程的改革思路，仅仅从这个教学文本设计表面看，教学目标、教学重点等描述是不妥当的。教学目标的设计需要具体化，教学重点的设立是围绕教学目标展开的，文本中教学重点的阐述不对。例如，"（1）培养学生的想象力、创造力。（2）培养学生的形象思维、发散性思维。（3）让学生用自己的绘画语言来抒发对下雪天的情感。"这些目标词语都是空话，没有具体的落实，请思考一下应该如何修改更恰当。

第二，具体教学环节里第二部分，关于下雪后的颜色，这样的理解不太合适，或者说不太恰当。因为，表现雪后的颜色一般是蓝色为白雪的补色，和学生互动对话时，思路可能会比较混乱，教师在这个时候又怎么应对呢？因此，这个环节需要斟酌。

第三，学生在这节课里到底是用什么样的工具与材料进行绘画表现，在教学设计中不明确，学科表现上学生究竟达到什么样的教学表现目标是不清晰的，这是需要交代清楚的地方。另外，要有教师指导的倾向性。虽然你在教学准备里写了工具和材料，但在教学中没有为学生引领，这需要加强。

第四，关于颜色的心理体验的提示是好的，但需要仔细把握，备课时提前看一些材料，以应对课堂上的变化。

1. 由物象知觉后的思维转化分析

在这一教学主题里，"雪"是具体的物象，实在的"雪"成为连接学生眼睛知觉感受的点。小学生们在课堂上看不到这个实在的"雪"之物，看到的只是"象"，是由实在的"雪"这一存在物的图片延伸出对"真实的雪"的意象知觉。

这个实在的"雪"景，是由摄影图片这个载体传达，而对"雪"产生联想的意象思维是由图片刺激小学生的眼睛而生发的。在教学设计开始部分，文本清晰地表述：教师"出示下雪天的图片（雪景及雪地上运动的图片或画）"。

小学美术教师在一节课的教学设计伊始，以小学生视觉经验为教学研究的点，是未来相当长一段时期美术教学实施的方向。

例如，思考本教学主题——实在物"雪"究竟对小学生产生了怎样的视觉刺激，教师要通过雪的图片牵引出美术知觉表现的一系列独特设计，而不要仅仅停留在对"雪"的图片表面作意义不大的议论。说其意义不大的原因在于，如果美术教师研究了"雪"这个实在物的图片在呈现过程中的刺激反应，发现课堂上小学生的视知觉发生了变化，分析由雪的图片刺激后小学生们视觉意象转化为表现图像（图式）的过程，启发小学生们联想自己将在本节课堂教学里使用什么样的工具、材料表现雪（雪景）更为合适，这样就由以往的灌输式教学转变为启发小学生自主参与重构式的学习。

当下美术教学的典型方法，是将生活中的物象，由多幅图片构成PPT课件，再让学生们欣赏，经过小学生的视觉感知，与其原有的生活经验和文化理解的基础认识水平相遇，转化为小学生能够接受与表达的视觉图像。而在转化中起纽带作用的是每个孩子在感知图片过程中生发出的意象思维。因此，说到图像这个概念、词语的时候，美术教师不能简单地把图片、视频影像传达的图形认定为图像，图像的内涵应该包括每个人知觉后意象思维中的意念之象。基于这个分析重新设计"下雪了"这一课，可以设计出多种教学形式。比如，以下设计：

（1）在教学设计前，用Photoshop软件在电脑中处理雪景图片，将其分解成不同色调的整体图与局部图，并制作出与水粉颜料、油画棒等工具材料表现效果相匹配的图片，构成由欣赏知觉到表现知觉的有步骤的过程。在制作PPT课件时分步骤呈现与讲解这一过程：雪景图片——雪景色调图——雪景色调局部图——水粉颜料表现匹配图——油画棒表现匹配图，然后再加上讲解语言等。通过这样的匹配，启发小学生思考用什么样的工具材料表现雪的景色。

（2）呈现多幅雪景图片，分解这些不同的物象（天空——灰蒙蒙，雪花——六角形，群山——白茫茫，树木——像穿了棉袄，屋顶——像盖了一层棉被……），对上述不同物象的色彩进行归纳。这个由物象到图片、再到PPT的制作步骤，基本保留了原教学设计中的内容，用这样的方式启发学生从物象到图片，进行色彩的归纳。色彩知识的讲授在这个环节内进行，学生的学科表现理解由物象、图片到色彩表达的意象性。

（3）观念强化式干预的教学设计。在综合上述设计的基础上，教师有意识地在观念强化式干预上做文章。例如，教师要给学生讲这样的话语："雪是生活里的物象，但我们在课堂里看到的是雪景的图片，而不是真实生活场景里的物象——雪景。同学们现在看到的图片已经与真实的雪景有了差别，这种差别有时候我们的肉眼看不出来，但是，艺术家最能在这方面做足文章。我们来看看不同的艺术家究竟是怎样表现雪景的（呈现若干幅艺术家作品）。如果我们利用电脑技术，就可以将图片中的雪景变化为我们自己想要的一种图像效果。请同学们看这幅图，是不是有了变化呢？（呈现制作后的图像效果）再看一幅图，是否与前一幅有区别呢？（继续呈现制作后的图像效果）今天课堂上我们选择了水粉颜料与水粉笔进行厚涂法的表现，画面将是怎样的呢？（呈现水粉表现的图像效果）"

美术活动作为儿童成长中一个激发其智能发展的重要教育形式，其教育意义似乎每个美术教师都能说上几句，但在课堂教学中还是要从本质能力方面理解实际问题，特别是要结合小学生美术造型学习的实践，进行由物象到图片、再到图像知觉表达的深入分析，使小学美术课堂学习真正回到小学生整体知觉能力发展的本质上，由此研究课堂教学的有效性。

2. 物象与形态的图像化

这个问题是针对学校美术课堂教学现状而提出来的。综观全国范围内11个版本课程标准实验教科书《美术》的内容，仅仅从学科表现本体要素来看，这些教材基本上停留于再现式美术的单一表现方式上，教材试图让小学生们通过美术学习对写实性作品进行理解。但是，采用这样的学科内容，小学生们经过几年的美术学习后，对美术本质的认识依旧不会清晰。因为，能够促进儿童能力发展的美术学习方式，应该从改善与引导小学生的视知觉方面入手，而不能仅仅由具体的技术表现切入。以单一的技术表现传递教学是制约我国小学美术课程发展的主要原因之一，这与时代对美术教育的要求相差甚远。在小学阶段的美术学习里，每个儿童的眼睛本能地看生活中的事物形态，他们对事物形态的认识和理解水平是基于现实物象存在的基本事实。美术教师们需要明白，儿童这样的视觉水平及经验是生活所需要的，严重缺乏艺术性的思考。这样的认知思维方式将阻碍小学生整体感官知觉美术本质，最终造成片面认识审美教育。

问题原因之一：本质根源是，小学（幼儿园）大部分任课美术教师自身对美术的本质认识不到位，对视觉文化社会里美术教学的内涵缺乏认识。这一思路影响下的小学美术课堂教学，忽视了普通儿童的眼睛对生活物体的识别状态，并将这样一种生活里的看与对美术表现形态的特殊认识错误地画上等号，片面地认为绘画的表现是再现现实物象。

问题原因之二：历史以来，高等师范院校美术教育专业的课程体系根本就没有从视觉文化的视野与高度来认识美术本体，更没有从视觉设计的高度引导本科学生的成长。高等师范院校美术教育专业的人才培养模式严重滞后于时代发展，使基层小学里不少的美术教师对什么是美术、对美术本质的理解和认识仅仅局限于再现性美术，对视觉文化社会的小学美术教学究竟应该如何处去缺乏研究和思考。

问题原因之三：多个版本课程标准实验教科书《美术》的编写者，其本身对美术课教学有片面的导向性，教材整体思路严重影响小学美术教师专业的成长与发展。各版本美术教科书的编写者对美术本质的认识水平，对视觉文化、视觉图像传达的学校美术教育需要达成的教学目标的认识均有偏差。但这又是一个无法在短时间内解决的教育观念问题。

小孩子对物象形态的知觉，离不开自身对社会生活的体验感悟。他们从出生睁开双眼看这个新鲜而陌生的世界时，就在不停的探索中，视觉为他们留下的记忆，成为他们认识世界和新生活的知觉基础。美术学习中的造型表现，是以对物象形态的把握和特殊的知觉体验为核心的。在小学阶段，如何使儿童的视觉思维建立在美术的意象性表达基础上，是摆在所有美术教师面前的大事。

案例

折纸动物

（课程标准实验教科书《美术》湖南美术版一年级下册第13课）

这是一节直奔表现主题的教学。在教材内容的呈现上，没有生活里真实物象（动物）的图片，直接编辑在教材里的是折纸作品等内容。教学导入选用了一首带汉语拼音的儿歌："纸条折马儿，纸条折狗儿，还能折个啥，大家想办法。"折纸表现的造型单一，唯一的不同在于选用的纸材。教学提示为："用小纸条折出几个可爱的动物，把它们摆在一起玩游戏。"

一般情况下，拿到教材的美术教师可以直接按照教材的要求，引导学生选择不同的纸材，折出自己所能够表现的动物。（教材上示范了，小孩子的思路就会按照其指引的轨道走）

这个内容如果在常态下的平行班教学，美术教师不会多花什么气力，只要按照教材中的简单提示，让孩子们在40分钟里完成折纸动物这一主题造型，其教学目标就达到了。

但是，如果是美术教师参加公开课比赛，这一课的教学自然就会丰富起来。例如，可以增加动物图片，在欣赏环节里引导孩子对其知觉感受。又如，可以选择一组卡通造型的动物模型，以此作为欣赏的范本。

问题：教材里呈现的折纸动物究竟是什么？怎样去引导小学生来知觉这些折纸动物？

分析：从认知心理学角度分析，在儿童的美术活动中，儿童是在画（表现）他们心里知道的，而不一定是在画（表现）他们看到的。这就是说，在美术课教学中，小学生是在接受美术教师提供的图像和语言的双重信息。当美术教师用语言与图像的双重信息传递了美术学习的指令后，孩子们就会同时出现两个方面的刺激反应。

《折纸动物》这一课的内容呈现属于图像信息，美术教师的课堂教学引导语言是第二信息。在儿童实际的心理知觉表现上，我们看到的情况常常是：生活里的儿童既画（表现）他们看到的，又画（表现）自己心里知道的。在《折纸动物》这节课的教学里，同样也会出现这样的情况，孩子们的具体表现是融合了两种知觉的。

这一教学应该关注的焦点问题在哪里？有多少小学美术教师在上《折纸动物》这类课的时候能够有意识地向小孩子传递两层意思（是思想）？这两层意思是：其一，使用纸材表现小动物是美术表现里的一种形式，这种形式的材料是各种各样的纸（广告纸、彩色报纸等），而其他的材料也能够表现动物。其二，用任何材料来表现小动物，或者是表现其他的主题，你的表现形式，你的表现作业，最终就只是一种表现手法。小朋友们一定要明白，除此之外，还有很多种的表现手法在等待大家去探究。（注：按照核心概念，应该说是表现符号。但小孩子不明白"符号"这个比较抽象的词语，因此，小学美术教师最好用生活化的语言来描述）

儿童期的美术教育，被认为是最具开发儿童创造力的教育。这是由人们把艺术作品称为"创造品"而来的基本认识。但在小学美术课堂上，这一终极目标的有效性往往会大打折扣。小学美术教师需要从一年级开始，在美术课堂上反复强调以下观念："创造与模仿、习惯性生活的本质区别在于，生活里的东西是原来的物象存在，人可以多次地使用它。例如，布是一种原来就存在的材料，人们根据不同的款式对布进行制作，使其成为服装。纸也是一种原来就存在的材料，今天用到《折纸动物》的课堂上，同学们用各种纸在创造艺术作品。艺术作品与生活里原来存在的东西有什么不一样呢？（启发小学生思考与讨论）"

在本节课里，折纸用的不同纸材是原本就存在的东西，动物也是我们生活的世界中原来就存在的，大家经过40分钟创造的"折纸动物"是新的存在，是新的艺术作品。

上述的提示、讨论非常重要，在这些话语里，提到物象这个现实存在物，但没有直接提到图像这个创作后的意象概念，此处隐喻着美术教师必须要给小学生讲的重要思想。如果一个孩子从一年级美术课开始就接受这样的思维训练，那么，他的未来发展将是有希望的。

更高的一个层次观念是艺术作品，包括所有的儿童在美术表现活动里产生的作品，它其实是艺术家与儿童在一种特定的空间里，根据自身主观的构想去表达新的空间结构。这是为了引导小学生从一年级开始就主动领悟空间知觉，最终能够具备空间思维的能力。这是整个中国的小学美术课程里最缺乏的，也是始终没有完成好的本质性教学目标。那么，教师怎样引导小学生们呢？是否可以尝试下面的话语："小朋友们，大家在今天的课堂上集体创造了一个特别的场景，下面请大家按照自己的想法，为小动物们构造出一个新的生活空间。这是一个不同于我们自然生活里的空间，是一个不同于现实中的动物园或者森林，这是大家独创的动物乐园。"

这个话语看似比较简单。在不同的课堂上，教师可以按照自己的方式进行这种思想的传递。但这样的思想传递需要时间的积累，美术教师如果能够不厌其烦地在各种场景里向小朋友们重申这一重要概念，在日后就必然能够看到孩子们的能力发展之回报，当初步建立了空间意识的孩子们再上美术课的时候，其能量就是惊人的。

二、课堂上摄影图片的应用

所有的摄影图片，呈现的均是现实生活里的物象。如何使小学生知觉摄影图片中的物象，如何顺畅地将其转化为对美术学科要素的认识，需要美术教师特别考虑课堂上摄影图片的应用策略。

案例1

小学一年级《小鸟的家》（片段）

（教师在大屏幕上连续呈现树的图片）

师：这是白杨树，生长在北方，看它的树干，有粗有细，还有一些树疤。白杨树树干挺拔，被称为"坚强的树"。

师：这是枫树，有着红红的叶子……

师：这是非洲的面包树，寿命特别长，能够活到5000多岁……

师：这是大榕树，它有很多气根……

师：这是椰子树，生长在海边……

（继续呈现图片，教师分析树干、树枝、树冠、树叶等）

分析：此课导入，是通过对摄影图片的欣赏引导学生去认知。问题是，运用这样的教学形式及讲授过程，可能无法唤起一年级小学生学习的知觉体验，缺乏体验的美术课堂，其有效性必然就会打折扣。因为，在本课学习之前，每个孩子对不同的树都有自己的视觉经验，小学生在知觉与教学主题相关的图片时，会立刻将学习主题的内容与自己过去的视觉经验相联系。

在教学设计时，教师在选择摄影图片时，最好不要将从网络上下载的某张图片直接粘贴到PPT图版上，并拿到课堂教学中直接使用，而需要先下载图片，再根据教学主题重新分析与设计，解构性地对图片进行再制作，然后使用。

照相机镜头的记录方式，缺乏人的双目在注视中动态的情感投入与主动思考。虽然所有的摄影作品都有摄影作者的主观创作意图，图片里渗透了作者的情感，但是，图片一旦被载到网络上、画报中、摄影杂志（期刊）上的时候，作品的创作意图、作者的情感都需要每个观赏者重新赋予。另外，照相机镜头摄入的物象在成像后，其形态总是与眼睛所知觉的真实生活物象有差异。《小鸟的家》的教学环节，显然缺乏将摄影图片应用于常态美术课堂教学的对应策略。以下是两点修改意见：

（1）教学主题的修改。小鸟的家在树上，这是教师想表达的人文主题。但是，从教学一开始，课题导入环节所呈现的一组不同的树的图片中，似乎没有关联教学主题。建议这个教学主题可直接以"树"来命名，并非要用"小鸟的家"隐喻或替代。

（2）树主题的图片分析。自然界里有各种树，在一节40分钟的课里，不可能花费太多时间欣赏与表现那么多不同的树，应该有重点地选择图片。从教学设计的整体看，在40分钟的课堂上，学生无法接受这么多的学习内容。建议教学设计按照单元结构进行考虑，教学需要依据一个重点深入挖掘。例如，有重点地欣赏与表现两种类型的树，可以选择在外观形态上对比明显的树，经过再制作处理后设计成PPT课件，摄影图片应该作为教学设计的重点进行分解性的呈现，这样有利于小学生的理解与表现。

美术教师需要明白，人的视觉、触觉、听觉经验之间，依靠人的思维建立起对等互通的知觉系统，保证了人在知觉世界的过程里能够对物象有着个人不同的感受体验。生活在这个世界上的人们，大多数都是对自己所生活的世界视而不见。因此，他们的知觉往往处于习惯性的麻木状态，这是自然地弥散于人们日常生活里的知觉习惯。

艺术教育的最终目标和小学美术课程的学习目标，是通过结构性课程，使这些对生活物象视而不见的普通小学生们认识、学习、思考艺术家（这些能够以独特视角看待世界的人）所具备的意象性目光，从而经过6年美术课的学习，逐步能够像艺术家那样，用艺术的眼光看待自己的生活，用独特的视角思考问题、发现世界的本质。

案例中所讲解的树，本身是生活里的物象，也是一种现实的存在物。美术教师收集到的不同类型的树的图片，也是现实的存在物。但是，艺术家对生活世界独特的"看见"，其目标是对现实物质存在有一种完全自主性的掌握。例如，"树"这个主题，有许多艺术家在表现它，而且都在追求新的表现语言，这其中包括被自己"看见"的（被普通公民认为是无意义而视而不见的）。因为，此树非彼树，艺术家以独特的视觉语言表现了自己所见到的树。

从艺术教育的目标和意义角度看，普通公民的眼睛是平常的眼睛，是在等待美术教师引导、启发他们如何去"看见"的眼睛。什么是普通公民所看不见的呢？这就是美术学科元素。

在日常生活里，人们的眼睛主要是为生存需要而工作。因此，生活物象里潜在的空间、光线、线条、形态感、场景深度、色彩感，以及造型结构等美术学科的元素与概念，并不会在眼睛看物象的时候从普通人的思维意识中跳出来。"树"这个主题，包含了上述所有的美术学科要素，美术教师在课堂教学的时候将树的形象呈现给小学生，如果没有恰当的语言引导或图片分解提示，小孩子是不能由图片中树的形态表征发现美术学科要素的，更不要说自主表达。

在今天的社会生活里，视觉图像到处可见，数码摄影技术的不断发展与新产品的迅疾变化，使人们接触各种摄影图片的几率实在太多。但是，普通的人在看这些图像的时候，只是看到图像里呈现的是什么东西，而图像中蕴涵的美术学科元素和图像内容特有的意义，他们根本就看不见。小学生也是这样，他们缺乏对图片形态内在的形式要素的理解能力。

案例2

《风儿吹过》教学片段

（小学四年级）

教学设计、授课：上海外国语大学附属浙江宏达学校　王新强

对"风儿吹过"的感受，教师分别在引导小学生听觉、体态知觉的基础上，出示6幅摄影图片，从视知觉本体的角度，对"风儿吹过"所产生的动态进行理解。

师：风儿来到西湖，小朋友们从哪里感受到风儿吹过呢？

生：湖面波光粼粼，风儿吹动，还有柳树的枝条在动。

（在PPT上用红色线条演示出柳树枝条上的动态斜线）

师：风儿来到池塘，荷花、荷叶被风儿吹拂。

生：看到了被风儿吹动的荷叶翻卷，荷花的头也向一边歪去。

（在PPT上用红色线条示意出荷花与荷叶的动态方向）

师：风儿来到乡村，同学们找到线了吗？

生：图片上的芦苇是向一边倾斜的。

师：这些芦苇上的线条是整齐排列的吗？

生：不是，是交叉的。

（在PPT上用红色线条呈现出芦苇被风吹拂后的交叉斜线）

师：北方冬季的乡村里，一个雪后的早晨，农家屋顶的炊烟被风儿吹动后，如果用线条表现，会是什么样的？

生：应该是卷卷的。

（在PPT上用红色线条呈现出被风吹过的炊烟是一种卷曲的线状）

师：风儿吹到教室里，把女孩子的头发吹拂得那样飘逸。

（在PPT上用红色线条呈现出被风吹过的女孩子的头发是飘逸的）

师：风儿吹到教室里，我们看到窗帘在飘动。

（在 PPT 上用红色线条呈现出被风吹过的窗帘是一种流畅的线）

……

分析：王新强老师在教学中这样应用摄影图片，是一种有设计、有个人教学思路的方法。这个过程旨在启发小学生在摄影图片中发现被风儿吹拂后的物象发生了什么样的变化，如果采用线条来表现，可以是什么样式的线条。这是一个学科要素的教学引导与挖掘环节，小学生在面对摄影图片的时候，在教师的带领下，能够逐步对线条这一美术学科元素进行认识与分析，其知觉水平在这样的教学里可以得到切实的发展。

在美术教学里，无论什么类型的教学课题，都会引用到与教学主题相关的摄影图片。美术教师必须依据教学主题，事先进行有目的的选择，挑选出合适的图片，用电脑软件进行技术处理（裁切、局部调整色彩、重新组合等）后再使用。

美术教师要用动态的眼光看待摄影图片。所有的摄影图片都是对瞬间的记录，因此，其内容（物象）的动态性被抑制。例如，即便在美术课堂上使用了人物肖像摄影作品，美术教师在启发小学生知觉作品时，也需要从其动态的本质来思考问题。例如，此刻的提问最好是这样的："同学们，请看这个肖像，其神态的表现是在瞬间静止状态下的记录，设想一下，笑脸能否固定不动呢？（教师表演给学生们看，会引起大笑）人物的神情是否可以固定呢？变化的神情出现在哪里？"这样的提问安排在学生表现人物的时候，美术教师要特别注意教学引导的细节，这样才能为小学生们创立一个探究学习、主动学习的平台。摄影图片在教学里不能成为一种灌输式的资源，而要成为探索与产生新思考的引信。

三、图像的解读

"图像"这个词汇本身很有意义，与"美术"这个词汇相比较，它意味着作品的要素首先是"图像的"，而非仅仅是"技术的"或"形式的"。"图像"这个词语来自中国传统语汇，至少从汉代起就具有和英文 image 类似的含义，图像一词是指对人物形象的复制与再现。如《论衡·雷虚》《后汉书·叔先雄传》等文献都有记载。公元 3 世纪有个叫卫操的人，说得更明白简洁："刊石纪功，图像存形。"（《恒帝功德颂碑》）其意思是把图像和文字作为记录现实的两种基本手段。

今天，图像的概念在迅速扩大。在视觉场域里，人们所看到的不同物象，所面对的各种视觉刺激，都属于图像的范畴。当今社会，图像的内容绝不仅仅属于人们理解的狭隘的美术范畴，美术教师们要明白，图像的内涵不能按照美术概念来划分和归类。在人们生活的每个瞬间里，图像早就占据了视觉所涉及的任何角落。无论是走在大街上，还是在家中上网，你是否形成了图像的思维方法呢？学校美术教育要帮助小学生们逐步改善自己的思维方法。

社会里的图像，是一个个不同的"文本"，它们集合在一起，争先恐后地向人们扑来，力图左右我们的生活。"不同文本的大集合"，表现在生活的各个方面，人们在不经意间就被某种文本所代表的文化所影响。

案例

生活（邮政）广告

生活在城市的人们，如果订阅了报纸，就会发现，总会有各式各样的图片与文本广告同时被配送到自己的信报箱里。有印刷精美的超市促销广告，有药品介绍广告，有电影介绍广告，有各种新奇产品的广告……这些广告物，就属于"图像的"产物。有时候，这些广告印刷品是很惹人烦的，但它们还是不断地涌进人们的生活里。

人在不知不觉中都在被图像影响着，于是，"图像"由所谓的"艺术"转型为"文化"，这种发展依赖于现代科技的发达，使商业化的文化渗透在人们生活的各个方面。

1. 在视觉文化影响下的今天，如何进行美术教学

今天，视觉文化对社会、生活、小学生的成长与发展的影响无处不在。读图本在若干年前就已经成为出版界的一种书籍形式，读图本的普及，使许多艰涩的学术著作得以顺畅的普及。但是，关于"如何去看"，却是这个时代最为缺乏的一种教育，小学美术教师应该责无旁贷地担负起这一教育重任。一个小学生经过6年的美术课程学习，如果不能对普通的图像进行独立的解读，不能比较清晰地分析视觉文本的传播方式和传播内容，美术课学习的有效性就无从谈起。

实际上，解读图像需要建立一种思维，需要在思维方法的引领下获得个体的认知方法。只有在拓展思维的基础上，结合个人的文化背景，才能宽容地对待及认同图像传达的某种文化。在此基础上，与主体思维方式融通，依据个人的感知经验来重新组织认知方法。

案例1

秋　天

（注：这是一个共性的教学主题，在任何版本的美术教材里都有）

最熟悉的主题如何进行教学设计？

问题与假设：是规范地按照教材所提供的素材进行教学设计，还是美术教师根据自己的学校所处的地方特点展开研究，再重新组织教学内容，构成具有地方文化特色的一节课？

浙江人民美术出版社义务教育课程标准实验教科书《美术》五年级上册第1课是《悠悠北山街》。杭州市求是小学教育集团羊敏老师拿到教材后，依据杭州特有的文化及地域特点，围绕着西湖边北山路展开教学设计，构思了一节课《北山路的秋天》。

这样的教学设计必然涉及图片的选择、使用以及学习解读的不同环节。美术教师思考自己的教学设计时，面对的大量摄影图片，主题都是与北山路有关的，而且是在秋季时段的北山路。小学生在看这些图片时，自然会联系到已有的生活经验，联想到自己似曾相识的地方。这些图片所蕴涵的内容与问题不仅仅是美术学科本身的，而且涉及杭州北山路历史街区的文化背景。既然主题已经确立为"北山路的秋天"，图片的欣赏就需要以解读的方式展开（如图）。

分析：解读图像，对于一般人来说，似乎自己的意识中还没有这种认识层次。每个人自从来到这个世界上，眼睛（视觉）就在不间断地探索，看的东西实在太多了，对日常生活中的事物都已经麻木了。随着视觉文化时代的到来，网络、电视、广告、商品包装、摄影图片、电影等各种视觉媒体、文本都在与生活同行。而小学生并没有意识到这些视觉图像的传达与扩散将会给自己的成长带来什么，影响的程度究竟有多大。通过美术课的学习，小学生能够学会用自己的眼睛领会那些视觉图像所传达的是什么意思，并能够知道这些要传达的信息是怎样被传达的，以及在这一认知的基础上，能够探索视觉图像的意义是如何在接收过程中被演绎的，这是与每个孩子今后的成长及发展关系极其紧密的学习。

"北山路的秋天"是与杭州小学生生活紧密关联的学习主题，但在本课学习之前，孩子们并没有特别注意或仔细观察这个有文化背景的地方的秋天究竟是怎样的。这节美术课为孩子们带来探究的机会，北山路秋天的图片，是小学生在课堂上研究的基本素材。通过对这些图片的解读，不仅能够让小学生们了解其中蕴涵的美术元素、文化背景，而且还能够唤起他们对这一地段的情感，深化其知觉认识。小学生们眼睛的"看"，由原来生活（生理）中的"看"，逐步地向有意识的"看"转化，这是美术课学习后整体能力发生改变的本质原因。

案例2

有趣的属相（片段）

杭州市求是教育集团　羊敏

……

二、讲授新课

1. 介绍生肖和分析怎样来设计生肖图案

（1）介绍生肖

你属虎，他属牛，我属鸡，除此之外，还有哪些属相呢？

学生说，教师边贴属相图案边讲解属相的意义。（老虎：虎虎生威。牛：勤劳诚恳。鸡：美丽勤劳。老鼠：聪明伶俐。兔：机警。龙：腾云驾雾，无所不能。蛇：聪

明，自食其力。马：万马奔腾。羊：温顺可亲。猴：机灵好动。狗：忠厚老实。猪：猪岁喜盈门）

（鼠、牛、虎、兔、龙、蛇、马、羊、猴、鸡、狗、猪）

（2）深入分析生肖动物图案的设计（以老虎为例）

目标：让学生探究并认识到现实生活中的老虎到老虎生肖图案的转变过程，为创作服务。

方法：教师出示图片，学生观察、比较、分析。

①程序：探究生活中的老虎和老虎生肖图案的区别，学生讲解的同时，教师示范（用大毛笔勾老虎轮廓），引导学生从外形、颜色和花纹方面去设计其他生肖图案。

大家来看黑板上的这些动物，我总觉得这些动物跟我们现实生活中的动物相比有很大的变化。变化在哪里呢？

生活中的老虎跟人类设计的老虎生肖图案到底哪里不一样？

外形：图案设计概括、简洁、夸张，如大眼睛、大嘴巴、长胡须。

颜色：生活中的老虎只有几种颜色，老虎图案的颜色丰富，如在它的头部和屁股上加入了夸张和想象的颜色，浅蓝色、深蓝色、粉红色，还有大红色。

花纹：在老虎图案上进行了多处装饰，如头部的"王"字变得更明确了。

屁股上多设计了一朵花，颜色多样，显得更加漂亮了，背上的花纹设计成了星星，闪闪发光，身上和头部的花纹变得更加丰富多样，这只老虎被设计师装饰得更简单、更漂亮了。

小结板书：

形状：概括、简洁、夸张

颜色：丰富、鲜亮、对比强烈

花纹：添加各种花纹

②欣赏不同姿势的老虎形象。

（研究坐着的老虎姿势：正面和侧面）

教师引导：刚才大家看到了老师示范正面站立的老虎形象，想想，它休息的时候是怎样的？

预设：老虎这种动物是很警惕的，它在休息的时候也是四处观望的，后腿坐着，前腿立着，时不时地进行观察。教师示范正侧两种姿势。

研究下山虎的姿势：老虎下山的动作又是怎样的呢？两腿朝前，身体向下倾斜。

研究老虎跑动的姿势：老虎扑的动作又是怎样的呢？一起欣赏图片，观察扑的动作。

……

分析：生肖图像是小学生比较熟悉的图形，教师在这个教学片段里主要针对老虎图片展开分析。此片段的美术欣赏研究，目的是为下一个环节学习生肖邮票的图案纹样作铺垫。教师准备的图像（图片）资料有老虎的摄影图片，有中国民间美术品当中的老虎图案，还有生肖邮票里设计的老虎图案等。对这些图像进行有意识的"看"，是一种基于视觉发现的探索。小学生建立起这样的"看"的眼光，需要的是一种视觉敏感，而敏感则是建立在关联的、文化的思维方法基础上的。这样的"看"是一种创造性的"阅读"，是对问题的探究。以老虎为主题的图片属于图像，其蕴涵的文化需要孩子们从图中读出来，其中的美术学科元素也需要提炼出来，这都需要会读，特别是"现实生活中的老虎与老虎生肖图案的区别"，小学生的眼睛识别图片的过程是不同于读文字的。例如，在阅读文字的过程中，眼睛的辨别水平得到一定程度的发展。在视觉图像领域学习读图，如何知觉图像，怎样唤起体验，是美术教师教学研究的重点。

案例 3

享受过程
——《有趣的属相》教学心得（反思片段）
杭州市求是教育集团　羊敏

……

在设计老虎图案的时候，我让学生深入比较生活中的老虎和艺术家设计的老虎生肖图案，并说出其特征（见图）。此环节的设计意图是让学生明白生活中复杂的动物形象是怎么被设计成简洁、概括的生肖图案的，引导学生从颜色、形状和花纹上去探索，说出自己的发现。

在学生研究老虎各种特征的时候，我立即在四尺整开的宣纸上泼墨挥毫，用笔墨快速勾画了一只形象比较简洁、概括的老虎。第一个目的是让学生更加了解老虎的特征，并且知道怎样来描绘老虎的形象。第二个目的是要镇住学生，让学生对老师产生敬佩，激发学生画画的热情。第三个目的是展示教师的自我风采。课后有人质问，我让学生创作时用油画棒和水彩笔，示范时却用中国画，这合理吗？我也思考过，但是我想课上既然可以用粉笔来画，为什么不可以用毛笔来画呢？

接下来，我出示了老虎各种姿势的绘画作品，并且让学生上讲台做老虎蹲、卧、坐、下山等动作（见下图）。

这一环节是让学生亲身体验老虎的姿势。接着，我就简略讲设计动物生肖邮票的其他要素。在学生创作前，我让学生欣赏教师设计的生肖邮票（见下图）。

......

分析：从羊敏老师的教学心得中可以看出，他在课堂上努力进行图像转化的教学指导。假如在观察美术课堂教学时，小学生的知觉仅仅建立在课堂的视觉表象之上，那么，这种知觉的实在性就大大地打了折扣。"知觉不是关于世界的科学，甚至不是一种行为，不是有意识采取的立场，知觉是一切行为得以展开的基础，是行为的前提。"[①] 美术课堂并不是研究者掌握美术教学构成规律的客体，美术课堂是一个独特的文化环境，是研究者的一切想象与一切鲜明的立场得以产生的场。这个"场"里有什么呢？现实生活中的老虎这个物象形态呈现出的是凶狠、残暴、霸气、王者……民间美术作品中的老虎形象却是可爱的、和善的、顽皮的、诙谐的……为什么会这样呢？其中蕴涵的文化意义是决定因素。因此，"现实生活中的老虎到老虎生肖图案的转变过程"，最需要的是美术教师围绕着虎文化的内涵，分解现实生活中老虎形象与生肖图案中老虎形象的差异性。例如，民俗心态如何改变了虎的生肖图案中的造型形态。又如，对吉祥、幸福的渴求之心如何使虎的造型发生变化等。小学生明白了文化的意义后，对物象形态的转化自然会容易。小学生知觉了传统文化中虎的形态造型的本意，其表现行为才有得以展开的基础。

在美术课堂观察中，他人看到的可能并不是羊敏老师教学的本质。这一节课究竟发生了什么，可能只有羊敏老师自己心里最清楚。自己教学的思路、方法、过程、最终结果，只能被自己所理解，因为每个美术教师都在教学开始之前对自己作了规定，这个规定要求自己把课引向何处。所以说，观察并研究美术课堂教学，需要从一节美术课堂教学现实存在的事实转到其存在的本质去分析问题。由此来看，本课教学设计与实施还是有欠缺的，如果羊敏老师能够从文化的高度来阐述问题，学生就能从本质上理解"现实生活中的老虎到老虎生肖图案的转变过程"。

对本质的研究此时还不是课堂教学研究的目的，对本质的研究在这里仅仅是手段。通过这样的研究是要将学生对真实老虎这个物象形态的理解引向传统文化概念的东西，即生肖邮票中设计出的老虎图案属于文化概念的东西。在这个思考过程中，小学生如果把文化概念的规定集中到一点上，并将经验进行升华，学习的有效性才能发生。美术课堂教学研究只有在这样的层面上展开，才能有深度。

---

① ［法］莫里斯·梅洛-庞蒂. 知觉现象学 [M]. 姜志辉译. 北京：商务印书馆，2005.5.

2. 利用图像资源教学要改变教育观念

视觉图像传达社会意义，那么学校美术课程要改变什么？

视觉艺术（美术）的学习，并不是儿童以及他们的父母所认为的那样，要画出所谓的"像"才是好画，要描绘出所谓的"像"才是成功的美术学习。

视觉艺术（美术）并不是对物质世界的单一模仿，而是艺术家和创造艺术作品的人按照个人的文化品位、自己的意象进行独特制造的过程。视觉艺术活动是一种意象表达的行为。

案例

在简单中轻松获得美
——《蔬果的联想》教案（片段）

美术源于生活，艺术美在日常生活中无处不在，如何让学生在自己的身边发现美、欣赏美，进而能够创造美，并且让每一个孩子都体验到成功的喜悦？在四年级上册《蔬果的联想》一课中，我从贴近我们生活的菜园入手，引导学生关注人类生存的环境，感受大自然的气息，并且通过欣赏、感受、体验等活动来启发学生用蔬果创造出各种各样的动物造型。这既让他们在开心的玩中锻炼了动手能力，在很大程度上又适应了孩子好动的天性，并促进其立体知觉的发展。因此，以学生的生活为背景的美术教学更能激发学生的好奇心和求知欲。

在《蔬果的联想》一课中，我选用生活中的蔬菜、瓜果这种取材方便、易于加工的材料进行活泼、有趣的立体造型活动。以下是我在上课过程中的一些镜头：

镜头一：发现美

师：同学们，你们逛过菜园吗？菜园里有各种各样的蔬菜，今天老师把菜园给大家带来了！不信？那就让我领着你们去菜园转转！全体起立！模仿老师的动作，一起去游菜园啦。

教师带领大家一起做舞蹈动作，一边做采摘蔬菜的动作，一边念着儿歌《菜园之歌》。（课件影音配乐）

师：同学们，我们今天在菜园里采摘到了几种蔬菜？

生：南瓜、辣椒、茄子、萝卜、土豆……

在轻松活泼的气氛中，开始了采摘蔬果之旅。通过课件，大家看到了自己平时所吃的蔬菜长在地里，所吃的水果挂在树上。他们感到既亲切又兴奋，进入了情境中。

镜头二：欣赏美

师：这些都是我们平时在餐桌上常见的蔬菜和水果，它们给人体带来了各种营养，但是今天我们稍微给它们变化一下，它们又会给我们带来不同的感受。

蔬菜水果

（课件展示图片）

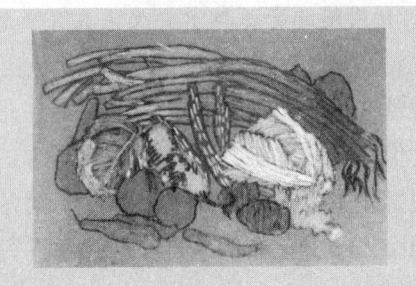

蔬菜写生（油画棒表现）

师：大家看，这些就是创造！普普通通的蔬菜，却可以变成另外一样东西，这就是它们带给我们的惊喜。大家手里都有几种蔬菜，我也期待着你给我们大家带来惊喜，你会把它们变成什么呢？

生：老师，我会做兔子。

生：老师，我会做小鸟。

生：老师，我们今天就开个动物联欢会吧。

大家根据自己手中所带来的蔬菜和水果，纷纷交流和讨论着怎样才能做出一只可爱的动物。

……

分析：这样的教学思路是常态教学中经常能够见到的，如何对其进行修改呢？

对于这类使用现成实物进行表现创作的课，小学生的视觉感受并没有脱离现实的物体（水果、蔬菜），他们脑子里还没有建立符号概念与意识。仅仅就本课前半部分教案看，教师所提出的两个环节"发现美""欣赏美"是值得商榷的。

在"发现美"的环节里，用舞蹈的形式进行表演是可以的，此刻小学生们虽然跟随着教师在进行舞蹈、在表演，但并不知道美在哪里，或者说他们不知道什么是美的。《菜园之歌》的活动只是让小孩子们获得了快乐，但他们并没有发现美的元素。水果、蔬菜本身的美感由哪里来，需要通过实物、图片欣赏的方式让小学生知觉到什么是美。例如，新鲜水果与蔬菜颜色的美，教师需要用图片进行解构式的分析，需要讲颜色的对比。

在"欣赏美"的环节里，教师用大屏幕呈现用蔬菜、水果制作的作品。在这里也需要提示与讲述这些作品哪里呈现了美，用什么样的形式展现了美，不能说像某某实物就是所谓的美。"像什么""像某种实物"与美关系不大，美并不是在课堂上随便说一说就有了，像某物体的制作与表现，并不一定是美的。既然在自己的教学里想让小学生们感受美与表现美，那么，小学美术教师自己首先要明白美是什么、美在何处，以及如何表现美。

文学创作可以联想，一个诗人在作诗的时候，在某种意象性思维的作用下，将人们都熟悉的、看似最普通的文字和词语进行重新组织，来表达自己的所感、所想。但是，视觉艺术家在创作的时候，总是力图以其他艺术家所不曾用过的方式，来展现自己眼睛的知觉所体验到的与他人不一样的物象图景。视觉艺术家此刻的创作心境，就如同一个幼小的孩童，在学习着、尝试着用一个字或一个词来认识或命名这一世界上崭新的、不同的事物。

上述教学的设计意图是用生活中最常见的水果与蔬菜进行表现性创作。被用来当做食物的水果、蔬菜，此刻成为创作的材质（载体），这其中的构思与创意应该是第一位的，形态的意象性转化为其本质目标。

所以，在艺术创作的过程中，艺术家要将自己感知到的世界按照自己的意象性转换成独特的画面，而且还要让观看（欣赏）作品的人们能够明白他们平常视而不见的世界物象是如何让艺术家感动的。针对这一教学分析，美术教师需要引导小学生们按照自己的意象性，将自己熟悉的水果、蔬菜转换成别人意想不到的作品，让他们知道，只有让别的小学生感到创意的奇特与新奇，才能感动大家，这样才能达到美术课堂教学的有效性。

3. 学生要学会在图像中"看见"

为什么在美术课堂教学中要引导小学生能够"看见"？因为在普通人的视阈里，压根儿就没有与自己生活有关的美术学科元素。只有引导学生如何"看见"的美术教学，才能抓住美术课堂学习的本质，才能对普通孩子实施有成效的美术教育，发展他们的本质力量。

就拿最普通的"线条"这个概念来说，任何图像里（生活里的实际物象和摄影图片）所包含的"线条"概念，其自身是不可直接被看见的，包括最基本的物象轮廓线，因为在人们的习惯思维中没有这样的脉络。

案例

在简单中轻松获得美
—— 《蔬果的联想》教案（修改片段）

在"欣赏美"环节，教师所呈现的红色尖辣椒、线茄子等蔬菜作品，实际上在创作表现运用中有一个发现"线形"的过程。在课堂上，红色尖辣椒整个形态细长，那么，组合表现时呈现出的"线形"感小学生能不能发现？线茄子的形态不同于圆茄子，也不同于大肚子的长茄子，这样的形态运用起来是"线形"组合。小学生要能够在自己的意识里强化这些造型表现中的学科元素，要知觉到固有形态在转化过程里能改变成什么。所以，小学生们在美术课堂上的"看见"（发现）是在美术教师引导下逐渐深化的，这是教学中特别重要的引领。

分析：在课堂美术学习活动里，教师如果能引导小学生发现（看见）线条的存在，小学生有了这样的知觉基础，就能将个体体验到的独特知觉转化为动手的表达过程，最终形成具有自己个性的画面。这样，小学生"看见"的过程就丰富起来，美术学科教育课堂教学的功效就开始实现。

所以说，"看见"是艺术家特有的眼光，"看"则是普通人生活的目光，二者有根本的区别。"看见"的眼光可以给普通人带来了解世界的新途径，能够使普通人发现生活的新思路。让学习美术的儿童在图像或实物的写生观察中寻找线条，实际上是一种观察能力的引导性训练。但是，线条并不是各种事物的物象或图像中所呈现的事物本身，每个普通人的眼睛在看到这些物象的时候，不可能首先发现或找到"线条"这样的概念性的美术学科元素。尽管线条既可以被规定为物体的轮廓界线，又可以是物体结构中的某个转折点或肌理，但是对于普通人来说，线条仍然是难以迅速把握的美术学科要素。

四、"独眼龙"带来了什么

看到这个题目，老师们会想到什么呢？谁是独眼龙？

自1827年法国人约瑟夫·尼塞福尔·尼埃普斯拍摄了第一张真正意义上的照片后，照相术让这个世界改变了太多。今天的世界这么漂亮，让人特别的依恋，照相机的功劳巨大。对于美术教师来说，照相机是课堂教学、教育研究离不开的辅助利器。

但大家有没有想到，照相机也有其短柄，就是因为它是独眼龙？虽然这个独眼龙的作用、能量之大让人佩服，美术教师也真离不开它，但其独眼摄取成像原理所存在的短柄问题，小学美术教师的心必须如同明镜一般，要十分清楚如何全面扬其长，尽量避其短。因为，从生理机能看，人的双眼在注视、观看时在视阈上是大大不同于照相机镜头独眼的。

人类绘画的历史可以追溯到史前时期，而摄影至今还不到两百年的历史。但时代飞速发展，如今数字摄影技术全面颠覆了近百年的胶卷感光技术，成为视觉图像传达方式完全占领社会生活各个领域的科技基础。数码相机普及程度之广泛，也是人们以前所不曾料想到的，它方便到在很随意之间就能够抓拍生活里的瞬间。于是，"狗仔队"也伴随而出。

今天，人们会再次讨论19世纪摄影技术诞生时的那个话题：摄影既然能够轻易地、机械地、精确地再现我们的现实世界，它是否能够被看做是一种艺术呢？有了摄影的存在，绘画等造型艺术的领地是不是越来越窄了呢？

美术教师使用照相机的频率在社会人群中是比较高的。大家要思考：独眼龙镜头所带来的图像对美术教学究竟会有什么影响？

1. 摄影技术的限制性

摄影技术由于镜头的限制性，所呈现出的图像，绝不完全是景物本身，尽管摄影能够如实地记录生活里的物象，但是摄影师（者）的意图作为一个重要的因素介入并影响照片的效果，这又是非常有必要考虑的。特别是对（照片）图像接收者来说，如果仅仅是就照片看照片，还是不能真正理解照片所涵盖的意图。从照相机本身的成像技术看，镜头是独眼龙，再精尖的技术因子，也无法替代人的双目知觉。

如今的社会，数码相机全面普及，图像（图片）信息以最快的速度在网络上传播。当各地发生了某种社会事件的时候，在第一时间内马上就有摄影图片随着文字介绍而跟进。这也极大地促进了信息的图像化，有时候并不需要多少的文字对照片进行解释，只要有图片呈现，人们立刻就能够获得信息。这样的时代，对于美术教师来说，无疑是最幸运的。网络上有着大量的图片资料等待选取，因此，美术教师对摄影图片（图像）的识读能力成为艺术教育中的一个重要课题。小学美术教师们需要注意的是，不能小看一张图片，在选择使用图片的时候，要从中探究分析出更深层的东西来，绝不能下载了图片后马上又粘贴到PPT演示文本上使用。

案例

图片中的物象是如何被改变的

图片中的物象被改变，似乎是比较大的事情。在一般情况下，图片中物象形体的改变又是大多数人看不出来的，但美术教师需要知道问题的根源。

改变之一：物象的大小与形态被镜头改变了。举最简单的例子，在拍摄人物头像的时候，当镜头距离人太近的时候，其形态出现较大的变形。当然，这样的变形头像是可以用于美术教学的。在漫画教学里，可以在PPT里呈现这样的变形图片，引导学生们由此提炼形态进行表现。

改变之二：在集体物象（人物）的摄影图片中，位置在前的人特别大，位置靠后的人就略小，但实际上，可以利用照相机镜头的这一特点，在拍摄的时候，让体态轻盈、骨架比较小的人站在前面，而身材高大的人居后。以这种方式拍摄的图片，能够在教学中解决物象形态组合的构成问题。

改变之三：恰当利用镜头局部选择的优劣性。所有的照相机镜头，其视阈均不同于人的双目，因为镜头拍摄时总是有局部剪切的功能，双目看到的物象并不一定都进入镜头的摄取范围。这是独眼龙的特点，其优劣性非常明显。所以，在美术欣赏教学里，使用与教学主题相吻合的摄影图片时，美术教师除了自己拍摄、用电脑软件处理之外，对网络上下载的图片也需要严格选择，自己再加工处理，然后用到PPT上。

分析：在数码科技的时代，任何视觉传媒都有双重特性，它既不完全是现实，也不完全是幻觉。数码摄影就是这样，包括电影中的制作，也是这样的，是现实世界与幻想世界、现实物象与想象交汇在一起。当我们看着一张照片的时候，我们的视知觉心理同时受到幻觉与现实的刺激，而且是同时接受这两者交织在一起的刺激。摄影与现实之间的关系应该是复杂的，也正是由于这种错综复杂性造成了摄影与摄像的深刻而清晰的丰富性。

数码成像技术是科学，但是科学给人们带来的并不一定就是世界原有的事实本身，并不一定就是事物原来的样子。科学的发展给数码科技以广阔的空间，但是，今天人们看到的图片往往都是经过了数码技术修饰后的表征，而不是事物本质。包括任何没有经过后期数码技术处理的原图（数码相机里拍摄后立刻呈现的图片），实际上也已经被数码相机成像技术处理了。因为人、山水、树木、花卉以及任何景观的形态、色彩，再现后都已经被数码相机的CMOS感光元件或者是CCD感光元件处理过，所以，数码相机中的图片已经成为另外的物象景致。

这样的现象验证了一个道理,要想了解一个真实的风景、一个真实的人或物,就必须去感受和体验,因为"如果没有体验,科学符号就无任何意义"。[①] 例如,人在交友的过程里,看对方的图片(照片)和亲自见面可能有着很大的视觉差距。这是因为整个世界中的人或一切物都是在不同的人的主观世界之中构成的,人是无法严格地、丝毫不差地按照科学本身准确地评价科学制约下的事物与人的含义与意义的。无论科学如何发展,无论科学技术给这个世界带来的便利有多大,都无法使人摆脱自己的主观控制。因此,人对这个世界的一切认识与看法,小学生对美术知识的学习,都应该首先唤起自己对世界、对生活的体验,都需要在个体知觉感受的基础上,重新生发出与科学知识相适应的新思维。所谓"新思维",就是对前人的权威性知识进行主观的认识,但这一认识建立在自己知觉体验的基础上。例如,对于凡•高的作品,美术教师在课堂上讲述的知识肯定是由前人的权威性知识而来,但是,任何前人对凡•高及其作品所作出的权威性解释,如知识、概念、论点等,所反映出的科学性也是在其知觉体验后而来的,因此,权威性的知识、概念、论点,其科学性实际上"是这种体验的间接表达"。任何学科的知识、观点、论述所反映出的科学性,是其学科本身对世界的一种特殊的规定或解释,而这些规定与解释并不是世界(物)的本质。

从照相机镜头技术的科学角度分析,用独眼龙拍摄出的影像形态,既是现实又是再现,但同时与人的双目现场观察有着一定的差别。一般的摄影图片是在百分之多少秒的情况下留住瞬间,而人的双目在生活现场中的"看"是动态的,其生理感觉是不一样的。艺术与错觉是一种什么关系呢?

照相机是个独眼龙,它在摄影者的控制下摄取和记录图片,摄影者是机器的主宰,依据自己双目的感受决定自己的快门是否按下。双目感受事物与照相机最大的不同在于亲身感受是动态的,而"独眼龙"是将动态感受的物象在瞬间记录下来,所有的图片都是静止的。因此,在美术课堂教学中应用摄影图片的时候,美术教师最好不要将摄影图片直接搬到自己的PPT里来用。具体原因有两个:

第一,绝大多数照片的内容和题材都能够从观赏者的生活经历、体验感受中被认知。但是,这些照片又是摄影者思想作用下的产物,观赏者在知觉时需要首先理解作者的意图。美术教师作为引导性使用这些图片的主导者,对作者意图的理解要先于小学生。

第二,当照片所呈现的内容、题材依赖于观者的先前文化知识和经验时,图片中"隐藏的象征主义"就会使小学生的思维进入一个潜在的理解困境。因为,在所有的经典艺术(美术)创作中,所有被展示的事物几乎都是艺术家刻意创作的。此刻,我们会思考,自己是否在刻意地制造某种象征意义呢?

2. 双目的直觉与焦点透视的科学

人的双目在看任何事物的时候,均会产生瞬间的直觉。在直觉感受中,物象形态

[①] [法]莫里斯•梅洛-庞蒂. 知觉现象学 [M]. 姜志辉译. 商务印书馆,2005.3.

的呈现并非就是焦点透视下的科学再现。照相机诞生之前，画家们力图用焦点透视的方法记录与表现生活及历史事件。而在照相机出现后，艺术家在反思中发现直觉感受在艺术创作中更重要。

案例

黄金比例与双目的看

黄金比例1∶0.618是一个神奇的比例，它适用于人类生活的很多地方。在今天的生活里，电视的宽屏液晶屏幕比例一般为16∶9或者16∶10，这样的比例接近于黄金分割比例。电视屏幕这样设计适合于人的眼睛观看时的生理机能。

人的双眼视野，也与黄金比例相关。16∶9或者16∶10的视觉黄金矩形，更符合人眼观察事物的习惯，这样设计，可以让人在观看显示器时眼睛更舒服，比起传统的4∶3显示器，使眼睛少了更多的观看压力。如果按照1∶0.618的黄金长宽比例换算的话，应该是16∶9.888，所以16∶10比16∶9更接近黄金比例。

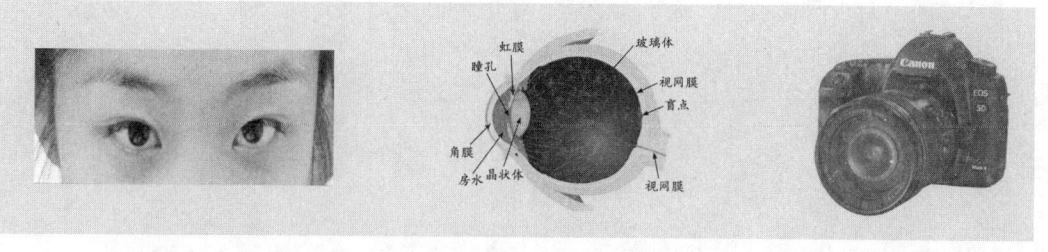

人的双目有着黄金比例的视觉生理机能，但独眼龙的照相机本身并不是这样的，因为照相机只有一只眼（镜头）。但是，由于操作照相机的是人，是人控制着镜头在摄影时的构图，所以，独眼龙能够按照摄影者的思想表达富于黄金比例的构图。虽然，这只是一种构图形式。

分析：仅仅从黄金比例与双目的看来研究视知觉过程，美术教师就能够发现，独眼龙的局限性在美术学习里的影响是比较严重的。如果美术教师反思一下焦点透视下的科学绘画方法，就能够发现，这样的认识水平是中国基础美术教育中一个致命的观念问题。

从教育的本质意义和人的发展目标等方面思考问题的时候，就能够发现，几十年来大多数美术教师对焦点透视表现方法有着比较严重的惯性思维，这一思维方式严重地影响了其对儿童美术教学的认识。

例如，传统焦点透视的美术表现方法，需要眯起一只眼睛看物体，需要改变双目看的直觉。当眯起眼睛看的时候，是将观察的方法强化为科学的焦点透视，而美术教师面对的小学生们，恰恰不可能这样去观察。当小学生的眼睛观察事物的直觉感受转化为具体的画面线条及形态的时候，出现的"歪"、形态"扭曲"等画面就会被家长与不明白的美术教师批评。因此，"独眼龙"式的观察与表现，在小学阶段的美术课堂里是要不得的。

美术教师明白了照相机镜头的技术制约性，在美术课堂教学里就需要坚守知觉体验的美术学习方法。眼睛是人最重要的感觉器官，双目的体验知觉肯定与照相机摄取的方式不一样，其情感性决定了思维的判断，同时使心理意象产生，而这种心理意象超越了具体的现实存在物。所以，美术教师在小学美术课堂教学里既要充分利用照相机的优势，为教学实施服务，又要坚持以学生主体当下双目的直觉感受体验作为美术学习最主要的知觉过程。

第二章

"造型·表现"教学能力的修炼

儿童的美术表现技能，特别是绘画性的表现技能，提升的空间建立在儿童能够将造型艺术中记录性的表现痕迹认知为符号的基础上。因此，如何使儿童在知觉生活里的物象时，从中提炼出美术要素并有主动的表现诉求，是小学美术教师需要修炼的内容。

第一节　手中的线条从哪里来

一个儿童的美术表现技能，特别是绘画性的表现技能，提升的空间建立在小孩子能够将造型艺术中记录性的表现痕迹认知为"符号"的基础之上。这就是说，小孩子在知觉生活里的物象形态的时候，可以从中提炼出美术学科要素，并能够有主动的表现诉求。

一、儿童喜欢用线条表现

线条，是儿童知觉生活后表现造型最重要的美术学科要素。如何画出线条，如何画自己需要的某种线条，都是小孩子在小学期间需要学习的能力发展内容。

案例 1

我们的老师

（二年级教学实录片段）

（PPT 呈现教学主题：我们的老师）

师：请说说，你喜欢哪位老师？

生：我喜欢何老师。

师：为什么呢？

生：因为何老师身上有好多肌肉。（大家笑）

生：我喜欢张老师，因为每次从她身边路过的时候，经常能够闻到她身上的香味。（这个学生的话语又引起大家的笑）

生：我喜欢音乐老师，因为她的手特别灵巧，弹钢琴很厉害。

（在这个诉说的过程里，学生对老师的情感被唤起，大家的话语非常真实。在这一情感被调动的基础上，他们开始美术表现的尝试）

师：下面请 4 位小朋友到黑板上来画一画自己喜欢的老师的脸。

4 位小朋友在黑板上画好了自己喜欢的老师的脸。教师顺势请同学们分辨这 4 位小朋友画的是哪位老师。

能够看到，二年级的小孩子依旧用自己最熟悉的线描表现方式，把自己心目中最喜欢的老师形象画出来。

分析：在很多时候，孩子们用绘画的方式对事物形态进行整体经验把握，基本是借助于线条描绘这种隐喻性符号，美术教师把这样的表现称为"儿童线描"。例如，用不同的笔画出非常圆润流畅的线条，是孩子确立物象形态的一种独特的心理知觉，他们认为，画面的形态应该"像"个什么。而用转折的、颤抖的、断续的、交叉变化的线条画出形态，使其与真实的物象产生了陌生感的时候，儿童的心理知觉就会产生波动，他们会在内心里说"我画的已经不像生活里的物体形态了"。在上面这个教学案例中，儿童的绘画作品都是用线描的表现形式完成的，可以说，线描成为儿童知觉、表达生活物象的隐喻性符号。这是因为，线条的运动性特征，恰恰适应于儿童自身成长的动态性。任何儿童在用画笔记录生活物象的时候，选择的最普遍的表现符号就是线条。

案例2

大气球，飞呀飞

（一年级教学实录片段）

在课堂教学中关联学生情感的基础上，导入与主题情感对话用18分钟时间。教师此刻准备安排作业进行表现了。

师：你想画怎样的气球呢？

生：我想画带汽车的气球。

生：我想画小鸟与气球在一起飞。

生：我想画爱心形的气球，还有多啦A梦形的气球。

师：现在是我们大显身手的时候了。

（这是一个新手老师在上课，她并没有对小学生提出比较有目标性的作业要求）

可以看到，学生的作业全部是用线条的表现方式进行的。

分析：线描是所有儿童最常用的表现手法，美术教师在教学的时候，知道儿童美术教学有线描的表现形式，但却不太明白如何引导小学生们进行线描表现。一个婴儿和学步的儿童，在他们发现了笔能够画出痕迹的时候，就会用线画出涂鸦的圈圈和点点，但这些涂鸦一直也没有被相当一部分美术教师和家长重视。于是，在小学一年级的美术课堂上，大多数教师只是按照教材的课题顺序去传授，缺乏对儿童线描表现的研究性指导。

儿童用线条表现是其知觉物象的一种特性。美术教师在小学一年级开始的教学中，需要在所使用的教材的基础上，自主地为儿童的线造型能力发展设计单元教学训练。即在使用的教材课题里，有意识地将不同的线描表现性训练贯穿于课题中，而且每个课题都有相应的联系。例如，《大气球，飞呀飞》这一课，线描的练习要与课题的主题关联，安排一年级的小学生用3～5分钟的时间练习画大一些的圆。先发一张纸头，引导孩子们根据纸张的大小完成大圈，由外及内，逐渐缩小。这样既让孩子们练习了线条的流畅感，又放松了小手、腕部、胳膊的肌肉，为下面深入进行的表现环节奠定了基础。

在按照不同的教材课题内容练习线条的基础上，每节教学逐渐增加有一定难度的线条构成训练，让儿童的线造型能力在一个有计划、有明确目标的轨道上发展。这样才能改变儿童们基础造型能力不足的问题。线条练习的开始，可以将废旧报纸裁成统一大小规格，当做作业用纸。待练习一段时间后，再使用牛皮纸、图画纸。然后，逐步让线造型的表现学习形成单元性课程，包括：用笔的变化，如签字笔、麦克笔、毛笔，笔由硬到软；线的质地的变化，如粗细不同的线、长短不同的线、舒畅与滞涩的线等；练习的内容可放可收，局部表现与放松训练相结合。

二、线条原来是这样出现的

现行11个版本的课程标准实验教科书《美术》，其编写虽然都注意到了按照课程标准要求，有重点地安排"造型·表现"学习领域的课题，如河北美术出版社出版的《美术》设计了专门的线描造型课题，内容涉及画书包、文具、花卉、植物等，但是都缺少对儿童视知觉观察与表现转化的教学指导。教材里的课题只安排了作业，但学生到底怎么知觉、怎么表现，教材并没有说明。

案例

儿童线造型知觉表达
（依据不同版本美术教科书相关内容构成教学）

观念引领：生活在这个世界上的人们，大多数都对自己所生活的世界视而不见。这实际上是一种麻木了的习惯性状态。

学校美术课程的最终目标，是通过结构性课程，使这些对生活物象视而不见的普通公民，去观看、学习、思考艺术家（这些能够以独特视角看待世界的人）意象性的目光，从而让孩子们也能够像艺术家那样，用艺术的眼光看待自己的生活，用独特的视角思考问题，发现世界的本质，回到事实本身。

1. 学习"看见"后的表现

艺术家对生活世界有一种独特的"看见"，其目的是完全自主地掌握现实物质存在，这包括了被自己"看见"的（被普通公民认为是无意义的而视而不见的）。线条，是被艺术家首先看见的美术学科表现元素。

普通公民的眼睛是平常的、生活中的眼睛，是在等待美术教师通过结构性的课程教学，引导、启发他们如何去"看见"的眼睛，并在这样的基础上达到意象性的表现。

生活里的物象，什么是小学生们所看不见的呢？美术学科表现元素。

今天的社会生活里，视觉图像到处可见，在数码摄影技术全面发展后，人们看到的摄影图片实在太多，美术教师在课堂教学里使用摄影图片的频率也相当高。但是，小学生们在看这些图像的时候，第一眼直观看过去，只是看到图像里呈现的是什么东西，而图像中蕴涵的美术学科元素，以及图像中特有的意义，他们根本就没有看见。在小学生们眼睛的视阈里，压根儿就没有与自己生活有关的美术学科元素。

线条，是最普通的美术学科要素。任何图像在（生活里的实际物象和摄影图片）映入人们眼睛中的时候，其自身是不可直接显现"线条"这个概念的，包括最基本的物象轮廓线，在人们的常态思维中也没有这样的认识脉络。例如，看到一幅表现花的摄影照片，美术教师要引导小学生在其中发现线条，随即思考自己应该如何以线条的方式表现花，然后，再思考可以有多少种线条表现方式等，这是美术课上教师要教给小学生们的知识。

2. 图像怎样转化为表现

在课堂美术学习活动里，教师引导学生发现（看见）物象实体中线条的存在，眼睛能够知觉到线条在物象的何处。在这一基础上，每个学生根据自己体验到的独特知觉，将其转化为自主动手的表达过程，立刻形成具有自己个性的画面。这个"看见"的过程丰富起来，美术学科教育课堂教学的功效便开始实现。例如，让小学生在图像或实物的写生观察中寻找、提炼、表达线条，就是一种观察能力转化的引导性训练。

小孩子在美术课堂上，能够从教师出示的图片、实物中发现和提炼出线条来，并立刻用自己的小手表达出这些线条，这一过程就是由"看见"达到表现的思维转化过程。假如孩子们能够在教师的引导下，对艺术家作品中的线条表现由逐步的"看见"，到将这些看见的线条呈现形式与自己在图片和实际物体中看见的线条结合起来思考，选择个人能够表达的方式进行自主表达，其美术表现能力就得到了很大发展。

儿童线描作品1 　　　　　　　　　　儿童先描作品2

当小学生们能够从图片、现实物象中提炼出线条、点、明暗关系、立体的体积关系、运动的动态关系等多种美术学科要素的时候，他们才能真正地达到"看见"的能力水平。实际上，无论是具象美术作品，还是意象美术作品、抽象美术作品，都是在展示物象存在的颜色、形状、线条、轮廓、运动、空间、深度等美术学科元素，这是所有美术作品都存在的事实本身。

学校的美术课堂教学要回到这一事实本身，就要让小孩子们能够把握这些基本的要素，能够知觉、体验并表达这些事实。因此，在儿童美术教育课堂教学过程中，教师需要完成的任务是：图像提炼——现实物体的提炼——符号语言的多向知觉——多选择的自主表达。

分析：事物是什么，物象是什么，这些都不重要。在美术课堂上，美术教师要明白，重要的、有效的儿童美术学习是他们能够知觉到自己的眼光如何让物象的形态与结构显现出来。在儿童美术学习中，一个儿童对一种整体视觉经验的把握（线描、色彩的造型、泥塑的造型、不同材料的造型与构成），就是借助"符号"的隐喻性原理进行的。"线条"是一种美术表现符号，学生自己在画纸上落下的每个痕迹，都是个人理解形态时表现的符号。

美术教师引导学生对物象形态进行一种整体视觉经验把握时，小学生需要通过亲身感受才能识辨出来。因此，在引导儿童时需注意以下两个方面：

一是启发儿童对符号这个概念本身的认知或者说理解。也就是说，儿童通过什么样的表现感受，能够知觉到自己的触觉（小手运动中的绘画或塑造），所产生的痕迹是可以用"符号"这个词语来概括的。例如，在画纸上留下的线条是自己表现事物形态时的一种符号，而其他同学在表现事物形态时在画纸上留下的线条又是不同的符号。

二是启发儿童用语言将自己表现过程中的心理感受表述出来。这个表述的过程就是一种理性思维逐渐形成的过程，可以提升儿童的认识水平。例如，描述对线条的表现性认识。任何艺术作品都是将情感（这里指广义上的情感，也就是每个创作的人所能够感受到的东西）呈现出来给他人观赏的，是由情感知觉转化为可视的或者是可听的表现形式。艺术作品就是运用符号把创作者的情感知觉转变为他人能够知觉的东西，而线条就是符号的一种。

这是最为重要的一个教学过程，同时也是检验小学生美术学习有效性的指标。

（1）线条的基本脉络有：物体的轮廓（线），物体的纹理（线），物体的转折（线），物体与物体之间的遮挡（线、想象中空间的形态组合），物体与环境场的关系中存在的形态构成。通过对这些不同层次线条的认识，逐步提高小学生对线条提炼的敏感性。

（2）表现线条的基本脉络有：勾勒法（单线勾勒、双勾线），点、排线、勾勒结合法，线条构成法，黑白构成法，皴法（硬笔与软笔结合），以及综合法等。根据不同主题的摄影图片，安排一定的课时，进行多种表现形式的练习，加强小学生表现的熟练性。

三、线条与形态不是临摹出来的

在日常生活中，当小学生看到一个物体的形状、轮廓、色彩、运动变化时，他们并没有把这个视觉表象看成一个独立的景象，因为这一表象只是被小学生们用来判断所见的物体是什么。线条就是被用来表达物体形状、轮廓、运动变化的独立景象的，但小学生们的眼睛在看时并不敏感，因为面对日常生活里司空见惯的东西时，他们的视觉是麻木的。小学阶段的美术课学习目标，就是要改变这样的思维与视觉状态。

但是，在日常小学美术课堂上，我们经常见到的教学方式是教师让小学生们对范本（范画）进行单一临摹。从小学一年级开始，美术课堂教学里最为缺乏的就是创造性表现，回归到对线条与形态这个具体问题的讨论，美术教师需要明白：线条与形态不是临摹出来的。

案例1

美术教科书一年级起始课题教学思路

（选自义务教育课程标准实验教科书《美术》四个版本的部分内容，每册教材选择前3课教学主题展开有针对性的分析）

河北美术出版社出版的《美术》一年级上册，第1课《我的小助手》，第2课《涂涂画画真好看》，第3课《包糖果》。

第1课的学习活动要求有两个：一是"认识这些工具材料，比一比，它们有什么不同";二是"用自己喜欢的工具材料完成一件作品"。

这样的教学要求看起来还可以，但是学生如何用自己喜欢的工具材料完成作品呢？教材的教学要求并没有写明白。担任课堂教学的美术教师拿到这样的教材将如何教呢？有多少美术教师能够在这样的课题里发挥美术学习对创造性思维发展的促进作用呢？

第2课的教学主旨为"认识常用颜色，进行涂画练习"。教材提供的学生范本（画）有四幅，其中三幅作品是用彩色水笔表现的，另外一幅是用水粉颜料表现的。用彩色水笔表现的三幅作品均采用了明确的勾线填色方法，学习要求为："你知道哪些颜色？在生活中和画笔里找一找，认一认。""大胆地画线涂色，完成一件好看的作品。"

这两个教学要求看起来是在启发学生，第一条是要求学生关联生活经验，找一找生活里与画笔比较一致的颜色，这符合新课程教育理念的设计要求，而第二条要求则附带着一张图片，并有说明——"能大胆地画线涂色"。这个提示性的图片在指引着美术教师的教学方向，教师拿到教材后，就可以按照这样的思路进行教学。

第3课是涂画糖纸，包扎糖果，学习要求为："涂画好看的糖纸，把小石子或瓶盖等包在里面，做成好看的糖果。试试看，你能包扎出几种不同样式的糖果？"在这一课题的教材呈现里，有着用勾线涂色的方法画好的糖纸图片，还有包糖果的图片等，这些内容看起来都属于"造型·表现"学习领域。

分析：河北美术出版社出版的教材里的三个课题直接关注了美术学科表现的问题，也注意了从学生的视觉经验出发，启迪儿童的美术学习。课题的内容涉及"造型·表现"学习领域，但是，从学习方法、教学提示语言上看，均没有明确地提示如何表现，特别是没有提示出创造性表现的概念。教材属于"学本"，但是可以设想，学生拿到这样的教材后，在思维上能否达成创造性意识强化的学习效果？这样的教学是临摹教师的范作，还是学生的探究？

案例2

浙江人民美术出版社出版的《美术》一年级上册第1课《走进新天地》，第2课《有形的世界》，第3课《色彩魔方》。

本教材第1课的主旨内容依旧是"了解美术课的内容和常用的工具材料"。教材呈现了儿童线描画作品、版画、泥塑、水墨画作品、纸工作品，明确提示了油画棒的用法，即用笔尖画线条、用力压、轻轻压、用侧边画、用手指头同时涂抹几种颜色、覆盖颜色等，也提示了彩色水笔的用法，其中"轻画细线、重画粗线"属于用线造型的指导，"线条排列画块面"旨在引导涂色方法。

第2课直接归纳了圆形、方形、三角形，教学要求是"认识基本形"，教学是由"说一说，生活中有哪些基本形"开始，呈现的作品有三种——撕纸、积木平面图形、勾线填颜色，学习建议为"运用不同的形，画画身边的物品或景象"。

在这一课的教学里，只有表现要求，但如何去表现，教材没有清晰提示。看起来可以为担任教学的老师留下很大的余地或者说空间。但在实际教学里，有多少老师能够依据教材的主题，向小学生渗透创造性表现的意图呢？另外，"认识基本形"与幼儿园教材的内容是否重叠？认识图形并不难，如何表现是焦点。

第3课的主要目的是"认识色彩，练习涂色"。教材中呈现了10种颜色，并提问："你喜欢哪些颜色？"学习建议为："画七色花或彩虹，并记住色彩的名称。""到自然界中去寻找美丽的色彩。"

分析：浙江人民美术出版社出版的教材的三个课题，直接关注了美术学科本体的形与色彩，期望通过这样的课题内容学习，帮助小学生迅速进入美术课程学习的境地。但是，这样的学本究竟能够为小学生带来什么样的美术学习思路呢？教学课题依旧没有关注美术学习与创造性表现问题，哪怕在提示语言里也找不到这样的话："你能不能用自己的方式画出形状来？"这是与教材所提供的范本进行比较的一种教学思路，但教材里并没有。如何教学，是教材编写与呈现中非常欠缺的，何种教学思路的引导，成为教材最关键的提示。

案例3

湖南美术出版社出版的《美术》一年级上册第1课《大家一起画》，第2课《花花绿绿的糖纸》，第3课《绕绕涂涂》。

第1课的基本要求是：掌握正确的握笔方法，在老师的指导下大胆画画。教学提示也简单明了：彩笔手中拿，大家一起画。本教材的编写内容单纯，直接进入绘画的表现课题里，呈现的学生作业只有三幅，属于涂鸦类的作品。这样的教学思路虽然比较清晰，但是没有涉及创造性表现的目标。

第2课内容是涂色练习。作业要求是用自己喜欢的颜色涂画，尝试包扎糖果。在提示语言上也比较轻松——"涂色画纸做衣裳，包颗糖果更漂亮"。呈现的范作是用油画棒涂色的，颜色厚重，色彩的对比比较强烈。这是在游戏中完成颜色的体验性表达。

第3课内容属于用线条表达的练习之一。学习要求是："试试哪种彩色笔最适合你用来涂绕。用线涂绕出你喜欢的形象。"作品呈现里有：用线条涂绕出的菠萝、小孩子、太阳、花草、蝴蝶等。提示语言为："绕啊绕，涂啊涂，线儿变化真丰富。"这是一种比较轻松的线造型表现方式，教学时美术教师容易控制，作业的目标明确。

分析：湖南美术出版社出版的教材的课题更贴近一年级孩子的能力水平，呈现的作品与教学提示整体上属于轻松的游戏性美术活动，其编写思路应该说是非常好的，小孩子也容易把握。但是，这样的课题内容与表现要求缺乏渗透儿童自主创造性表现的学习思路。

案例4

岭南美术出版社出版的《美术》一年级第一册，第1单元"走进大自然"，第1课《美妙的小世界》，第2课《神奇的大世界》。第二单元"点线色，你我他"，第3课《手拉手，找朋友》。

该教材的编写采用了单元式。第1单元的主题是"美术与生活"，这两个课的主题都围绕着美术与生活的关系来思考问题，由视觉传达的视角，引导一年级小朋友思考问题。这样的编写思路是比较新颖的。

例如，第1课第1页的第1句提示语是"亲亲大自然，让我们一起走进美妙的小世界"。伴随这句话，由三幅摄影图片组成探究性学习内容。第1幅图是花园里的花，这幅图片上用黄颜色标记了一个圆圈，紧随着箭头与提示语"走近些"的是这幅图片局部圆圈的放大图。在这幅图中，又用黄颜色标记了一个圆圈，再斜着画了一个箭头，提示语为："再走近些！"这是一幅放大了的局部图像，是一只蜜蜂在花上采蜜的瞬间。提示语为："你发现了什么？"教材发挥学本的优势，启发学生自己在摄影图片中发现问题。

由大到小，由整体到局部，由细节的研究到思考美术学习在当今时代应该关注什么，这样的编写思路是比较新颖的。教材同时还有五幅摄影图片，一幅为"团结协作的小蚂蚁"，其他四幅为局部图像，提示语为"找找这里的春、夏、秋、冬，说说它们的色彩"。这样的教学思路是引导小学生走近微观世界中的图像，研究视觉图像传达的时代和眼睛应该具备什么样的知觉。

这一课的第2页里呈现了一幅显微镜下的肥皂泡图片，有美丽的色彩、花纹和形状。提示语为："用放大镜或者显微镜，还可以看到更多奇妙的小世界。"同时再呈现另一幅图片——"海洋中的小生物"，这也是在仪器下的图片形态。学生作品是用线描的表现方式画出的花蕊、局部树叶。艺术家作品是齐白石作品《蝈蝈黄花》的局部，也是在引导小朋友们用眼睛观察。

第2课展现了大自然的美丽壮观：有成群结队的大象、巨大的树、巨鲸、大沙漠、大海等摄影图片，还有艺术家作品，如关山月《长河颂》这样大场面的表现。表现要求为："大自然里哪些场景最壮观？把你喜欢的场景画出来。"学生作品为一幅线描作品。

在引导一年级的小学生用眼睛观察的基础上，教材的第2单元进入实质性的美术学科表现主题。第3课用了4页来呈现内容"手拉手，找朋友"，是由认识不同的美术工具材料开始的，先呈现了三幅作品，分别用油画棒（蜡笔）、水墨、彩色水笔表现，要求是让学生说一说这些画是用什么工具画的。

在第3页里，有两幅作品，一幅是民间艺人张之兰的彩色剪纸《鹭鸶》，另一幅是美国艺术家戈阿韦克的线描作品。针对这两幅作品，教材设立了点、线、色小图形，提示学生找一找："在这些作品中你能找出不同的点、线、色吗？"

本课第4页中有两个小栏目："动手做"和"我学会了什么"，启发学生用喜欢的工具材料画画、做做、玩玩。评价要求是："我能认识美术工具和材料。我会用点、线、色完成一幅画。我能与小朋友一起合作画画。"这一页里还有三幅儿童画作品，供孩子们表现时参考。

分析：岭南美术出版社出版的教材在一年级起始课题教学思路上有所创新。由儿童的眼睛如何观察开始美术学习的引导，在启发学生对美术工具材料的选择与应用上，注意了启发与探究结合，在评价小朋友的表现时，设立了多维目标，以供学生选择，这些都是非常好的尝试。

创造与模仿是两个性质截然不同的目标取向，小学美术课程如果不能坚定地由教材开始定位"创造"这个目标的话，这门课程就毫无存在的价值与意义。基于目前流通教材的基本现状，建议美术教师们在各自使用的教材文本基础上，主动从小学一年级开始，对教材进行自主重新构成。无论是工具、材料介绍，还是形态、色彩的认知学习，抑或是用线条进行基本的表现，美术教师都需要将创造性表现纳入课堂教学设计，而不是将模仿式的学习当做主体。

　　临摹性教学不应该安排太多课时。虽然模仿式的学习在美术学习中是必要的，但需要避免小学生形成低水平模仿的不良习惯。因此，在一年级起始阶段的美术课学习中，美术教师要强化一种创造性表现思维的引领。例如，在每节课里既要安排具有限制性的表现性学习目标，同时又要分解出新的表现方法，同样用线条表达，在学习了一种方法后，要立刻再引申出其他几种方法。美术教师要将这样一句话挂在口头上："还可以用什么样的方法？"这样的启发是对一年级小学生眼光的引领。

　　一般人实际上只局限于运用一种标记性的视觉符号认知方式来分辨出现在生活里的大量的物体，当眼睛分辨出这些物体是什么之后，他们也就不再进一步对其作更多的观察了。这样的视觉辨认是非常经济的方式，眼睛只猎取那些在当下对自己有用的东西。这样一来，也就使得所有的人都有一种对有用的日常事物进行视觉辨认的习惯，这是一种建立在每个人意识中特有的识别方式。但是，只有当某一物体的存在处在一种被人观赏的状态时，普通人在这样的观看中才会采用艺术的心态，也就是从日常生活需要中分离出艺术的视觉表象。线条、点、色彩、形态的特异性等美术学科要素，则需要用特殊的眼光去辨认，小学美术课堂需要为培养学生这样的眼光而打基础。

　　通过这样的眼光，可以创造一种主观感性的视觉表象，使人们采用违反常态的方式进行特别的观看。这个时候的眼光可能是别出心裁的，可能是饶有兴趣的，可能是触动心灵的。小学美术教师自己首先需要培养这样的眼光，然后才能对美术教学有独特的想法。

四、线条可以这样表现

　　新课程改革后，自画像这个学习内容出现在一年级的教材里，有不少教师发牢骚说："这样的表现太难了，学生根本就不会画什么自画像。课程改革打破学科逻辑也不能这样呀！"我于2002年在课程改革的一些国家实验区调研，小学美术教师和教研员都在埋怨教材。对于这一内容的教学，美术教师还是要打破教材的结构，自己重新构成教学思路。

　　案例

如何画自画像

　　教师自己准备素材：原始美术作品若干幅。以欣赏教学导入。

　　师：同学们，大家是否知道原始人是什么样子的？

　　（学生讨论、回答）

师：在原始人生活的那个时代，他们几乎是与动物差不多的，随时都有生命危险，而且那时没有碗，他们就连喝水也是如同马一样，趴在水边喝水，或者是用刚刚变化的手来捧水喝。（教师模仿原始人动作）

师：虽然他们手的能力还不是那么强大，但是，他们也能够画画，而且画得相当有水平，让今天的人看了也很佩服。

（出示原始美术作品）

师：大家看了这些作品有什么感觉呢？你一定会觉得，这样画自己也能够画出来！

师：假设同学们是原始人，因为大家还没有长大，因此也没有多么强的能力。但是，我们今天的生活与原始人的生活是无法相比的。我们的生活多么舒适，我们的一切多么方便呀！

表现游戏：

如果有多媒体教学设备，教师可以用鼠标在电脑上用线画图，最简单的是打开Word文档中的"自选图形"，选择"线"，点击后在空白文档上随意画。

这个时候，教师可以提示学生："你的画笔不要离开纸面随意地游动。"大家能够感觉电脑中的线是那样的笨拙。请几个学生一起来操作。然后，全体学生就可以随意地表达了。

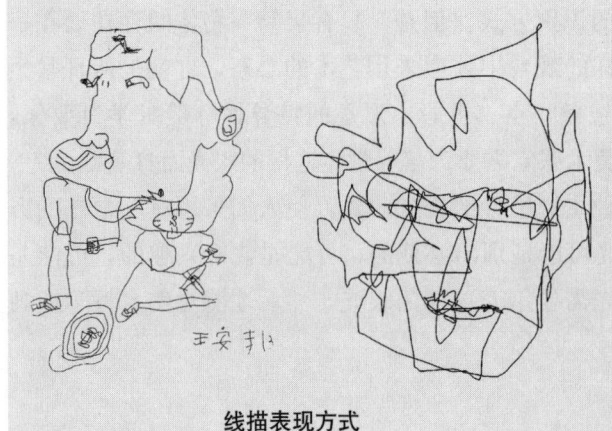

自画像就出现在教师巡回指导与提示的过程中，因为当看到学生自由表现时，教师就可以提示学生加强几笔，这些线形立刻就能够成为所谓的"鼻子""眼睛""嘴巴""小辫子"……

这样的练习可以从一年级的第1课开始，有了这样的表现性体验，就能够保证每个学生都能够画好画。因为这些学生是美术

线描表现方式

教师第一次接触的新生，只要这样开始，就没有画不出来的形象。

假如没有多媒体设备，教师就可以用一支粉笔在黑板上进行这样的线条游戏，同样也可以让学生分组到黑板上来进行这样的游戏。

设问：能不能用这个方法画老师？（见上图）一年级的孩子肯定不敢画，那么，美术教师应该怎样引导呢？

分析：案例中的示范打破了美术学科表现的规范，美术教师的主要目的是教给学生基本的思维方法，而且这样的思维方法要从小学一年级开始培养。但最关键的问题是，教师自己头脑中的观念首先要变化。如果没有变化，这样的课也是教不了的。

教师应该好好地学习美术史，这样才能在课堂教学中解决小学生的造型问题。教师只有明白了这些，才能懂得什么是美术，就不会再用成人的标准使学生的心理受到

压抑了，而且在这样的教学环境下，学生的美术学科表现能力一定能够提高。但是，学生表现能力是否得到提高，关键在于教师自身的观念。观念变，教学变，学生变，结果变。

（1）从历史的角度思考艺术。"艺"的发生最初和手工分不开。"艺"的早期意思，就是人类对某一种物质特性的了解和利用。这种从对物质的了解到利用，包含了十分重要的观念、认识、思维成分在内。

具体的表现技能必须在可以见到的形式上，它与人类的"手"发生了最为密切的关系。所以，这种"艺"一般指的是手对某一种物质的控制（制作）所表现出的技能。例如，小孩子的手对笔的控制，能够画出不同粗细、不同形状的线条，能够用线来表现形态。再如，小手对纸材的掌握，可以用不同的纸材来表现与塑造。这里用一个简单的公式：手＋物质＝技能。但是，需要注意，人类早期的岩画（如上古美术作品《西班牙阿尔塔米拉洞窟壁画》和我国贺兰山岩画等）用线条表现的水平，其技艺表达让今天的美术学者为之震惊，因为早期人类对形态的把握，包含了自己的观念、认识与思维。

（2）从人类学的角度认识成长中的儿童。原始人在认识世界的时候，一是通过对求生工具的了解，逐步发展了眼睛的能力；二是通过对乐器这一物质的认识，逐步发展了耳朵的能力。小学美术教师在课堂教学中，需要从学习中国美术史开始，探索应该如何回到那血脉相连的源头，重新去审视人类的手、脑与技术及思维形式与精神的关系。也就是说，一个小孩子用他的眼睛（感官）认识生活物象之后，通过小手接触工具、材料，能够在思维意识的作用下，完成平面的绘画、立体的塑造等美术表现活动。

美国学者艾尔·赫维茨和迈克尔·戴在《儿童与艺术》中指出："无论多大的儿童，鼓励他们画画达到照相般的准确是没有多大好处的。""迫使学生做到照相般的写实主义，这种专业技能在小学阶段是不可能达到的。即使有足够的时间，达到这样的一个目标也是没有多大作用的。"

在中国小学的儿童美术教学里，让孩子完成现实主义（写实性的）绘画表现，已经成了一种教学的基本定式。好像不按照这样的教学方式，儿童将无法完成美术学习似的。孩子们表现与创作的"写实性"作品，可能已经成为整个社会、普通公民都已经认可的美术。但基础学校的美术学习并非是这些。真正意义上的美术教育，则是通过美术活动，帮助儿童把注意力集中在自己经历过的某一项事物的经验上。这样，孩子们对与自己的生活有关的经验的陈述性表达就会逐渐完整起来。由此，儿童们知觉世界的能力才能达到一个新的水平。

（3）关于儿童美术造型表现学习中的秩序与非秩序。如何画人像（画老师、画同学）写生？上述案例教学中采用了一个非秩序、非规范的引导方式，用电脑操作启发和引导小学生从某种固化了的美术表现秩序中走出来。

人的秩序是理性的、人工化的，美术学科知识的秩序也属于这种理性的、人工化的，但天的秩序是反人工的。在中国艺术家看来，天是以无秩序为秩序，是自然的、无约束的，天的秩序应该是孩子们的，是回到了孩子天性本身的秩序。

中国艺术家在创作中一直在追求与建立一种天然的秩序，表达了对人为世界立法思想的拒斥。老子有"大白若黑"的思想，这就是说，最光明的东西原来是没有光明的。案例中的教师让儿童在乱画的线条之中寻求与发现一种"大乱若细"的结构造型，在乱线中求细致、求工整的形与线的塑造就是这样一个道理。

儿童在学画的过程里，少不了被美术表现性规则所"污染"，其心灵将被涂抹上很脏的颜色。这是因为，人在被知识塑造的过程中（虽然，人本来就需要被知识塑造）很容易丧失自己的独立性。在美术学习中，在艺术的感悟中，如何保持小孩子性灵的独立性最重要。这是小学阶段儿童美术教学需要好好研究的问题。

庄子认为，人需要归于"独"的自由境界，因此就必须"解其天弢"，解除套在人心灵上厚厚的盔甲。中国艺术家倡导和欣赏一种脱略常规、超越秩序、颠覆通常理性的目标追求。因此，在案例中，当小孩子们看到老师在用鼠标进行线条游动的时候，当小孩子被美术教师这一动作吸引后，一起投入这个线条游动的瞬间"小游戏"时，必定会有一部分小孩子认为美术教师是在"乱画"，是乱来，这也说明这些小孩子们的意识里已经有了一个属于画画表现性学习正常的、正规的标尺。

这样的标尺，这样的所谓"正常"的美术表现秩序，是依照成人的理性而建立的东西。在儿童美术中的确有这样的东西，这是人类知识的产物，是把儿童线描造型的教学归纳出某些规律、规则，然后让其他儿童照此办理，获得线造型表现的技术。大多数美术教师都以为这些"正常的"儿童美术表现方法、形式中的秩序、规则是合理的，同时也合情。

所谓的"合情"，就是小孩子容易接受。例如，为什么几十年来"简笔画"的教学套路从幼儿园开始到小学美术教学一直都在沿用？是因为其"合情"，小孩子好接受。又如，为什么小孩子的表现中出现了那么多一样的太阳、一样的鸟、一样的树干、一样的树冠、一样的树叶呢？也是因为好接受。但是，小学美术教师没有想到，好接受的东西同样也有问题呀！

所谓的"合理"，是说在幼儿园和小学的美术教学里使用"简笔画"教学套路符合一定的理性法度。但凡有市场的东西，都属于某种条件下法度的规定性所容许的。但是，中国道家和禅宗哲学特别强调一个问题：一切人们先行建立起来的理性秩序和标准，都不具有天然的合理性。因为这些理性秩序与标准都是"人为"的，也就是说，人在受教育的过程中是依靠一定的知识系统和情感原则建立起价值体系的。将这个问题归到教育研究上来思考，我们为什么要进行教育创新？在视觉图像社会全面到来的今天，为什么提出文化创意、艺术创意呢？不难看出，这样的理性、秩序和法度对人的束缚。

在儿童的美术造型方法学习里，有一些秩序与法度在约束着儿童。用这样的理性、秩序与法度解释孩子的作品，用这样的秩序解释孩子所看到的一切对象时，美术作业上的形态都成为"像"生活中物象的东西了。这样的儿童美术教学，具有一种以"人"来"律"天的意味。因此，中国的道家、禅宗哲学反对这样强行的解说模式，强调放弃"以人为量"的方式，而是"以物为量"，以天地的秩序为秩序。在儿童美术教学中，应该以儿童的天性为尺度，特别是应该强调以保护孩子的这种天性为基础的"教"。实际上，中国的道家、禅宗哲学，一直在强调创新、创造，但教师们在长期以来的小学美术课堂教学、学校美术教育中，已经把其本质忘记了。

由这一视角来看人像写生这个课题的教学思路，一些小学美术教师可以将这种教学方法列入不规则的，超出一般美术教师认识习惯和审美倾向，更超出普通公民审美底线的东西，可能把其说成是"怪"，也可能把其说成是"乱画"与"乱来"。

在一定程度上说，所谓的"理性"就是对"非理性"的强行征服。社会秩序需要规范，人的行为准则也需要规范和秩序。但是，教师在儿童美术教学中，需要的恰恰是打破这样的秩序，为孩子潜在能量的释放搭建一个平台。打破原有的理性束缚，是艺术创造的核心本质，小学美术教学怎么能够几十年沿用一种规则与秩序呢？

孩子们没有创造力是因为他们在课堂上的知觉体验没有被触发。所以，要唤起儿童们的知觉体验，其核心是在美术课堂上让他们发现什么，而不是单一地临摹什么。

第二节　如何让儿童形成"形"的意识

一、模糊意识与不清晰的"形"

《课程标准》中对"造型·表现"学习领域的目标是这样描述的：（1）观察、认识与理解线条、形状、色彩、空间、明暗、肌理等基本造型元素，运用对称、均衡、重复、节奏、对比、变化、统一等形式原理进行造型活动，增进想象力和创新意识。（2）通过对各种美术媒材、技巧和制作过程的探索及实验，发展艺术感知能力和造型表现能力。（3）体验造型活动的乐趣，敢于创新与表现，产生对美术学习的持久兴趣。

造型，需要学生对"形"有所认识。在小学美术"造型·表现"学习领域中对于如何认识"形"和运用"形"，课程标准提出了一个递进的学科要求。美术教师如何能够在美术课堂上通过精心的教学设计和恰当的教学方法，将课程标准的理念转化为教学实施的策略与过程呢？

案例

去低幼化的美术教学[①]

H老师：现在很多小朋友画画时有这样一种倾向——低幼化。什么是低幼化呢？许多小朋友在幼儿园时，画树是画一串三角形，画房子是画一个三角形的房顶加一面长方形的墙，画人是画一个圆加几条直线（表示四肢）。到了高年级了，还是这样画，还是逃不出这样一个框。这些东西是谁教的呢？是幼儿班的老师，或者是一年级的老师，你那个时候画成这样，还能得到表扬。如果到了三四年级，就不行了，这样的画就是概念化、简单化。很多孩子画脸蛋，就画一个圆圈，如果是女孩子，就在左右两边加上两条辫子。这样你就永远不能进步，永远停留在这里。就像小孩子在一周岁前，他要喝奶，但过了一周岁，就要断奶。我们也一样，不能老是喝奶，到了一周岁我们就要吃饭，吃点蔬菜，吃点鸡蛋，要断奶。在这个美术班，老师就要做这个工作——断奶。我们不能再这样画鸟，这样画人。老师教你们画鸟，绝对不会这样先画一个圆圈，再画上尖尖的嘴巴，上下再画上三角形的翅膀。比如说画人，先看看老师画的人……（拿出H老师自己画人的范画）再看看大师画的人……（拿出安格尔的《大宫女》、罗中立的《父亲》等）

分析：这个案例是课外的儿童美术教学。H老师提出的美术教育目标是为小学生的美术表现去低幼化，认为在小学生的儿童画作品当中出现的许多"简单形"是由于

[①] 本案例研究与实录分析者：郑大奇，浙江师范大学美术学院美术课程与教学论方向研究生。

他们的智力和绘画能力不足。格式塔心理学家认为，在儿童的感知觉中有一种简化倾向，特别是当他们遇到复杂的、不太完美的图形的时候，这种"完形压强"将更加强烈，而且每个人看到的"形"是不一样的，因为每个人对这个"形"已经进行了自我心理知觉的重构。儿童美术教学怎样去低幼化？H老师提出改进教学的对策是临摹大师们的范画，希望通过对这些范画的临摹达到成人的审美标准。至于孩子们临摹什么样的范画，怎样临摹范画，临摹到什么程度，H老师似乎对问题的理解并不清晰。

每个小学美术教师都在教孩子们造型，都在设法提高小学生们的造型能力。但是说到底，目前的教师似乎没有解决这个问题，而且他们对形的基本理解也还是有认识偏差的。

二、塑造、表现"形"的学科探究

在一般的小学美术教学中，教学方式是以课堂教学与课外美术兴趣小组两条腿走路的方式。这样的教学方式与课时的安排结构，目的是提升小学生在美术学习中的表现能力，提高儿童们对美术学习的认识水平。其用意和实施的目标应该说都是好的，也是能够提高一部分儿童美术造型表现能力的。但是，以班级为建制的全体小学生的造型表现能力提高了没有呢？用这样的教学方式解决了小学生美术表现能力的问题了吗？

在小学美术课堂学习之后，能够参加课外美术学习小组的孩子，是被教师挑选出来的那些想学习美术的"优秀"学生（这里的"优秀"并非是具备真正发展意义的，而是以美术教师自己的标准确立的）。这些小学生在专门的课外学习时间里，通过上述学习方法能够解决其对形的认识与表现吗？

"形"是构建美术学科的基本要素，在儿童美术教学训练中，教师对"形"的引导和学生对"形"的认知及把握能力，"形"所具有的基本存在方式和表现方法，是儿童美术教学中最关键的问题。儿童对"形"的认知与掌握程度，由于其不同年龄、心理、生理、智力、文化等方面的差异，以及成年人的影响，有着不同的体现。美术学科中的"形"基本分为"写实、变形（意象）、抽象"三种类型，也就是美术新课程改革后出现在实验教科书里的概念"写实美术、意象美术、抽象美术"。暂且不去追究这一概念的确立恰当与否，但对一般普通人（公民）来说，他们对"形"的认知和理解均与其视觉所感知的映象（图式）相联系，即现实物象的形与美术作品中的形具有一致性。例如，看到美术作品中所刻画的人物形象之后，普通公民立刻会将这个作品形象与生活里的人之形象（形态）相联系或比较。在审视儿童画作品时，一般的成人认为儿童（小学生）的绘画所塑造的"形"也应局限于对视网膜映象图式的再现，即所谓的写实绘画。这样普遍的思维方式，使小学美术教师、儿童与家长在观念上产生了较大的认识偏差。

儿童绘画训练中形态语言的建立与构成依赖于每个儿童个人不同的主观意志，以及心理、生理、意识、认识、思考等一系列的形象化思维与表达。在美术活动中，儿童笔下的形态痕迹，并不只是他们对物象客观的思考，也不是对自然物态"简单的模仿"、记录与"再现"，更多的是他们带有主观意念的自我表现，是儿童的内在情感通过这种形象化思考所形成的外在反应，这包括儿童在成长过程和转型期中所画出的某些"写实"作品。但美术教师特别需要明白，孩子们画面上所表述的"写实"形态与成人美术中的"写实"造型有着本质的区别。

  美术训练中的视觉形象要素，点、线、面的组合与构成，形成了作用于视觉的形态语言，它是对儿童个体的思想、情感、意图和生活体验的形象化表述，这一过程是通过儿童期的创造性思维完成的。儿童绘画作品的形态语言的表达方式主要有两种——线描与色彩，联结这两个方面的主要因素是儿童对所知觉的"形"进行全面的理解、构成、把握、发展。儿童围绕着"形"展开的一系列活动，是儿童心理、生理、人格及全面成长的检验标尺，人们几乎都以儿童对"形"的理解与把握程度来衡量儿童的美术作品和儿童自身的能力发展与综合成长。

  小学美术教师对"形"的理解和认识水平，决定了儿童美术教学的方向。由此，一系列的问题产生：怎么教？教什么？对形的塑造指导怎样把握分寸？如何对作业进行评价？不同年段的儿童对"形"的知觉水平如何？等等。

  这个对"形"的理解和认识水平直接影响到整个中国幼儿园、小学的美术课堂教学方向与水平，尽管新课程改革走过10年时间，但对于这一问题，可以说小学美术教师并没有深入地研究，课堂教学实践的变革与发展依旧缓慢。

  这个对"形"的理解和认识水平，还直接影响到数以万计的校外儿童美术培训班、工作室、少年宫、儿童中心的美术教学水平，直接影响到全国范围内儿童美术教育的发展，直接影响到儿童美术教育研究。因为，在儿童美术教学中产生的任何问题，其根源都是由这个最具体的对学科问题的认识、理解而来的，如果参与讨论问题的人绝大多数都不能站在这个高度上思考问题，就可能无法形成对话。

  这是整个中国儿童美术教育的现实。美术教师只求表征的虚假繁荣，是无法解决全体儿童美术表现能力"本质力量"发展问题的，这是目前儿童美术教育问题的症结所在。一个孩子从幼儿园到小学阶段，经过8～9年的美术课学习，到上初中了，依旧不敢动手画，因为他们怕画不"像"，那么，孩子们思维中"像"这个概念是由哪里来的？不就是"形"所造成的吗？

  对儿童美术教学的认识应该说有许多，因为，在中国的美术教育大环境里，最有问题的、对儿童成长影响最糟糕的是幼儿园的美术教学，绝大多数的幼儿园美术课堂已经把孩子们的思维给禁锢了。为了解决这样的问题，打通儿童造型能力发展的"瓶颈"，全国教育科学"十一五"规划2009年教育部重点课题"基于学生知觉经验唤起的小学美术课堂有效教学模式研究"，针对小学一年级学生造型表现学习展开实验性教学。一位语文教师出身的小学校长，观摩了一年级现场教学"由点开始"研究课后感慨地说："我明白了，你所说的固化思维是：小孩子被'形'固住了，思维被禁锢了！"

三、儿童表现"形"的教学策略探究

案例

由点开始

学生：小学一年级

教学时间：开学第一周第2课时

教学设计思路： 每一个小孩子都具有非凡的创造力。美术教师在美术课堂上常常会遇到这样的情况，当向教室里的孩子们发问"有谁爱画画？喜欢不喜欢美术课"时，幼儿园和小学一年级的学生几乎全部举手。但是，如果到了小学的四五年级时，大部分学生都不愿意举手了，或是全都指向了班上的某一位或某几位"小画家"。孩子们的创造力逐年下降，最后全部消失，孩子们几乎处于一种近乎麻木的状态，实在令人惋惜。因为在美术课堂上，小孩子们的思维太早地被一大堆美术学习规则所束缚。大家都明白，也都能够讲出这样的话，美术是一门最能开启人的创造力的学科。但是在现实的小学美术课堂里却是另外的样子。其实，每个孩子拿起画笔表达自己的时候，都可以勇敢地一头冲向那未知、丰富无比的个人创作世界！

教学过程： 由绘本故事《点》的描述与欣赏导入学习，这样导入环节，启发小孩子对美术的全面认识。

课堂实录片段：

师：在我们一年级的美术教材里有这样一个课题——《鸟的天地》。小朋友们都见过鸟吧？

生：（齐声回答）见过！

生：我爸爸带我去"鸟的世界"里看过好多鸟呢！

师：请看图片。（大屏幕展示鸟的图片）

生：这是鸽子。

师：说得很对，鸽子也属于鸟类。

生：这一幅也是鸽子在飞翔。

师：说得好！谁能够到黑板上来画画鸟呢？

（一下子有十几位小朋友举手，教师选5个学生到黑板上画自己知道的鸟的形象）

师：这5个同学画的鸟都是圆形头，有没有哪位同学能够不用圆形画鸟头呢？

（设计此环节的意图旨在打破小孩子在幼儿园里已经形成的固有的概念，有一位小朋友没有用圆形表达，教师有意让其多画几笔，也让下面的小学生们感觉一下此刻的导向性）

（教师再出示两幅鸟的图片，其中一幅的鸟头是有翎毛的）

师：请同学们不用那种圆形来画，注意要表现出鸟头的特征。

（此刻，有不少的孩子在犯愁，感觉没有办法画）

生：老师，我不会画。（说这话的是一位女孩，她仰着头看着老师，此刻又有一位

男孩子也说不会画。教师走到小女孩身边，蹲下身子，歪着头，用手扯出几缕头发）

师：为什么不会画呢？

师：毛发，人的头发如同大家看到的照片上的鸟头毛，我扯起来了，这样的近距离，你可以这样画！

（教师手把着这个小学生的手，引导其看自己的头发，在画纸上勾勒出鸟的毛发）

……

分析：这只是一个教学策略，可用的方法还有许多。在幼儿园的美术学习时段，大多数孩子就已经形成了对某些物象形态的固化思维。例如，太阳、鸟、树、小草等。本教学中的"鸟"头形态，不同于孩子们在幼儿园时期所记忆的图像痕迹。例如，他们把鸟头画成一个圆形。圆形是简笔画教学模式中常用的，幼儿园美术教师简单地将不同形态的鸟头都归纳成"圆形"，并在幼儿园的美术课堂里反复画这样的图形，小孩子自然就在记忆中留下了固定的形态痕迹。

对于这样的问题，格式塔心理学派在一百多年前就有实验证明。"在我们的痕迹库存中具有许多系统，这些系统提高凝聚和同化过程，形成了'类别'知觉的基础。"[①]小孩子的图像痕迹库存中储存了用圆形来画鸟头的图形，所以，当小学美术教师在美术课堂上呈现"小鸟的家"或者是"鸟的天地"等类似教学主题时，画鸟的命令一发出，小孩子记忆中的圆形鸟头立刻替代了图像呈现的鸟的形态。这一情况，属于美术学习中小学生的图形前概念对其美术知觉的影响。

美术教师不要强行给学生画范画，可以采用师生共同创作的方式，先启发学生到黑板上画鸟的造型，然后可以这样描述："老师在你的画中掺和一下，也画上几笔好吗？"教师先用粉笔侧锋的笔画将儿童画出的圆形鸟头进行模糊式的表现，同时启发孩子也这样画几笔；然后再用勾线条的笔法，将鸟头上展开的羽毛勾勒出来；最后用勾线条与侧锋混合使用的方法表现鸟毛。此教学提示的目的是：给小学生展示多样的表现方法。

四、造"形"教学修炼的要素

1. 要建立哪些教学思想

在小学美术课堂教学中，美术教师会时常遇到这样的场景：学生对教师说："老师，我不会画。"到了三四年级的时候，有不少学生会这样说："老师，你帮助我画个样子吧，我画不出来。"他们或者会说"我不会做"等。这样的现象应该说非常普遍。

美术是公认的最能够启发人的创造潜能的学科，但是，在小学美术课堂上出现的这种现象，应该说是对美术学科的一种嘲笑。这种现象为什么会发生？症结出在什么地方？中国的小学生为什么离开了教师的范画就不敢画画？为什么离开了美术教师的现场示范就无法自由表现与创作呢？

---

① ［德］库尔特·考夫卡. 格式塔心理学原理 [M]. 黎炜译. 杭州：浙江教育出版社, 1997.625.

从美术学科的角度讲，问题的根源出在美术教师、公民、小学生对"形"的基本认识上。在小学美术课堂上，美术教师给孩子们留下的基本印象是，绘画几乎只是对生活物象的记录或者照搬。美术教师长期以来一直花费了大量的时间教了不应该教的东西，而没有去引导学生掌握思维方法和学习真正意义上的美术学科知识。

"形"在美术表现中的重要性谁都知道，但在对"形"的全面理解这个问题上，不少美术教师一直有思维偏差。特别是对所谓的写实美术（具象美术）的认识，不仅影响了现职的美术教师，而且影响了全体公民对美术本质的基本认识。上述教学案例中，面对图片里的鸟头，美术教师没有示范教小孩子如何画鸟头，因此孩子们对老师说"不会画"也很正常，这不能责怪小孩子。美术教师在课堂上不进行具象性的直接示范，又如何教呢？为了提高儿童的造型能力，美术教师在教学观念上需要建立这样的思路：

其一，在小学一年级美术课堂教学中，美术教师首先要为小孩子们进行形态知觉表现的"洗脑"，要用大约半个学期的时间改变小孩子们在幼儿园阶段已经形成的对形态的固化认识。使用的策略是：选择现代派艺术家的作品、优秀的原创性儿童画作品等展开欣赏学习；同时，强化孩子们的动手练习，引导学生体验自主表现的游戏性活动；在作品表现过程中及时评价，使每个班级中都能够有一批学生成为原创性表现的骨干成员。

其二，从一年级开始多安排写生教学与练习。现行的美术教材在一年级阶段的写生表现内容比较少，美术教师要自己调整教材内容，主动安排与小学生生活有关的物象主题进行写生。与此同时，默写练习要跟上，采用的教学方法是：朗读童话故事、童谣等文学作品，然后让小学生根据自己的心理意象进行表现；播放小故事视频，让小学生看完后立刻进行默写练习，记忆不清晰、画不完整或画不出来都没有关系，只要坚持练习就会有收获。这些练习作业要及时上墙展示，给小朋友们以最大的自信心。

其三，选择教材中自己比较擅长又比较容易发挥的教学主题，主动构成单元教学的体系，连续上4～6节，包括材料、工具的多样运用，通过综合练习引导小学生们增强学习兴趣。例如，"太阳""春天"主题，从文化、学科、工具、材料等几个方面展开整合，仅仅在工具材料上可以将彩色水笔、签字笔、油画棒、水粉、水墨、纸材等混合运用。当然，进行这样的单元式教学时，美术教师自己是相当辛苦的，而且这样的教学改革也要得到学校领导的支持。但可以很肯定地说，小学生们在一年级经过这样的学习，其能力发展是非常惊人的。

2. 知觉"形"的教学指导方法

（1）图像解构分析法

针对上述案例主题，依靠普遍使用的电脑技术，用PPT演示，将准备给小学生欣赏的鸟（表现主题）的照片分步骤呈现：第一幅，鸟头图片；第二幅到第五幅，鸟头线形态提炼分步图（用区别于照片主体物的颜色线条具象分解）；第六幅到第八幅，材料变化提炼，例如，用纸材对鸟头的形态表现进行提炼，引导学生进行发散性的思维；

第九幅，表现工具的选用介绍。

小学生在读图的过程中，对表现的鸟头形态进行理解，在局部完成的基础上，进行整合处理，学习用不同的构图方式组合画面。

（2）纸材拼贴造型法

可选择旧报纸、超市商品广告或薄一些的彩色纸（60～80克）。第一环节，学生在教师的自由引导下自由表现。（注：这是撕纸表现带有毛发的鸟头造型课，所谓的"自由引导"，此刻表现在教师示范性地撕出鸟头毛发形态，表现轻松自然）由于一年级小朋友的小手缺乏力度，因此他们的表现更多的是自然状态下的形态变异。教师的示范越轻松，小孩子的表现就会越出色。第二环节，如果小朋友们的初步表现还不错，教师在接下来的环节里可以选择彩色的广告纸或报纸，启发学生选择恰当的彩色纸拼贴鸟头的形态，作业呈现可用黑色KD板、双面胶粘贴。这是一个创造性表现环节，实施这样的表现过程需要第一环节的练手过程作铺垫。

（3）图底分形整合

用Photoshop软件在电脑中处理鸟头造型，分别用深灰色与浅灰色处理鸟头形态。鸟头形象可以分别用两个不同的色基表现，引导学生用两种类似色调的纸进行撕纸的拼贴造型，既可以用深颜色的纸撕鸟头造型，又可以用浅颜色的纸撕鸟头造型。同时，在拼贴后可以再用签字笔为鸟头造型的局部进行线描刻画，使作品的效果更加生动。这个教学既能够加强学生对形态的识别，又能够让学生的思维不被具体的形态固化，因为撕出的鸟头造型和用签字笔刻画的鸟头形态都能够带来一种形体上的不确定性，有助于学生更宽泛地理解"形"。

（4）徒手描绘练习

小学生在美术教师的引领下，针对鸟头这一表现主题，进行一定量的徒手描绘练习，先欣赏不同鸟头的图片，然后用电脑软件制作、提炼出线条造型需要把握的基本形态。美术教师在启发学生进行临摹性学习时，可以用不同颜色的粉笔在各种鸟头基本造型的线条上进行线条交错的重复描绘，并及时告诉学生，具体的轮廓线始终是属于动态的。这样的多形态徒手描绘练习可以帮助小学生从本质上知觉"形"。

对此，美术教师可以从以下几个方面修炼自己：

（1）对美术历史的学习与研究。通过研修的方式，学习近现代美术历史研究的成果（阅读近5年内出版的新著作，听关于美术历史研究进展的讲座，参观各种艺术作品的展览，以及参加美术教育硕士进修等），重新认识美术形态，建立新的思维，特别是要改变对美术表现形态的理解，以多元文化观认识与看待不同的美术流派。

（2）尝试结合上述的不同教学思路进行专题教学研究，根据不同的教学思路，进行多样交叉的教学实践。在全部实践一遍的基础上，进行两个方法或者多个方法的整合性实践，包括对工具、材料、表现肌理的多形式综合研究，逐步形成自己对美术造型表现的教学方法。

（3）将单一的课堂临摹教学与写生、默写教学练习相结合。一般情况下，小学美术课堂教学大都是临摹表现，写生的练习课时不足，默写的练习就更少了。美术教师要结合自己使用的教材课题，分解出能够穿插写生练习的表现主题，在临摹的基础上安排局部或整体的写生表现学习，也可以适当地在课堂时间里安排默写的练习，以提升小学生对造型表现的自信心。

第三节　七彩变化的世界

　　艺术作品的表现形式与人们的感觉、情感生活、理智所具有的动态形式是一种同构的形式，美术作品中色彩的表现和运用充分体现了这样一种同构过程。例如，墨西哥女画家卡罗，其作品中的色彩始终蕴涵着她对墨西哥民族的深厚情感。艺术作品是艺术家、创作者的"情感生活的知觉"在空间、时间中的心理投射，墨西哥国旗是由三种颜色构成的，"绿色象征独立与希望，白色象征和平与宗教，红色象征统一与自由"，在卡罗的绘画作品中，这三种颜色的出现几率是最多的。可以说，艺术作品也就是艺术家情感知觉后的一种形式再现，或者说艺术作品是能够将人的内在情感系统地呈现出来供人们认识的形式。

　　儿童期的美术学习阶段，是儿童对色彩知觉与表现比较敏感的时期。如何在小学美术课堂中把握好色彩教学，是美术教师需要修炼的基本能力。怎样教好与色彩表现相关内容的课题呢？如何调整好小学生对色彩知觉的敏感性，使其在这方面的潜在能量彻底释放呢？

一、生活里的色彩与学科中的颜色

　　在历来的小学美术教科书中，包括各版本课程标准实验教科书《美术》的课题里，涉及色彩教学的时候，总是离不开对色彩学科知识的传授。怎样才能比较有效地让小学生知觉色彩呢？怎样能让孩子们比较出色地用色彩进行表现呢？

案例1

色彩的世界（一）

（浙江人民美术出版社出版的课程标准实验教科书《美术》，教学片段）

大屏幕呈现：色轮（注意：这是完全的学科表现教学）

师：在这个圈上有各种颜色，美术上把它叫做"色轮"。

师：请问同学们，生活里的树都有什么颜色？

生：有绿色、黄色、金黄色，还有红色等。

师：请问，树叶的绿是由一种颜色组成的吗？

（大屏幕出现一棵绿树的图片）

师：在这棵树上都有什么绿？

生：有浅绿色、深绿色，还有偏黑的绿色……

师：与色轮上的颜色进行比较，这棵树上的绿色是怎样的？

（学生进行比较、议论）

师：请用自己的油画棒和彩色水笔，像大屏幕上的色轮示意图那样，自己摆放出与色轮颜色相对应的颜色。给大家两分钟时间。

（学生纷纷按照大屏幕上色轮中颜色的位置摆放相应的颜色笔）

分析：上述这个教学环节，教师注意了将美术学科中的颜色概念与生活里的色彩进行连接性识别，引导学生对颜色的概念进行比较深入的理解。学生用自己带来的油画棒和彩色水笔，按照色轮上的颜色摆放画笔，这个通过体验理解的环节设计得不错。这些五年级学生，在前几年的美术学习里虽然接触了不少颜色的表现性学习，但对美术中颜色的学科性知觉和理解并不到位，如果请他们说出一种颜色的学名，他们似乎也并不容易说出来。

例如，蓝颜色中的钴蓝，不少的学生可能并不知道，也不清楚这种颜色是从金属里提炼出来的。又如，群青是蓝色系列中很重要的颜色。这样的色彩知识需不需要让小学五年级的学生了解呢？

再如，在识别这组树的图片时，学生们用了深、浅、黑来区别树叶的颜色，排除了投影仪在呈现中对图片颜色反映的偏色差现象。仅仅从美术颜料中众多绿颜色的学名来看，用语言描述绿色，也不仅仅是一种深浅之分。虽然在光线的作用下，树叶的绿色产生了深浅的不同，甚至在暗部还有点呈现黑色的感觉，但树叶中的绿色不可能仅仅用深浅来区分。

比较专业的色彩基本知识，小学生还是需要知道的，特别是五年级以上的小学高段学生。小学美术教师需要在这一学习内容的教学方式上进行探索，特别是应该更深入地展开专题研究。例如，上述的这个教学环节，如果要使学生对颜色的知识把握得比较牢固，美术教师需要有重点地对树叶呈现出的绿色进行分析。教师可以安排游戏性的分组活动，让小学生对图片里的颜色进行辨别，再结合在生活里实际看到的真实的树叶颜色展开对比。这样，小学生就会发现问题：图片里的颜色与生活里真实树叶的颜色偏差比较大，为什么？从而引导大家展开研究性学习。学习内容要按照单元性课程来构成，教学要分专题进行深入研究，不能只是蜻蜓点水似的看看图片就过去了。

要逐渐分清生活里的色彩与美术学科中的颜色。在这个色彩的学习单元里，还可以安排与学生生活直接关联的学习活动。例如，学生服装颜色的比较研究，生活里服装颜色的比较研究，生活里室内床上用品的颜色比较研究等。可以按照不同学习内容，创设生活情境，以表演、游戏、小组研究等不同的方式进入教学，然后再将服装颜色、床上用品颜色与学生们的学习用具12色、24色或32色、36色油画棒、彩色水笔等进行比较，请学生找出油画棒和彩色水笔中与生活里的服装、床上用品相类似的颜色，先读出油画棒和彩色水笔上标注的颜色学名，再比较分析有什么色彩差异，最后教师再进行讲解。在这样的认识基础上，美术教师要安排颜色限制性表现学习专题。例如，限制用某种色调的颜色进行表现。

案例2

(一) 类似色表现练习

请同学们将自己美术工具中的相似色挑选出来，例如，一组同学将蓝色调的彩色水笔或油画棒选出5支，一组同学选择绿色调的彩色水笔或油画棒若干支，一组同学选择红色调的彩色水笔或油画棒若干支，分别用它们进行一个内容主题的色调表现。

(二) 对比色表现练习

引导学生先分组寻找生活里的对比色。教师在班级里叫一位穿着红色调服装的同学，请他去选择与自己的衣服色调相对比的另外色调，然后请其他同学分辨他的选择是否合适，是否属于对比色。在这个游戏的基础上，再分小组进行对比色的表现练习。颜色的冷暖也可以采用类似的游戏进行学习。

分析：经过表现性练习与欣赏学习以及对现实生活中色彩的比较分析，小学生不仅对生活里的色彩和学科专业的颜色有所了解，而且也能够将生活里的色彩对应学科中的颜色，在审美知觉方面有所发展。

二、怎样表现色彩更有意思

一般情况下，小学生表现色彩常用的工具、材料不外乎彩色水笔、油画棒、水粉颜料、色纸等。这些材料与工具都属于比较学科化的，其他的还有生活里的树叶、废旧纸张、包装印刷物品等。怎样让小学生在不同年段、不同课题的色彩表现中创造出更有意思的作品，是这个方向美术教学的重点。美术教师需要以研究性的态度策划自己的教学设计，实施自己的教学，不断生成有创意性的教学。

案例

秋天的叶子

（油画棒、水粉的色彩表现，可以用油水分离法）

教学设计思路：对于这样的课题，一般的教学设计倾向多为"金色的秋天"。作为色彩表现的教学，如何表现秋天的色彩，叶子的颜色就成为非常重要的参照素材。教材上所提供的图片、美术作品，可以作为教师的教学资源，但是要使这一课题的学习更有意思，美术教师需要在教学之前主动收集生活里的素材。

教学准备：在这一教学主题即将实施的日子里，美术教师需要有计划地关注自己周围各种树木进入秋天时的变化，有意识地为这一课题的教学收集最鲜活的素材。

策略1：有计划地拍摄学校周围不同树木进入秋天时的照片、落叶以及还留在树上的不同颜色的叶子的照片，进行选择后，再用电脑软件进行处理，以备用于教学。这些图片既可以为学生的表现提供不同视角，同时又能启发学生根据图片呈现的色彩感觉与肌理效果，选择比较适合的工具与材料进行表现。

策略2：秋季常常有寒潮南下，秋风扫过，伴有冷雨袭击，此刻的树木会一夜之间出现"秋风扫落叶"之状。在这种极端天气出现后的清晨，美术教师可以到树木较集中的街区，趁着环卫工人还没有打扫落叶的时候，迅速拍摄许多精彩的落叶图片。

例如，雨水浸泡过的落叶，聚集在地面一片片，呈现出自然的色彩画面，特别有意味。这样的图片如果用在教学里，对学生表现色彩是很有帮助的。

策略3：发动学生在这个时段有意识地收集各种各样的落叶，特别是颜色比较漂亮的落叶，如黄颜色中带着红色，还有一些褐色的成分在其中。又如，黄颜色中夹带着一点点残留的绿色，还有一点点泛红色，等等。请学生将这些颜色各异的树叶集中组合在一起，构成一幅幅色彩极其丰富的画面，作为进行色彩表现时的参照。注意：美术教师需要随时将落叶构成的画面拍摄下来，因为落叶很容易破损和颜色发黑。

策略4：在进行色彩表现的同时，美术教师可以将学生们收集起来的落叶进行拼贴制作教学，这是资源的多次利用。注意，这一教学的引导，可以参照美术教师在"秋风扫落叶"之时拍摄到的图片画面，能够使作品更具意味。

分析：为了上好一节课，花费这么多的时间究竟值不值得？有些美术教师觉得自己平时的教学工作就已经比较繁杂了，为了上好一节课，花那么多的时间来收集素材不值得。美术特级教师章献明对这类问题有这样的意见："上一堂课，你就得花10到15倍的精力去备课，这个精力首先是指时间上的，40分钟的课，你就要用乘以10、乘以15的时间去备课。如果你有这样的精力并且持之以恒，只要2~3年时间，你就会成为一个很专注、很会想办法的教师。"

三、表现色彩的方法有哪些

在小学阶段的美术学习中，课堂上儿童易于掌握的学科化倾向的色彩表现方式，大概有七类：一是平涂色，二是勾线填色，三是点彩法，四是油水混色表现，五是水粉表现，六是彩墨表现，七是彩色拼贴。

1. 为什么不要这样画

在一般的小学美术课堂，孩子经常使用的绘画工具有彩色水笔、油画棒（蜡笔）等。在小学一年级开始的色彩表现方法中，勾线填色的方法最常见，这是由于在幼儿园阶段的美术学习里，小孩子画色彩时运用勾线填色表现方法已经成为固定的习惯。这并不是说在表现色彩时不需要勾线填色，而是说怎样填色才能使得画面产生更有意味的效果。

勾线是儿童用线塑造物体形态最基本的方法，但是在小学美术学习中，大多数孩子所勾出的线形比较呆板。之所以如此，是因为小孩子在幼儿园美术学习中被教师不恰当的教学所"污染"。由于勾线塑造形态的缘故，画面上呆板的形态配上彩色水笔平涂的颜色，整个作品给人的感觉是一种似曾相识的"陈旧感"，这样的美术表现形式是小学美术课堂中常见的画面。那么，如何能够画得更有"陌生感"呢？

（1）由放松勾线练习入手。美术教师需要花费一定的课时，引导孩子们从一年级开始改变原来画线条的方式，要练习线条塑造中的节奏和韵律。所谓"线条的节奏"，是指在用线塑造形态过程中，孩子的小手对运笔力度的恰当掌握。练习过程由随堂欣赏开始，美术教师给孩子看艺术家、同龄小朋友的作品，并请孩子们在黑板上进行练习，然后教师点评表现。连续安排家庭作业，待下次美术课交流，教师再点评。经过一段时间练习，孩子们的表现就能够有所改观。

（2）涂颜色练习。常态中的美术课堂，学生在40分钟里用彩色水笔的平涂法是无法完成作业的。因此，建议在常态课堂上学生要采取彩色水笔与油画棒混合使用的方法。彩色水笔平涂方式，只能在课外美术活动的创作中应用。建议美术教师对孩子们进行涂颜色方法的引导。例如，平涂颜色时并不是每一笔都要很规整地涂，排线的方法只是一种，采用短线交叉为主的方式，不提倡长线条涂色。又如，在平涂颜色的时候，建议小孩子自然地将形态线适当留白，没有必要非常规矩地使线形与平涂颜色吻合，平涂颜色越自然越有味道。小手使用彩色水笔时的力度成为涂色的最终效果的关键，因此，美术教师要在课堂上专门指导学生们把握用彩色水笔涂颜色的力度。但这方面的把握是无法讲清楚的，只能依靠学生们自己在动手涂色的过程中去体会与感觉。

彩色水笔人物写生　　油画棒人物写生

（3）油画棒的涂色是有讲究的，低年级的小朋友往往没有把握基本方法。例如，涂色的力度，教师要给予示范，不要用力太轻，只把颜色画在纸面上。但如果用力过大，油画棒就会断开。另外，比较小的油画棒头及颗粒，要建议小孩子用手指将其按扁，搓擦在画纸上，画面上留下高低不平的斑点是没有关系的。又如，油画棒与彩色水笔混合使用的时候，可先用彩色水笔勾线，塑造形态，再用油画棒填色，但需要自然地在线形的边缘留白。

（4）色彩表现中的笔触问题，是一年级小学生需要建立的一种感觉。无论是用彩色水笔，还是用油画棒表现色彩，都需要有笔触表现的意识。教师不要单一地要求小朋友们把颜色画得均匀或一致，因为平涂的颜色里有一些混色的效果会更有味道。另外，小孩子用彩色水笔表现的时候，要注意水笔颜色的干枯现象，出现这种现象时，教师要提醒小朋友们将彩色水笔注入彩色墨水后再继续使用。

2. 点彩表现方法与混色表现

用油画棒点彩表现的方法，这些年来在小学美术课堂上已经比较普遍。但是教师在引导学生表现的时候要注意，一是点彩前要确立基本的色彩基调，本幅作品准备用什么样的色调，是偏蓝色调还是偏绿色调，是偏红色调还是偏紫色调等，然后根据基本色调选出配合使用的油画棒，点彩时要有顺序，先用一种颜色，再用第二、三、四

彩色水笔人物写生

种……二是油画棒接触画纸的面积，这个问题的关键在于油画棒笔触的状态是什么样的，一般情况下，在点彩前教师要做基本的示范，然后让学生自由发挥。笔触意识，在儿童美术学习里是需要强化的，美术教师从一年级开始就要不间断地引导小孩子们认识不同的笔触形式，并尝试用不同的笔触进行表现。这样，在进行油画棒表现时，小孩子对笔触的把握才会灵活自如。三是点彩表现与水粉颜料的油水分离表现练习。这个练习可以在不同质地的纸张上进行，普通图画纸、牛皮纸、废旧纸箱板、商品广告的纸张等，呈现的效果都不一样。商品广告的纸张由于是铜版纸印刷的，水粉颜料不容易附着，因此在用油画棒着色前，先请同学们把这些广告纸进行揉搓，然后再用油画棒表现，表现时选择的颜色要与原来的印刷广告中的颜色有所区别。用水粉颜料的时候要在局部使用，不能全部都平涂，对水分的掌握、颜色的干湿程度等，都需要学生在实践中来研究。

注意事项：混色的表现方法一般是以油画棒为主。小学生要把握这样的方法，在一年级进行勾线填色表现的时候，要使用黑色的油画棒勾形态，用其他颜色涂画。这样的练习，可以让小孩子对混色的视知觉接受有一些心理准备。目前，大部分小学一年级的孩子对油画棒的黑色与其他颜色混合的画面有"脏"的认识，这实际上是比较糟糕的一种错误看法。如果这时候的孩子不能比较正

油画棒、彩色水笔混色练习

确地对待混色的初期表现感觉，到了真的混合用颜色表现的时候，就会有心理障碍。在一年级小孩子对油画棒的色彩表现有了基础的知觉感受后，可以在二年级穿插进行混色的练习，使小朋友逐渐积累混色表现的不同感觉体验，也使这样的表现在四年级之前就形成比较浑厚、大气、成熟的色彩表现风格。

3. 水粉色彩表现

水粉色彩表现是小学生掌握得比较薄弱的一种色彩表现方法。问题的出现有以下几个方面原因：

一是水粉颜料与工具（水粉笔、画纸、画板等）的制约。在一般小学美术课堂上使用的水粉颜料多是12色小支套（盒）装，这样的颜料并不适合实际教学中的水粉表现作业。首先，群青颜色在12色套（盒）装的水粉颜料中是没有的。其次，这样小支的颜料容量太少，有时候完成一幅作品就用掉大半支。

二是水粉表现中的基本方法。在小学美术色彩表现学习中，很多美术教师并没有按照水粉笔蘸群青或赭石颜色的方法起草基本形态，再用水粉调色表现这样的程序，而是叫小朋友们用铅笔画草稿，再用水粉颜色平涂画面，这样的作业效果自然不好。

三是水粉颜料在具体使用中的问题。在小学常态美术课上，不少美术教师在让孩子使用水粉颜料的时候，并不让孩子专门对水粉表现中的水分多少问题进行练习，致

使在小学里所看到的水粉作业大多呈现出颜色稀薄、色彩不饱和的画面。

在小学美术课堂中，需要花费专门的课时给小学生们进行水粉色彩表现中不同材料、工具使用的专题教学。例如，水粉的表现，要安排一节课时间专门练习使用水粉颜料与学习基本表现方式。作业纸最好为8开图画纸，对于水粉颜料的配备，有条件的学校可以为其准备瓶装颜料（实际价格还比管装颜料便宜），没有条件的学校可使用学生带来的管式盒装颜料。但是，在实际添加水分时，美术教师一定要有所提示。

具体的操作要求是，用水粉笔在画纸上运行，要一笔一笔地在画纸上涂上颜色，尽量少去刷颜色。美术教师可以这样提示："同学们，画水粉画的方法，每一笔颜色要按照物象形态的不同方向画在画纸上，请大家不要当油漆匠，只是平平地在纸上刷颜色。用画笔在画纸上画颜色时要体现出笔触，要有颜色的交叉衔接。"这样边说边演示，让学生了解水粉表现的基本方法。

在起稿时，要有一个基本要求，请学生们用群青或赭石颜色起稿，待其半干之后再填上其他颜色。填颜色的时候可以适当留出形态线，不一定要全部用颜色覆盖。

水粉及油水分离表现

4. 彩墨表现

对于儿童美术中的中国画，可以从水墨与彩墨两类表现形式展开教学。彩墨的表现建立在水墨表现的基础上，从比较宏观的表现方法上看，对于小孩子来讲，彩墨的表现可以有以下几种形式：一是利用水粉颜料与墨结合，在宣纸上进行表现，这一方式从材料上说比较便宜，颜色比较鲜艳，缺点是不易托裱；二是用水彩颜料与墨结合，这样的画面效果透明度好；三是运用中国画的材料与工具，包括中国画颜料的色彩，但这样的材料价格略贵一些；四是混合使用，水彩、中国画颜料与墨结合，效果也比较好。上述四种彩墨表现以生宣纸为载体，表现时可以添加少量洗衣粉等物，使墨色产生变化。还有一种是使用高丽纸进行的彩墨表现，表现时用水粉颜料造型与着色，等颜色基本干了之后，在已经作画的高丽纸背面加少量水，将墨汁稀释，用板刷涂刷，墨色渗透到画幅正面水粉颜色中，就会产生彩色与墨色混合的效果。

高丽纸水粉墨彩表现

（1）用彩墨表现的儿童画作品，一定要有品位。也就是说，美术教师的审美倾向决定了作品的意味。在课堂教学里，对美术欣赏的引导是最关键的因素，美术教师要给孩子们看艺术家的作品。例如，赵无极、吴冠中的作品，刘国松、张大千的部分作品等。另外，要引导孩子们欣赏一些比较好的儿童彩墨作品。孩子们有了一定的眼光，才能有精彩的表现。

（2）彩墨的表现要建立在水墨表现的基础上，因此，在具体的水墨表现练习阶段，美术教师也要用一定的美术欣赏方法来引导孩子们。例如，给孩子们欣赏汉简书法作品，并启发学生用不同的墨色，按照汉简的表现形式，即兴写出心情或小段日记。美术教师可以从这样的练习中发现非常精彩的表现局部，或者是整幅作品。等待比较好的作品局部干透之后，对其进行剪贴，将比较好的作品局部粘贴在 250 克以上的色卡纸上，拼贴制作成让孩子们看到后感到吃惊的作品。例如，用长条幅、斗方的形式呈现，或者按照竹简的形式呈现。这样的练习，能够使孩子们的水墨表现丰富，为彩墨表现奠定基础。

5. 彩色拼贴

彩色拼贴是小学美术表现中应用比较多的形式，这类表现的材料可分为专用纸张与废旧纸张，由此衍生出多种表现形式。

（1）平面彩色纸拼贴。这是一般课堂教学中比较普遍的表现方式。这个类型的作品表现中，教师要注意美术欣赏的引领。例如，西方艺术家马蒂斯的作品，中国民间艺术大师库淑兰的作品，这是两种截然不同的表现形式。马蒂斯的作品比较容易把握，而库淑兰的作品属于中国艺术中特有的"模件化"的拼贴，所有的图形都按照不同形态的规定，集约式成批制作，拼贴时，采取叠加粘贴的方法。这样的制作要求色彩纸的颜色纯度高，但制作时间比较长，在课堂教学里需要分课时完成，进行公开课教学时，需要有衔接说明和交代。

（2）废旧广告纸拼贴。这类表现可以分为两种形式：一是撕贴画表现，将各种不同的超市广告纸收集起来，引导学生按照原来的印刷品中不同的颜色，分别撕出基本形色块，再按照表现主题的形态，在黑色或深色背景的卡纸上仿照马赛克塑造形式进行拼贴。二是自由形态的塑造拼贴，依据创作主题，并利用废旧广告纸原有的颜色，自然撕出某主题造型，再将其拼贴在黑色或深颜色的卡纸上。

（3）彩色纸拼贴综合表现。学生按照个人喜好选择一张色纸，在纸面进行镂空刻制。塑造出基本形态后，另外选择一两张其他颜色的卡纸衬在镂空的色纸下，进行二次或三次镂空，这样的作业既有颜色对比，又有形态塑造。教师需要在欣赏教学的基础上引导学生自主创造。

（4）撕、刻、画、拼贴组合表现。将上述的各种方法整合运用，启发学生大胆进行创意，自由表现。画的方式可以用水粉颜料与油画棒混合在一起，在撕、刻、拼贴的过程里，依据形态的转折，恰当描绘色彩。注意：画的面积不可过大，还是要以撕、刻、拼贴为主，画为辅助，同时也要考虑到作品的整体效果。

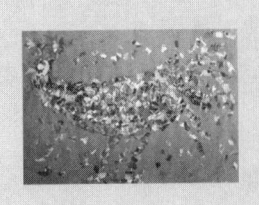

本节的重点在于启发美术教师恰当把握色彩表现中的不同方法，使其能够在课堂教学中根据课堂内容的需要，安排恰当的表现形式。从教学角度讲，美术教师需要把握的问题是，如何将表现形式与教学主题更好地融合，不要形成一种单纯的技术表现性练习。

在色彩表现的教学中，最需要强化的是随堂美术欣赏教学，美术教师要不断地加强自身的美术修养，全面地理解美术在当今时代发展中观念形态上的变化，以多元认同的方式对待不同的美术表现形式。

第四节 板、版、版画

儿童版画，是小学美术课堂学习中比较普遍的一种表现形式。近30年来，儿童版画教学发展得非常快，各地涌现出一大批优秀儿童版画教学群体，表现形式多，作品质量比较高。

小学课堂教学中的版画表现，不同于课外美术活动小组及学校外的美术学习。由于具体课时的限制，如何在有限的教学时间里使学生完成好作业，并能够保证高质量，是小学美术教师需要认真研究的。

一、板的生成性转移

版画是利用媒介物"板"，制作成主题创作画的底"版"。因此，有人称版画是"间接的艺术"，是集绘画表现、雕刻制版、印制工艺表现于一体的综合表现形式。板是如何生成性转移成为版的呢？当小学一年级的小朋友用自己的小手蘸水粉颜色拓印，或用小脚丫蘸水粉颜色拓印，都可以认定是"板"的生成性转移。用玩具、树叶、布头等实物进行的盖印，也是小朋友感受由"板"到版的转移过程，这样的生成性是小朋友对版画雏形形成过程的体验。说是生成性，是因为小孩子在儿童版画制作过程中对基本程序把握得不那么严格，作品在制版、印制两个环节都可能出现一些变异，这恰恰是儿童版画的一个特点。

1. 充分利用生活里的板

在儿童版画表现中，经常使用的板材有纸板、吹塑纸板、KD板、木板等。实际上，仅仅就纸板来说，生活里可以利用的板材料太多了，美术教师要善于发现。

单色纸版画 　　　　　KD版混色版画 　　　　　KD版单色油印版画

例如，废旧的纸箱板（学生家中的牛奶箱、饮料箱等包装）就是非常好的材料。用工具刀切割下其中的一块箱体板，在其表面任意刻撕，立刻就呈现出内里的瓦楞纸芯，然后进行不同的造型表现，再进行印制，马上就能够完成小批量的作品。而且装牛奶的纸箱一般都是经过印刷的，当油墨滚上去的时候，它并不那么吸油，所以是比较方便的表现板材。

另外，使用过的特快专递信封也是非常好用的板材。

在纸版画制作中，可以利用的材料还有很多，除了底基板之外，带纹理的布头、麻绳，以及废旧的塑料包装编织袋子、竹席子、纱布、水泥墙面、地砖等都可以利用起来，这些既可成为局部造型中的板材，又可做底版肌理。这些生活里的材料能够丰富版画的表现，使小孩子们的创作具有不确定性，能够刺激他们的探究兴趣，使版画表现更具有研究性。

板的应用策略有以下几点：

（1）在进行版画创作时，建议美术教师多为小学生们安排自己印制版画的时间。由于当今学校美术器材的条件大大改善，很多小学已经配备了版画机，这方便了版画刻制后的印刷环节。但是，任何事情都有两面性，小孩子们的动手能力反而因此削弱了。因此，建议美术教师在版画课上多安排孩子们对不同板材表现进行自主探索，包括最后的印制过程，最好也让小孩子自己用汤匙或矿泉水瓶（空塑料药瓶）等进行磨印。这样的印制体验是相当重要的，不仅可以让小孩子体味其中的乐趣，更重要的是在印制过程中，可使孩子对不同板材的使用有自己的亲身感受。印制不同板材的版画，其在磨印操作上有着不同的力度，小孩子有了这样的体验，就会知道作品的肌理怎样处理，印制的效果如何把握，这些都是非常好的经验积累。当然，印制版画需要花费比较长的时间，有些课要特别安排在课外活动时间里完成。

（2）利用不同板材进行纸版画创作，板材的选择与应用是一个学问。小学生根据自己的作品需要，学习如何选择不同的材料进行版画制作，这本身就是一个再创造的体验过程。美术教师要将选择的权利完全交给小孩子们，让他们能够自主选择，发展主观创意。由于版画的不确定性一直贯穿于制作表现的全过程，小孩子在表现过程中情绪一直很高涨，这是美术教师促进孩子们创意发展的最好时机。特别强调，在版画课上，教师千万不能代替小学生们做事情。

（3）刻撕纸版画的板材选自废旧的纸箱板，学生用刀子刻划后挑撕形态，可以自然呈现出刻痕与撕纸纹理，如果刻刀力度大，挑撕表面纸后则呈现出内里的瓦楞肌理。使用这样的板材创作能够产生非常有意思的画面效果，在完成刻制与挑撕形态后，刷上清漆，待干燥后就可以印刷了。有了清漆保护层，底版画面的形态才保持了相对的稳定。这一板材的利用与教学实战，安排在小学高年级比较合适。

2. 纸版画板材的选择与应用

在儿童版画学习中，纸版画的应用率最高，主要是因为制版的材料比较方便。但是，如何选择纸版画的板材，还是有讲究的。在小学里经常见到的纸版画表现形式可以归为四类：一是剪贴纸板制作的版画，也叫做平面纸版画；二是使用吹塑纸做底基板的版画，这种版画可以分为油印和粉印，其中粉印版画表现效果好，因此使用比较普遍；三是拼版版画；四是漏印版画。针对这四类纸版画板材的选择与应用，有以下几种策略：

（1）剪贴纸制版。这种纸版画的表现，一般情况下有撕与剪两种，为此可供选择的纸张就不一样。这样的版画学名为凸版版画，撕出或剪出的形象为纸造型，选择纸张就非常重要，包括有肌理的纸张，都是非常好用的材料。所以，在学生个体进行创作表现之前，美术教师可以分别选择3～4种不同的纸材让小学生们进行尝试性体验，根据对纸板材料的表现感觉，再选择恰当的纸材做自己的造型之版。

剪贴纸制版的另一种表现方法为，将报纸、牛皮纸或其他纸张事先揉搓，打开后用油辊将调和适当的水粉颜料滚在纸上，待干后依据创作主题进行剪或撕，再将图形裱糊在另一张深颜色或黑色的卡纸上。这样的剪贴版画效果主要体现在肌理的表现上。这是属于不能转移印制的独幅版画，因此纸张的选择也非常重要。例如，学生家中如有买鲜花时留下的包扎纸张，用来进行这种独幅剪贴版画的制作就非常有效果。

（2）吹塑纸的选择和使用。在油印和粉印版画中，底版一般选用吹塑纸。目前市场上所见到的吹塑纸质量不等，有一些吹塑纸的柔韧度并不太理想，使用圆珠笔、铅笔等进行表现时，小学生的手在持笔运动中的力度不稳定，往往会造成吹塑纸划破的情况。因此，美术教师需要在教学前自己先试用吹塑纸。可以采取的措施有两条：

一是将吹塑纸揭层使用（一般吹塑纸为双层），铅笔选择稍微软一些的，如2B或3B铅笔，稍微削尖，但笔尖最好有点圆润，防止划伤纸面。如果学生用圆珠笔进行表现，教师则需要

粉印版画(叶心尧)

及时提醒孩子们注意要恰当把握笔头运行时的力度。

二是在制版前将吹塑纸进行揉板处理，追求肌理效果，同时再进行刻画表现。但这样处理过的吹塑纸板更容易破损，教师要引导小学生在刻划时调整小手的力度，保持均匀。如果吹塑纸板有破损的话，可以在印制前将制作好的图版的背面涂上乳胶，粘贴在另一张纸箱板上，保证印制的效果。

另外，近年来不少地方的学校采用薄泡沫板替代吹塑纸板进行版画表现，也是比较好的一种材料。这样的板材比较有耐受力，反复印制多次也不会损坏。

（3）拼版版画使用的底版一般也是吹塑纸，还有纸包装盒子的纸板等，这比较利于小孩子剪裁，因为他们的小手力量不够。对于中高年级的小学生来说，用剪刀来剪纸盒子的纸板应该是没有什么问题的。但这样的表现如果在低年级进行，除了吹塑纸外，还要选择一些超市广告用纸，其柔软度以方便小孩子操作为宜。

（4）漏印版画的板实际上属于刻纸制版。选择卡纸为板材用纸，用美工刀或刻刀将图形刻制镂空，然后将稠稀程度恰当的水粉颜料装在喷壶或喷枪里，喷在镂空版上，作品就呈现出来了。另外的方法是用拓印的方法，使用布包蘸比较稠的水粉颜色拓印。

3. 木刻版画及其他板材的应用

（1）木刻版画是比较有艺术效果的（如下图）。在小学阶段，木刻版画的板材多是三夹板或五夹板，购置这些板材后，美术教师必须要花费一定的时间，组织高年级学生先用木工细砂纸将板子表面进行打磨。这个环节是不能省略的，因为它可以保证最

终的表现效果。另外，目前已经有专门为小学生制作的木刻专用板，其材质比较软，而且容易刻制。

木刻版画1 　　　　木刻版画2 　　　　木刻版画3

（2）还可以用铝塑板代替模板或用三夹板进行刻制。这类板材的优点是比较规整，在刻制前不用处理，容易操作，但这类板材在刻制过程中呈现出的刀味效果不如三夹板。另外，近年来有不少美术教师多选择胶皮板作为木刻版画替代板材，刻制、拓印效果相当好。

（3）石膏板版画。为了使版画的效果更丰富，可以在制作教具的时候同时安排制作不同规格大小的石膏板材，这样的板材既可以为小学生的藏书票表现提供较规范的底版，又可以制作成较大尺寸的板材，进行专题创作。石膏板版画能够仿汉画像石的表现风格（如图）。

（4）烙烫版画。近年来，有不少美术教师运用电烙铁当笔，在KD板（或者叫蒙板）上进行烙画，画面效果非常好。这是一种属于基底板的版画表现，既可以转印作品，又可以直接展出作品的基底版。从使用电烙铁的安全性考虑，这样的表现适合小学中高年段学生。

在版画表现中，板的生成性转移是作品成败的决定因素，美术教师在教学实践过程中，可以根据自己本地的实际情况，自主开发不同材质的板材作为版画教学的材料。

烙烫版画

二、版与版画的关系

有了不同材质的板，就为制版提供了比较宽泛的操作空间。版是版画制作最重要的媒介，版的制作是美术教师了解小学生版画创作最关键的环节。因此，如何制版是版画学习中变化最多的技能操作学习。制版表现的策略有以下几点：

1. 在纸版画制版的表现中，主要区分剪贴制版与刻画制版两大类型。其中，美术教师在指导小学生进行剪贴制版的过程中，需要在剪贴后的拼接黏合环节强调操作细节。因为小学生在这个环节里往往会在乳胶黏合图形纸版的时候没有粘贴牢固，到了印制环节，油墨辊上的油墨就会过稠，在滚油墨的过程中油墨辊会将图形纸版粘起来，使印制过程无法顺利进行。一般情况下，版画课的完成品表现学习是不可能在公开课里呈现的，因为时间太短无法操作。所以，版画教学往往需要耗费比较多的课时。

纸版画

在刻画制版的表现指导过程中，美术教师一定要叮嘱学生：（1）用铅笔或圆珠笔在刻画线条、肌理的过程中，要注意刻画的力度，用力太小，在印制时颜色容易糊掉线形，用力太大则容易划破吹塑纸；（2）注意在整个印制过程中水粉颜料、油墨的稠稀程度，这对整个作品的印刷质量具有决定作用，例如，在粉印版画中用水粉笔或毛笔蘸水粉颜料的时候，笔头的水分不宜过多，而颜色要适当偏稠一点，这样印制出的效果比较厚重；（3）印制时用手按压的时间不宜过长，如果时间太长，吹塑纸表面的"银色"表皮就会被水粉颜料粘起来，使作品表现的版寿命变短。一般情况下，粉印版画所用的吹塑纸连续印制 3~5 张作品是没有问题的，如果"银色"表皮被水粉颜料粘起来太多，这幅作品的版就被损坏掉了，就会影响作品印制的份数。

2. 制作木刻的版需要专门的课时进行学习。一般情况下，木刻制版制作程序需要先演示给小学生们。例如，第一步将画好的草稿用复写纸复写在木版上，第二步根据复写稿用墨汁画出黑白样。这个方法也可以把顺序替换一下，即先在创作草稿上画出黑白效果样稿，再将其复写到木版上。在木版上画黑白样这个环节最好不要省略，这样，到了刻制环节就比较容易操作，每一刀刻下去，能够显示比较清晰的刀痕，容易了解自己的画面感觉。

木刻版画表现中比较重要的是选择用什么刀进行刻制，一般常用的有三角刀、圆口刀、平口刀，具体还分为大三角刀、小三角刀等。不同的刀具能够刻制出不同的木版画效果（刀味）。一般情况下，在动刀刻制之前，自己大概要使用什么样的刀具要有所考虑。在木版画表现之前，美术教师还是要安排小学生对不同刀具进行练习，让小学生们基本掌握不同刀具的表现性之后再进行具体的版画创作。由于木刻版画的环节比较多，耗时比较长，安排木刻版画的学习要以单元学习的方式，专门用 2~3 节课的时间完成制版的环节。

3. 烙板制作方法。近年来，用电烙铁进行烙板制作的版画逐渐多起来，板材可选用 KD 板或人造板等。烙板表现的画面视觉效果强烈，画面也可以比较大。用电烙铁进行制版，需要注意安全，这样的表现大多安排在五六年级，操作时最好要戴手套、口罩，教室的窗户要打开，使空气流通。由于电烙铁燃烧时温度高，制版时掌握每一笔烙在板子上的时间很重要，根据已经画好的稿子，脑子里想着如何表现效果，在操作中不能拖泥带水，每烙一笔都要干脆，在完成一个局部后，要停下手来，关掉电源，离画板远一点，看看效果，想一想后再进行下一阶段的制作。

新孔版画（简志雄作）

4. 新孔版画制版方法。新孔版画是由日本传到台湾地区，由原台北小学校长、著名美术教师简志雄先生推广到大陆。目前，新孔版画的制作与表现在台湾地区的中小学已经比较普及，但是在大陆小学尚属比较新的表现方法，上海市二期课改美术教材专门介绍了新孔版画的表现与方法。新孔版画的制版主要依靠其主材销售中带有的版纸，这样的版纸目前还是由日本生产，制版方式要比其他版画简单，只要准备一支 6H 铅笔，就可以开始操作。先用红色圆珠笔将版纸四角画上版芯大小的标记，然后在版纸下垫上细木工砂纸（主材中配备齐全），用 6H 铅笔直接在版纸上画出自己想要表现的主题形态。注意，画的时候力度稍微重一些。版画好后用胶带纸粘牢，挤上油墨就可以印制了。新孔版画对于小学生来说，比较好操作，印制又方便，但尚需要一个普及阶段。

版画的制版是一个非常重要的操作环节。美术教师在课堂教学里要有意识地引导小学生们对不同类型版画的制版表现进行探究，既能促进学生的思维发展，又能锻炼学生的动手能力，也能够为版画教学总结可推广的经验。

版画对于小学生来说，是一种集绘画、动手表现于一体的美术创作活动，特别适合于小学生的美术学习。由于版画的操作环节比较多，不容易在一节课时里完成，一般情况下，小学美术教师不采用版画课来进行公开课的比赛和交流。但是，版画教学活动容易形成学校美术特色，在全国各地有很多进行版画教学的特色学校。

第三章

"设计·应用"教学能力的修炼

什么是设计？美术教师对此需要有一个明确的认识。2001年，《全日制义务教育美术课程标准（实验稿）》确立，在基础学校的美术课里专门设置了"设计·应用"学习领域，这个学习领域，有别于原来美术教学大纲里的学习内容"工艺"，因此美术教师需要调整自己的教学方法和学生的学习方法，使自己的教学转化为具体的成果。

第一节　美术课中的设计学习

　　什么是设计？如果来追寻设计的起源，我们可以从远古时期人们的生存状态与发展说起。在很久以前的远古时期，当原始人类中的某个人，搬起一块质地稍微硬一点的石头砸向另一块石头，设想着打造出具有某种功能的工具的时候，设计就在这个瞬间自然地产生了。当某个人用尖利的石头去砍削一段较粗的树干，试图制成某种工具的时候，设计就在他的手中诞生了。所以说，设计是人类在生存发展中把自己的意志与思维加在自然物之中，用以创造人类文明的一种广泛的活动。

　　2001年，《全日制义务教育美术课程标准（实验稿）》确立，在基础学校的美术课里专门设置了"设计·应用"学习领域。这个学习领域的设立，有别于原来"美术教学大纲"的学习内容"工艺"。

一、从"手工·工艺"到"设计·应用"的转变

　　"工艺"在中国是一个使用频率很高的词汇，也是一个对中国国民来说比较明晰的概念。在20世纪二三十年代，现代设计的观念随着"五四运动"开始传入中国，出现了庞薰琹等优秀的设计家与设计教育家。但是，在那个时代，设计的观念尚不明确，在长达半个世纪的时间里，设计一直被定名在"工艺装潢"的范围里。但是，到了今天，设计这个概念在社会里被泛滥使用的时候，人们似乎对设计的认识与理解越来越混沌了。我国有所大学叫做"中央工艺美术学院"，合并到清华大学之后，更名为"清华大学美术学院"。如今，人们在反思"手工""工艺"与设计的区别究竟在什么地方，也在思考什么是工艺，什么是设计。

　　1. 关于手工、工艺与设计

　　我国老百姓在漫长的以手工劳作方式为主的生活中，创造了祖国传统文化中发达的手工文明。遍布乡间、城镇的手工作坊，是中国传统社会百工生产的组织机构，是传统生产、生活技艺传承、工艺文化传承的重要载体，是民间艺术与中国传统文化的凝聚地。1906年，两江师范学堂设立了"图画手工科"，在中国师范教育中第一次规范了学科教育。一个世纪以来的小学美术课堂上，图画与手工，一直是传统课程。"知者创物，巧者述之。"在小学美术课堂上，让孩子们走近手工，不仅可以锻炼孩子们的动手能力，而且可以通过课程的形式，看到中国民众所创造的艺术样式，同时，又可以了解不同物的制作过程、工艺程序，以及蕴涵于其中的造物思想、价值、审美尺度和那个时代所具备的科技观念，更能够让孩子们亲自体验手工表现的快乐，感受传统手工人文精神。

但是，长期以来，小学里虽然有手工课，却一直没有达到上述的教育目标与精神追求。

案例

现有小学美术教材学习内容分析

小学里的美术课，几十年来多是以"手工"的名头与绘画瓜分课时，教学内容是以手工制作某物为基本学习内容。例如，小学生的各种手工表现课，从基本概念到实施操作，都是属于手工制作某物的范畴，虽然课程内容多少年来一直顶着"工艺"课的帽子，但却没有工艺的内涵，更缺乏设计的观念。又如，2000年基础教育新课程改革启动，湖南美术出版社出版的课程标准实验教科书《美术》中，二年级下册第3课《猴子上树》、第8课《蹦蹦跳跳》、第10课《望远神镜》，以及第11课《看大夫》中的制作保健盒、第12课《我爱我家》中的制作有花边的相框，这些课的学习内容虽然被戴上"设计·应用"的高帽子，但其内容本质并没有脱离原来美术教学大纲里"手工制作"的学习范围，教学方式依旧停留在"纸工劳作"上，也没有工艺课教学的思路。

又如，湖南美术出版社出版的《美术》三年级上册第4课《会走的小人》、第5课《旋转卡》、第6课《盘泥条》这样的陶艺课，都没有把课程性质定位在设计上。第8课《玩偶大本营》、第10课《纸盒"城堡"》等，其教学方式依旧停留在手工制作的认识水平上。

再如，浙江人民美术出版社出版的课程标准实验教科书《美术》第四册第3课《蝴蝶飞飞》、第4课《剪花边》、第13课《走迷宫》、第16课《花瓶》等内容，也没有将设计思维渗透于教材里，基本的编写思路还是手工制作的单一表现。

小学美术教科书里这样的情况非常普遍，说明新课程改革虽然引领出"形而上"的观念，但具体的操作依旧停留在"形而下"的层面。如此一来，在小学美术课堂上，这类学习内容只能是一种低水平的手工制作。

岭南美术出版社的《美术》在编写上虽然想有突破，但在具体的教材呈现上还是无法摆脱原有手工制作之狭隘的角度。如第六册是小学三年级教材，在六个单元的学习内容里，"欢快的交通世界""百变剪纸乐园""小小魔术师"这三个单元有13课的内容，按道理都属于"设计·应用"学习领域，但在具体编写与呈现中，没有确立设计思想。教材现状说明，人的认识水平要随着时代发展前进，但如何改变观念却需要经过阵痛，或者是经历一些曲折之路才能发现，原来目标并不在自己认为的地方。

分析：设计不是单一的手工制作，也不仅仅是具体的动手活动，设计的核心在于观念，在于思想，在于把所想到的意图转化为现实的产品，并能够使产品更好用。由这个角度思考小学阶段的"设计·应用"学习领域的内容，能够发现，目前小学美术课堂教学所存在的问题来源于观念形态上的错位，小学美术教学并没有教思维方法，更没有教设计，还是停留在原来单一的手工制作活动上，这真是非常悲哀。悲哀的原因在于，小学美术课堂上的"手工制作"并不是真正意义上的传承中国传统手工艺文化，也没有进入现代设计的大门，而是停留在 20 世纪初"手工劳技"的层次。《课程标准》在"设计·应用"学习领域知识与技能目标中要求："了解设计与工艺的知识、意义、特征与价值以及'物以致用'的设计思想，知道设计与工艺的基本程序，学会设计创意与工艺制作的基本方法，逐步发展关注身边事物、善于发现问题和解决问题的能力。"按照课程标准要求，反思使用了 10 年的教材，需要调整修改的内容与方法有很多。

2. 从手工到设计课程的转化

1906 年以来，中国基础学校的图画、手工课，经过新中国成立以年来的 8 次课程改革，又经过 2001 年以来 10 年基础教育美术新课程改革的洗礼，正在迈进"设计·应用"学习领域的新时代。先不去谈什么"超时代、跨越式"发展，仅仅是跟随时代，在小学美术课堂上或者小学课外活动里，能否从工艺文化的高度思考问题，开设小学生们可以自主表现的手工艺作坊，让它成为传承中国工艺设计文化精神的重要场所呢？以目前来看，这样的美术教育目标也是一种奢望。

小学美术教师应该看到，正所谓"手工手工，动手有功"。因此，美术教师在今天及未来的小学美术课堂和课外美术活动中，引导小学生们首先进入带有文化意义的主题性手工艺作坊学习体验，应该成为现代设计发展的必然，也是"设计·应用"学习领域需要完善的课程内容。有针对性地动手，不仅有利于小学生了解传统手工艺文化精神，更为小学美术课堂上的现代设计教育教学注入了新的生机和活力。原来美术教学大纲里的"手工"内涵，应该伴随着时代的发展有所变化，上升到工艺文化的高度。

随着现代科技迅猛发展、强势工业文明的冲击和生活方式的改变，中国民间手工艺正在逐渐地淡出人们的视线，面临着"人亡艺绝"的尴尬局面。这些属于非物质文化遗产的内容进入小学校本课程，为如何保护民间手工艺，弘扬本土传统文化，使民间手工艺在创新的基础上能够得以恢复昔日的繁盛局面，成为人们生活中的一部分作出了一定的贡献。因此，关于"手工""工艺"与"设计"教学转化的关系，是小学美术教师需要关注的问题，也是小学美术教师今后应着力研究的教学课题。

二、材料结构的变化

几十年来，小学美术教师一直以"手工、劳技"属于"工艺"的观念，持续在小学美术课堂上教授美术。到了 2001 年，国家《全日制义务教育美术课程标准（实验稿）》突然间有了一个"设计·应用"学习领域，这可真让小学美术教师们摸不着头脑。如今，虽然课程改革已经走过了 10 年的时间，但基层小学美术教师还是无法从本质上认识与理解"设计"这个词汇的核心意义。由此，"应用"这个学习目标自然也就无法得到落实。

案例

什么是设计？

教学设计、执教：李力加

师：同学们，每个人的手中都有一张纸，请大家拿起来。

（学生们拿起手里的纸，翻转看着，抖动着……）

师：面对一张白纸，请问同学们，有谁能够让它站立起来？

（学生们略想，互相看看）

生：可以折一下。

师：好，你来演示给大家看。

（学生折纸，放在桌面，比较薄的纸张有些晃动）

师：假如让这张纸站立得更稳当一点，有什么办法？

生：可以再折一两下。

（学生将纸折两下，纸站立得更稳当一些）

师：大家看，一张这样薄的纸，经过折叠站立起来。请问同学们，这个小尝试说明了什么问题？有谁能够说一说？

（学生低声讨论）

生：这是不是可以说是创造？

生：是一种改造。

生：这是……

师：大家有自己的想法，很好！但同学们还没有说到最确切的一个点上。

（学生相互观望）

师：纸是什么？

生：是用来写字的。

生：是印刷用的。

生：是画画用的。

师：纸是一种材料，可以叫纸材。这样描述可以吗？

生：可以！

师：（边说边演示，拿起另外一张纸）把一张纸折叠一下，说明了什么？这张纸的结构发生了改变，原来是平整的，现在出现了折痕。

（教师演示）

师：材料结构发生改变说明有了"设计"！人的想法让它的结构发生了改变，如果是折三次，会是什么样子？

（教师演示）

师：如果是一段线绳，怎样让其结构发生改变？

生：可以盘起来。

师：盘起来摆在这里可以，但如果一动，盘好的形态就没有了。还有什么方法？

生：可以打结。

师：好的。打结使线绳的结构发生了相对固定的改变，于是有了我们中国人最有特色的"中国结"。

（大屏幕演示不同的中国结图片）

师：中国结是由线绳结构改变而成的，这其中最重要的是什么？

生：设计！

师：对！当任何材料结构发生改变的时候，设计就产生了。一根草、一段树枝、一块石头，都可以改变其原来的结构。设计靠什么？靠人的思想、人的智慧，即设计思维！

分析：让任何材料的结构发生改变，这就是设计的雏形，是小学美术课堂上教师们需要反复强调的观点。有了不间断的强调，加上学生们的实践认识，小学美术课教学就能够由原先所谓的"手工劳技"逐步转变为"设计·应用"，这是由观念决定的转变，这是小学美术课堂必须传达的思想，也是小学生通过小学阶段的美术学习要建立起来的一种思维。

第二节 "设计·应用"学习领域的核心内容

"设计·应用"学习领域的教学，需要的是对学生学习方法的调整。小学美术教师如何使自己的教学转化为具体的成果呢？这就需要教师回到美术课原本的状态中寻找突破点。

一、由画画走向图形知觉

2000年以前的小学美术课堂，贯穿了"绘画、工艺、欣赏"三大内容。美术教学大纲中，绘画、工艺两个学习内容各占40%的份额。虽然新课程改革历程已经有10年，但是，大多数小学美术教师始终没有摆脱"绘画与手工"的教学套路，顶着"工艺"和"设计·应用"的帽子，按照手工劳作的思路上课。而小学美术欣赏课只有20%的学习课时，对这个学习领域的教学探索，在整个小学美术教师群体里依旧比较薄弱。小学阶段的绘画学习长期以来被再现物象的写实性目标笼罩着，美术教师总是在要求小学生去关注被描绘物象本身所存在的东西。

"设计·应用"学习领域的教学与此有根本上的区别，更重视对生活的观察和小学生的思考过程。设计学习的实践活动首先是引导小学生面临创造的问题，而不是再现的问题。小学美术教师如何更好地把握"设计·应用"学习领域的教学，怎样使小学生能够从小就树立设计意识，以下策略可以提供不同的教学思路：

1. 美术教师经常会说，美术这门学科对开启小孩子潜在的创造力有用处。但是，小学美术课堂的绘画教学并没有在这方面给孩子们的创造力以释放的机会。长期以来，绘画是小学美术课堂里占用课时最多的学习内容。如今，美术教师在进行"设计·应用"学习领域教学的时候，需要由以前的传递画画概念的习惯性思维转化到对图形知觉的高度上，要引导小学生在图形识别、图形设计、图形创意等几个环节达到一定的水平，由此才能对设计的理解进一步深化。教学改进的首要策略是观念上的更新，美术教师在课堂教学设计方面需要转变以往的绘画学习思路。设计与创造力有关，而创造力是一种思想和行为方式，所以，"设计·应用"学习领域的教学，要从引导小学生知觉图形的思维方法开始。

2. 设计课与绘画课最大的不同在于，其目的是解决某个问题。设计教学过程，绝不是在一般小学美术课堂上看到的绘画教学中常常使用的临摹方式。虽然美术新课程实施给绘画这个学习内容冠以"造型·表现"的名字，但目前所看到的小学美术课堂还是被临摹范画占据了大多数的课堂时间。设计课的学习目的是解决问题，而在解决问题之前，美术教师要做到：首先，能够在平淡的生活里主动发现问题；其次，在

"设计·应用"学习领域的课堂，引导小学生从生活细节里发现改进问题的方法。因此，在课堂学习中，小学生要将习惯思维转化为对图形结构的认识。改变对图形的知觉与表现创意成为课堂基础学习的主要内容，平面的表现需要构成，而立体与色彩的表现也需要构成，这些是设计学习的基础。学生要由生活细节入手，体悟学习的三大构成。

3. 小学生如果能够从日常生活里发现问题，进而提出问题，就有了一种独特的观察事物的能力。例如，现有教材里的课题，浙江人民美术出版社出版的《美术》第四册第3课《蝴蝶飞飞》，建议是：教学开始，并不需要安排学生马上去画蝴蝶，或者是制作蝴蝶，美术教师要引导小学生去发现如何在生活里运用蝴蝶图形，并由此转化、构成生活物品。如是否可以将一个平面的蝴蝶图形重复、聚合、发散，构成一个新的设计，然后，再进入立体构成阶段，最终转化为产品。这样的教学思路打破了单一临摹的学习模式，让小学生原有的生活经验被唤起。蝴蝶图形是一个最常见、最简单的对称形态，不用动笔画，只要用纸对折就可以折出蝴蝶形态，教师可以引导小学生用折出的形态展开联想，构成组合。

4. 湖南美术出版社出版的《美术》中，二年级下册第3课《猴子上树》这一课，也可以参照上述思路转化教学方式。这是一个最常见的儿童自制玩具的活动，教材里的学习内容只是为其加上了"猴子上树"的主题，使其有了情节性，再与绘画活动结合，使单一的手工制作活动更加丰富。怎么转化为设计呢？训练思维，挖掘孩子们的潜在能力，是设计教学的核心。美术教师要思考：怎样由对这个折纸游戏的认识到超越自然实际的"构成"，达到多方位、多角度观察与思考的可能？建议：请同学们用最简洁的线条把这个折纸的结构画下来，注意，遮挡的部分可以联想，在另外的方位有什么样的形态。这是一个练习思维的过程。美术教师需要研究孩子们怎么走路，因为小孩子从幼儿园到小学这两三年，美术课上一直都是有范画的，大部分时间是跟着图样照着画，课堂上也不需要想太多，一旦美术教师要求去发现问题，他们就会觉得这是挺难达到的事情。

在"设计·应用"学习领域，美术教师的教学策略是：有计划地为孩子们创立由画画的单一思维方式向图形设计方向发展的发散思维方式。这个教学策略的落实，需要美术教师在课堂教学过程中指导孩子们能够画出、折出、撕出、剪出平面图形，然后，再引导大家把自己的图形思维利用重复、聚合、发散、渐变的形式，制作成三维的立体纸模型。这样的学习过程把创意呈现与表现制作整合为一体，使小学生对图形的知觉由平面思维引申到空间思维。

案例

图形的联想
北京大学附属小学　贾继红

设计意图与目的：欣赏画家夏加尔《我和我的村庄》的表现方法，感悟利用改变常规的思维方式进行创作所产生的艺术效果。尝试将生活中看似没有关系的物象组合在一起，引导学生分析、感悟同种形象的不同组合方法，进行发散思维，以求打开学生的创作思路，进一步了解课题内涵，解决教学难点，拓宽学生的思维，培养他们的创新思想。

课业类型：造型表现

1. 欣赏夏加尔的作品，感受画面奇趣之美。

作者用立体主义分解法来表达自己对故乡的怀念，具有浪漫抒情色彩，构图颇有超现实主义特色。画上有古怪的人物、动物、颠倒的房屋和树木，时空被打乱，正常透视比例被抛弃，一切事物好像失去了重力一般被任意安置在空间里，有一种奇境的美感。

颠倒的人物、房屋，动物眼中映射出的蓝天，像花草一样握在人手中的果树……画家对故乡的种种美好回忆叠映在一起，仿佛把我们带入了一个童话般的奇妙世界。

同学们，你有没有想过，把生活中看似没有关系的物象组合在一起，也能变成一幅奇妙的作品呢？

2. 讨论并分析趣味组合的方法，培养学生的创新思维能力。

教师出示图形素材，组织学生讨论并联想。

根据没有任何主题的图形，进行重复、放大、缩小、重组。学生发挥想象，对同一组图形进行联想，改变思维方式，将普通的图形变成神奇的画面，来个"脑筋急转弯"。

3. 学生创作过程（如下图）。

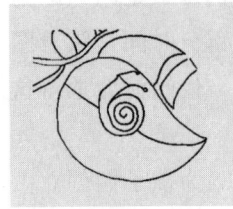

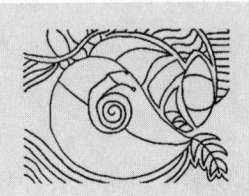

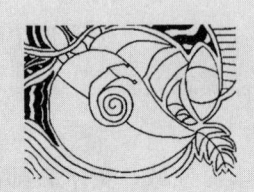

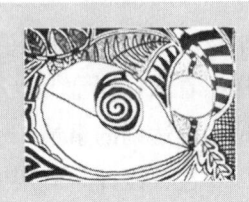

4. 学生作品（略）。

分析：在教学中，教师要小学生们在欣赏时迅速进行视觉转换，不被画面上的情景性内容影响太多，让学生做到自主发现画面上图形的交错构成、叠加方式，然后安排同学们从夏加尔的作品中寻找交错在一起的各种图形轮廓的运动轨迹，并请学生在黑板上画出自己发现的图形。学生可以用不同颜色的粉笔，用图形叠加的方法构成画面。

与此同时，美术教师在大屏幕上播放事先用Photoshop软件处理过的作品画面，这些是从画面里提炼出的、用不同颜色的线条进行标识的图形，可以按照不同顺序播放。图形的叠加出现，可以使小学生观看时的视觉感应更加迅速。这样，启发、引导小学生对作品中的不同图形元素展开联想，强化学生的设计思维。

图形联想主题的教学可以关联"设计·应用"学习领域，在造型表现课型基础上纳入图形设计的思路，能够使六年级的小学生打开思维、尽情畅想。图形的轮廓和主观轮廓，是图形知觉中最容易突破的，小学生在图形联想的过程中最容易把握的部位就是轮廓。

图形是视觉符号。通过图形联想与设计，能使生活中所有能够利用的图形元素产生新的视觉图像，并由此转化为能够传达新信息的视觉符号。图形联想可以引发图形设计，因此，本课教学建议在造型表现的基础上纳入设计思路，引导学生充分利用图形元素进行图形联想，再由联想展开设计思维。所以，这样的教学对小学生是有意义的。

以下是关于图形联想的导语建议：

导语建议：教师引导小学生尝试着打破自己的习惯思维。

导语1：思考一下，我们是否可以不再等待现成的图像信息出现，自己就开始提前变化呢？设想，自己主动获取与主动变化的形态将是怎样的呢？这样可能会使我们了解更多的东西，发现生活里更多的变化，拥有更多的感动。

导语2：孩子们请注意，你身边的事物原本就处在不停的变化状态中，也许这个世界上的事物本来就是这样相互依存、变化着，这个星球上到处都是这个样子。只是因为，为了让我们更好地记忆，更好地生活，才规定成、规划成某种样子、某种条理。看起来现实生活里的一切都在一种约定俗成的秩序里发展着，一切事物的发展好像都可以预计。但是，大家想过没有？生活如果成了这样，是不是让人非常难受？我们是一个个不同的个体，我们都有着自己的思想。假如世界太有秩序了，这个世界还有生机吗？

导语3：如果任何事情都提前规定、提前预计到的话，这个世界就太不真实了，就变成了人所认为的样子，这个世界就再也没有任何意思了。人本来就是多样的，世界与生活也是丰富多彩的，生活中物象的形态也在变化着。我们看到一个基本形态的时候，是否想到，在它的周围还有其他形态在影响着它呢？

导语4：同学们，今天的时代，信息量之大、传播速度之快是谁也料想不到的。想象一下，假如各种信息就像无数个气球，在生活的空间里飘动着，每个信息气球都在自我扩张、相互挤压（这个意象性的描述可以制作成PPT，或者制作成一段几十秒的视频）。大家看，气球的形态在不断变化，所以说，我们生活里形态的变化是无穷尽的。

描述与演示的目的在于，引导六年级的小学生立刻自主地进入创造性思维状态，展开新的图形设计，不被作品及教师其他的提示约束。

关于表现性，本课已经有了非常好的基础，如果有兴趣，可以在现有的基础上，将本课上成单元式的系列课。例如，用不同的纸材（超市里的产品广告纸）构成图形，将教学真正引到"设计·应用"的学习领域。如果只进行平面表现的话，工具、材料也能够变化，如在不同色块的图形交织与叠加的部位要使用混合颜色，用这样的主题进行色彩练习。注意，为了比较清晰地区别颜色，可以在颜色的重叠部分用硬笔勾线，或者是自然留白。

二、怎样平衡动手与动脑的关系

在"造型·表现"课当中，小学生经常出现只动手、不动脑的情况，在"欣赏·评述"的课堂里，也有只动嘴、不动手、不思考的情况。"设计·应用"学习领域需要动手与动脑紧密结合。艺术设计与艺术创作最大的不同在于，艺术创作是以个人当下的审美体验为主，并以自由的心态去抒发自己的情感，具体到表现的时候，艺术家、创作者或多或少都要受一定的工具材料和表现方法的制约。设计则不同，每个设计师必须考虑生活，考虑周围的环境，考虑他人的具体情况，考虑表现的工具材料以及方法的制约。虽然艺术设计要融入个人的艺术感受和艺术追求，但最重要的还是需要建立为别人而做的信念，任何设计必须能够让对方感觉到满足。在"设计·应用"的课堂中，教师要培育学生这样一种基本的思维方法，即要时刻考虑设计是为了大家，是为了让生活更方便。

基于这一点，小学美术教师需要摆脱传统绘画教学的思维方式，引导学生从为他人服务的角度来思考问题。为他人服务的设计，必定有着这样与那样的规则。规则是限制人自由的枷锁或镣铐，但如果能够在烦琐、古板的规则下产生打动他人的创意，这就达到一种境界了。例如，生活中常见的食品盒，其设计的思路在于好用、方便与好看。

在人类造物的过程中，方便与审美始终交织在一起，平衡二者的关系是现代设计需要把握的原则。自原始人开始，造物是设计的原初形态，好用、方便的功能是第一位的。随着社会进步与发展，审美成为设计中相当重要的目标。小学美术学习中的设计，也需要确立方便、审美的平衡目标。在教学中，美术教师不能仅仅带着小朋友们在课堂上画图与动手，而要考虑如何画图、动手更有意义。

案例

（一）陶艺（泥塑）造型设计

近年来，陶艺（泥塑）教学已经在城市小学里普及，如何能够更有深度地进行这一教学研究呢？怎样才能使作品上一个层次？以下策略可以尝试：

策略1：塑造语言的限制与创意

在泥塑的造型中，设计的体现需要依靠基本的造型元素。泥球、泥条、泥板，是儿童陶艺学习中最常见的造型基本元素。但是，至今在全国的小学陶艺（泥塑）教学里，依据这三个基本元素进行单元性设计与综合创造的并不多。

一切艺术创造都要受到材料、工具、条件的限制，如何在限制中发挥创意，这就需要艺术家展现最精彩的才情与技巧。泥球、泥条、泥板这三种特别的塑造元素，如果分别用来设计造型，需要小孩子对某个元素有一个整体性的知觉，建议美术教师在陶艺（泥塑）教学里按照单元教学整体思考的要求，对三个不同的元素分别实施系列主题的创造性教学。小孩子们如果在限制中能够比较自如地设计并完成创造，将对他们设计思维的形成和创造经验的积累有着极好的推进作用。例如泥球,这个立体物是一个单元塑造元素,如果将其看成图形的话,泥球就是一个圆形。圆形的构成形式有重复、聚合、发散、渐变等,泥球这个立体的元素同样可以使用这些构成形式进行新的设计,教师在教学时,整体思路可以由平面的图形构成设计转化到泥球的构成设计,然后形成系列课堂教学活动。

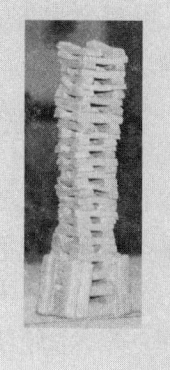

陶艺作品

策略2:造型元素限制中的变化设计

在完成了三个不同造型元素由平面到立体构成的限制性创意练习后,再进行的单元主题学习是三个造型元素相互组合的变化设计构成练习。例如,泥条与泥球的组合变化设计构成,但造型中依旧有各元素的限制性,如泥球在整个构成的造型中占据多少比例,泥条又占据多少比例。又如,泥条与泥板的组合变化设计构成。再如,变化设计中的创作主题要求等。这样的练习要成为系列的单元课题,形成一个批量的学生作品。

在完成这两个教学策略的过程中,小学生最需要研究的就是如何使自己的设计(作品)能够既好用又好看。这样的平衡是对作品功能和创意的双重要求。

(二)纸材构成造型设计

纸材料是小学美术课堂上使用最频繁的。下面,针对如何结合美术教材的具体课题,利用纸材料的材质特性进行造型设计的创作,提出以下建议:

策略1:材料的限制性表现设计

纸材料的限制性,是指在美术课堂上使用不同材质的纸张所受到的限制。一般小学美术课堂上的纸材常见的有色纸(美工纸)、废旧纸张两大类型,其中纸材的重量(克数)不同,设计制作的用途也就不同。建议美术教师在选择并运用这些纸材料的时候,要根据自己所使用的教材课题内容,分门别类地组织成单元学习内容,有计划、有步骤地对不同的纸材进行运用。这样才能使小学生们有一个比较系统的能力发展。例如,在使用废旧纸材料进行表现的时候,教材上提示用什么纸进行设计构成,课堂上使用纸材料的时候还可以变化新的构成。美术教师在每个学期教学开始前,需要整体研究教材内容,归纳课题与材料应用的系统性,分步骤地将废旧纸张的运用方法融入不同的课题内容里。小学生在具体的、限制性的表现中,能够释放出自己的创意,才是有效的学习。

策略2：纸材料表现元素的分解与设计

纸材料的表现元素可以分为：折纸、卷、剪贴、切割组合、整体构成等。目前，在国内11个版本的课程标准美术教科书里，并没有系统地把纸材料的表现与设计构成安排为教学内容，所有的课题均是一种根据主题内容安排表现方法与材料的教材呈现结构。美术教师在课堂上由于执行教材的缘故，不能让学生形成相对系统的知识，使得学生在学习了一年或几年后，并不能对某一方面的设计表现有基础性的把握。

根据教材主题内容，利用分解后的纸材料表现元素，有计划地进行主题设计和表现创意，是一种回到设计源头的研究性学习方式。在不同的课题内容下，美术教师可以安排某种表现元素进行专题设计。小学生在这样的限制性中有所突破，是其创造性发展必须经历的学习过程。

分析：上述两个案例，为平衡小学生动手与动脑的关系，整体考虑了可行的实施方案。美术教师可以根据自己学校的实际情况，自主选择某种方法，在课堂教学中运用，并做好课堂教学记录，进行教学反思。这样，既能推进小学生整体能力的发展，又能促进美术教师自身的教育教学研究。

三、从本质上认识设计

设计基础教育是现代设计发展的基础，由于我国大多数美术院校艺术设计学科的设计基础教育体系并不成熟，严重存在着将美术教育与设计教育混为一谈的现象。设计基础教育中存在的认识误区，对小学美术课程整体的影响很大。这种认识误区是由我国整个设计基础教育的水平滞后造成的。如今，可以说大量的公民连美术与设计的存在意义都无法区别，包括很多设计专业的本科学生。

小学美术教师需要更新观念，在课堂教学过程中要明晰这样一个道理：美术范畴中的"美"只是设计的重要机能之一，设计还有其他更为丰富的内涵。在现在的小学美术课上，高水平的课堂教学仅仅是把设计学习作为应用美术来认识，仅仅是把设计作为对产品和广告进行某种"美"的附加表现，而实际上并没有揭示美，更没有揭示设计的本质。这样的现状亟须改进，亟须小学美术教师走出认识误区。因为，设计与美术有根本的区别。在基础美术教育中，小学美术教师需要理解和认识美术与设计的不同在哪里，需要解除小学生在这方面的迷惑，然后才能引导他们进入具体的设计应用学习。设计不是为了自我表现和自我满足，设计的价值观不能与美术的价值观相混同。然而，由于我国高等学校的教育在这方面仍没有厘清，所以，小学美术教师在"设计·应用"学习领域这一块出现思维混乱，教学方向出现偏差，成为很普遍的问题。

案例

包豪斯的设计基础教育①

包豪斯的设计基础课程,即"三大构成"(平面构成、色彩构成、立体构成),是在包豪斯的主要成员汉斯·伊顿、阿道夫·迈耶、康定斯基、克利、莫霍里·纳吉等人的教育和研究成果上形成的,它奠定了现代设计基础教育的基盘。

包豪斯的设计基础课程,是其全部设计教学中最具实验性的课程。包豪斯认为学习的主要目的,是为了深入地理解形态、色彩、材料质感等造型要素,进行体验性学习。在包豪斯现存的教学档案资料中,当时学生们制作的作品有不少。从这些作品中,我们可以观察到,在包豪斯的设计教学的最初阶段,首先是通过触觉感受,对材料的各种特性进行理解。其次,在平面领域里初步掌握色彩的使用方法。最后,是在立体空间中对各种形态进行组合学习和体验。通过这些设计基础的训练,使学生理解和掌握现代设计表现的可能性。

这些设计基础教学内容,仅仅是包豪斯设计教育萌芽阶段的实验性教学内容的一部分,是为了适应现代设计中造型与构成要素的统合、掌握色彩的特性、把握动势和速度、追求设计上的各种视觉满足而形成的。

分析:包豪斯的设计基础教学内容,随着我国改革开放,在20世纪70年代末被引进,对高等学校基础图案教学产生了巨大冲击,催生了中国的设计基础教学模式,并很快在设计教育领域流传。但是,由于地域文化的差异和人们对这种教学模式的种种误解,这种设计基础教育方法在高校教学中逐渐失去人气,被认为是一种过于简单和千篇一律的教育方法而受到轻视。"三大构成"已经成为一种形式与躯壳,在许多美术院校的设计课程设置中,虽保留了名称,却没有实际的教学内容。

在义务教育阶段,小学美术教师对设计的认识,还没有触及包豪斯设计基础教学内容的本质。虽然在小学美术课堂上有的教学课题涉及了立体构成的制作与表现,但这样的教学如何更紧密地与生活相关联,如何与生活里的设计形成密切联系,还是要重新研究的。设计是对产品功能的改善,是在"好用"上做文章,但一般的小学美术教师对设计的理解仅仅停留在"美化"上。翻看一下11个版本的美术教材,编者对设计的认识甚至还停留在制作简单的手工劳技上,这是美术教育观念形态上的落差。

案例

《多姿多彩的靠垫》教学设计片段

课程类型:设计与应用

教学目标与内容:

1. 显性目标与内容

应知:了解设计靠垫应从审美、实用和文化等方面进行。

应会:能用对称式或自己喜爱的纹样设计与制作美观、实用的靠垫。

---

① 郑晓红. 设计基础教育亟待走出"美术"误区[N]. 光明日报,2010-2-11(7).

2. 隐形目标与内容

在探究、讨论中了解设计的基本知识和方法，发展创新意识和创造能力。

提高对生活物品和环境的关注，激发学生美化生活的愿望。

培养学生的审美能力和语言表达能力。

培养学生做事耐心、细致、认真、踏实的精神。

教学难点和重点：

重点：靠垫的设计是以功能为前提的，还要关注除实用以外的审美和文化。

难点：靠垫作品的新颖、创新、构思巧妙。

分析：这是依据教材参考书编写的教学设计案例。其中的问题是，教学目标需要调整，教学重点提示为"靠垫的设计是以功能为前提的，还要关注除实用以外的审美和文化"，这个说法看起来是对的，但美术教师执行起来却有不少问题。因为，关注设计功能需要考虑靠垫的外形与大小，而在实际的美术课堂上只能解决纹样设计学习，也就是靠垫的图案之美观问题。所以，本课的设计思路需要调整教学目标，针对如何设计靠垫的图案（纹样）展开。

这个教学设计的重点，在美术学科要素方面为适合纹样，不管靠垫的外形是方形、圆形、还是长方形，设计出的纹样都要适合其形，因此，本教学的学科要素需要调整。如何进行适合纹样的布局与设计，纹样的基本样式、色彩都应该围绕适合纹样的构成展开，这样，教学就有了针对性，就能深入挖掘学科要素。把握了这个点，其他问题就迎刃而解了。

适合纹样在日常生活里还在哪些地方应用？向学生提出这样的问题，对应了"设计·应用"学习领域的本质。例如，适合纹样应用于餐具（盘子、碗的图案）、桌布设计等。至于课堂上最终如何教，只要将教学目标调整好，恰当的教学方式自然就出来了。

另外，对于"设计·应用"学习领域的教学，如何评价作品是重要一环，制订和完善小学生训练性作品的评价标准是当务之急。例如，在根据一个课题进行表现性制作的前期，美术教师需要安排训练性作品练习过程。用纸材料进行立体构成的设计制作练习就是非常好的方法，这样的表现属于单一学科性表现，设计构成作品的好与坏，应该具有一定的评价标准，获得良好评价的设计构成作品是与教育目的相符合、与教学内容相适应的。设计与美术存在着根本区别，小学美术教师作为教育者，对以商品设计为目的的"设计·应用"学习领域的教育，应该有清晰的认识。注重自我表现的美术家和美术教育者大多远离社会中的商业价值观，这种价值是与设计教学中的评价不同的。事实上，在我国的设计基础教学中，大多数教师采取绘画教学的方法，其评价标准和价值观含混不清，因此也就难以提出明确的正误判断，使设计基础教学内容无法成立。在小学美术课程"设计·应用"学习领域的课堂学习中，美术教师不仅要教小学生学习基本材料表现方式，而且还应该结合日常生活需要，培养小学生的设计思维，将"设计·应用"学习领域的内容真正纳入符合时代发展需要的轨道。

第四章

"欣赏·评述"教学能力的修炼

不少小学美术教师觉得上美术欣赏课是一件费力又不讨好的事。美术欣赏课不好教，这是一个现实存在。但是，"欣赏·评述"学习领域的专题教学又是美术教师无法回避的。美术教师需要改变教学思维，对教学内容进行解构、重构，让儿童的视知觉思维"面向事实本身"。

第一节　说一说你的看法

2001年确立的《全日制义务教育美术课程标准（实验稿）》为小学美术课程设立了四个学习领域。其中，"欣赏·评述"学习领域的专题教学，是不少小学美术教师设法回避的。为什么会这样呢？在2000年之前的美术教学大纲里，美术欣赏教学只占总课时的20%，课程改革后的"欣赏·评述"学习领域，其内涵、学习内容与其他三个学习领域是一个整体，其他三个学习领域同样有"欣赏·评述"学习领域的内容。既然这个学习领域的课程如此重要，那为什么小学美术教师对"欣赏·评述"学习领域教学比较发憷呢？

美术欣赏课不好教，这是一个现实存在。在美术欣赏课堂上，如果美术教师只是根据教学主题单独使用讲授法教学的话，小学生会感觉非常枯燥。讲授法固然重要，但如果讲得不好，还可能讲出一些美术学科概念上的错误。所以，不少小学美术教师觉得上美术欣赏课是一件费力又不讨好的事情。

一、让学生自由阐述

"欣赏·评述"学习领域的内容既有欣赏，又有评述，二者是一个整体。既然欣赏课难教，那么能不能先由评述开始学习呢？

案例1

说说你的看法

师：上学的路是一条大家走过了很多次的、非常熟悉的路。两旁的树木、商店，或者是道路的标志等，似乎都是那么的熟悉。就在这最平常的路上，不同季节都会有新的变化：初春新芽的嫩绿，初冬树枝上残留的叶片，都能够为我们带来一种特殊的感觉。同学们，谁能说说自己上学的路呢？描述一下你自己在不同时段的不同感受。

分析：这个教学主题想要表达这样的意思：在美术学习中，能够逐步建立或者基本具备艺术感觉的儿童，不仅仅是眼睛看到、耳朵听到、身心整体感受到季节的变化，而且是领悟到了季节变化带来的不同感受。更重要的是，四季更替的变化能够吸引小学生的注意力，使其具备一种与众不同的眼光和思维。假如小学生能够在看似平常的景致里捕捉到细小的事情，而且这些现象让人能够突然注意到它，它带来的刺激就会长驱直入地进入小学生的意识。

在"欣赏·评述"学习领域教学中，教师要帮助小学生建立这样的意识。为了达到这一学习目标，首先要让孩子们在课堂上能够主动说出来。因为，这样的感觉能够让小学生的心里产生不同的变化，触动他们的心灵。

这样的感知觉逐渐积累的过程就是在建立基本的艺术感觉。因为,社会生活中的普通事物,有美的元素在吸引人的注意力,在刺激我们的意识,也可以说,使我们由视而不见到饶有兴致地看。小学生能够把眼睛看到的事物用自己的语言描述出来,这也是"欣赏·评述"学习领域最需要完成的教学任务。

案例2

"认识自我"

在杭州西湖小学教育集团孙飒老师《认识自我》一课的教学过程中,四年级小学生的描述与提问相当精彩。以下是孙飒老师的教学叙事:

最初欣赏卡罗自画像的时候,孩子们提出了很多疑问。一个孩子说:"卡罗的自画像都这么严肃,她可能是不会笑吧?"一个孩子马上反对:"她怎么可能不会笑呢?她说不定是遇到了什么伤心的事情吧。"我介绍了卡罗的生平后,孩子们了解了卡罗超乎寻常的际遇,一个孩子激动地站起来表达了她的观点:"我觉得卡罗可能是真的不会笑……"

卡罗自画像1 　　　　卡罗自画像2 　　　　卡罗自画像3

欣赏卡罗1946年的作品《希望之树,保持坚定》时,一个孩子提问了:"为什么左边的画面是痛苦的,天空却这么晴朗,右边是告诉自己要坚强,整个画面却是阴暗的?"我请其他孩子谈谈他们的理解,一个四年级的女孩让我大吃一惊,她说:"因为动手术的痛苦是在现实里,所以画面是明亮的;告诉自己要坚强是卡罗内心的想法,所以是阴暗的……"孩子们思维的敏捷度、体察情感的深度都让我折服……

分析:这样的回答与提问同是由四年级小学生说出,使得教师感到心灵震撼。因为,这些学生的回答与对话并不是对作品欣赏后的一般性描述,而是受到内心触动后的表达与深入思考。例如,"因为动手术的痛苦是在现实里,所以画面是明亮的;告诉自己要坚强是卡罗内心的想法,所以是阴暗的……"这句话涉及艺术本质的东西。任何艺术作品都是将情感(这里指广义上的情感,也就是每个创作的人所能够感受到的东西)呈现出来给他人观赏的,是由情感知觉转化为可视的或者是可听的形式。艺术家卡罗也是这样的,她运用特殊的方式把自己的情感知觉转变为他人知觉的形式。孩子们此刻所看到的《两个卡罗》的表现形式,体现了一种强烈的矛盾冲突,艺术要素"对比"这个概念在课堂上很自然地就被孩子们所理解。

人们应该知道或明白,一件优秀的艺术作品所表现出来的具有活力的感觉、激荡观众的情绪，均是直接融合于其表现形式之中的，是一种直接呈现出来的东西。《两个卡罗》的表现形式，其表达出来的人物体态、形状、色彩、线条、体积、平衡感、运动感等这些学科要素，实际上都被卡罗赋予了情感，这些都是卡罗通过特定的形式——画面上有"两个卡罗"人像体现出来的。西湖小学四年级的学生们在欣赏作品的时候，甚至能够从作品中感受到生命的张力，那正是卡罗对生命的呼唤在刺激着孩子们的知觉啊！

这个教学案例中的对话，验证了一个论点：艺术作品的形式与人们的感觉、情感生活、理智所具有的动态形式是一种同构的形式，艺术作品是艺术家、创作者的"情感生活的知觉"在空间、时间中的投射。可以说，艺术作品也就是创作者情感知觉后的一种形式，或者说艺术作品是能够将人的内在情感系统地呈现出来并供人们认识的形式。西湖小学四年级的小学生们在课堂上的表现，也是将内在情感系统地呈现出来，让我们来认识美术欣赏学习中语言描述意义的一种形式。

地理环境、文化背景和艺术教育到底是怎样的关系？虽然不能说美术教师所生存的地理环境、文化背景是艺术教育风格的决定因素，但是，地理环境、文化背景决定了美术教师在艺术教育中所具有的有别于他人的美学特质。孙飒老师在本课教学中的艺术教育风格，体现了江南地域文化的流丽婉约、轻曼柔软的特质，也带有一种文化性（孙飒老师曾经有过语文教师的经历），这不仅表现在她对学生的引导上，也表现在学生欣赏卡罗艺术作品时的自信。

二、知觉唤起之后才能说

由于普通人在生活里只猎取那些在当下对自己有用的东西，因此所有的人（包括小学生）都有一种对有用的日常事物进行视觉辨认的无形标记，这是一种建立在每个人意识中的特有的识别方式，每个人都是以这样的思维方式来认识事物的。但是，这样的知觉习惯对审美学习和理解艺术作品是不利的。

美术教育为什么对人的成长有意义？因为，美术教育的目的是改变学生的眼光与思维方法。只有当某一物体被人观赏时，普通人才能在这样的观看中采用艺术的心态，也就是说，小学美术教育要引导小学生从日常生活需要中分离出艺术的视觉表象。

案例

"徐悲鸿，一洗万古凡马空"

重点：了解徐悲鸿融合中西技法笔墨和注重"以形写神"的中国水墨写意画富有节奏变化的笔墨技法。

难点：感受徐悲鸿的艺术人生，解读、体会其作品的内在意境与含义，体会徐悲鸿高尚的人格魅力和爱国情操。

分析：在美术课堂上，当学生的知觉经验与知觉对象脱离了关系时，美术课堂教学的有效性就成为无稽之谈，因为小学生并没有体验。例如，学生知觉美术教师呈现的艺术家徐悲鸿作品的时候，虽然教学主题的命题高度是"徐悲鸿，一洗万古凡马空",但在实际的课堂学习中,这样的人文情境很难被发现。小学生在美术课堂上没有了自己主动的发现,就没有了体验,也就不能达成学习的有效性。

分析本课教学设计中的教学重点与难点,就会发现,当课题的人文主题高度与具体的学科教学表现不能吻合时,课堂教学就无法达成学习的有效性。

本课的教学重点,从整体看,应该说教师在设计上没有太大问题,但落实在具体操作层面上,却无法让学生从技法的高度来思考问题。对于这样的教学重点,无论美术教师在课堂上怎样来提问,如何加大引导力度,小学生们似乎都无法对这一主题进行比较恰当的描述。因为这个教学重点没有唤起小学生的情感,缺乏触动心灵的东西。在这样的教学环境里,对于小孩子来说,他们对中国画本身的文化意义了解得很不够,旧有的知觉经验在本课的学习中又不能被唤起,体验自然就弱化了,面对徐悲鸿的作品时,想说自己的独特想法,但又不知道说什么,想好好描述,但又无法进行比较恰当的语言描述。

又如,"徐悲鸿融合中西技法笔墨"在这节课里是教师提前设计好的一个教学点,小学生需要通过操作过程来进行感受和知觉体验。但是,由于小学生们并不了解"中国画的笔墨技法"这个概念和实际的表现方法,因此,也就不了解到底什么是"中西技法笔墨"。而且,教师在设计教学时用"中西技法笔墨"这个概念是有问题的,这个界定是不确切的。学生首先要对"中国画的笔墨技法"有一定的了解,然后才能在此基础上主动对"中西技法笔墨"、对注重"以形写神"的中国水墨写意画富有节奏变化的笔墨技法进行比较深入的知觉体验。当美术教师的教学活动没有唤起学生前期知觉经验的时候,怎么能够达成本课时教学目标的有效性呢?所以,学生在这样的课上无话可说。

一般人(包括小学生)在生活中实际上只局限于运用一种标记性的视觉符号来分辨大量的、出现在生活里的物体,当他们的眼睛分辨出这些物体是什么之后,他们也就不再进一步对其作更多的观察了。这样的视觉辨认是非常经济的认识方式,眼睛只猎取那些在当下对自己有用的东西。中国画作品、著名画家徐悲鸿的作品,包括美术教师提出豪迈的"一洗万古凡马空"之境界等,这些并不是小学生所熟识的物象和精神世界。但是,在美术课堂教学中又需要引导小学生们向这样的目标发展。如何上好这样的主题课,美术教师需要深入研究小学生们看事物的习惯,需要对小学生的认知方式进行分析,然后在教学设计的时候要考虑到学习内容如何能唤起孩子们的知觉经验。在这一节课上,小学生的眼睛之所以对中国画作品等不敏感,是因为孩子们觉得这些东西在当下对自己是无用的,对话的场域在这样的课堂里无法形成。在美术欣赏学习中,当小学生没有办法说出心里话的时候,他们学习的主动性是无从谈起的。

在美术课堂上,小学生欣赏中国画作品、徐悲鸿作品时,需要有一种建立在原来生活知觉经验基础上当下的体验的眼光。这样的眼光,是在创造一种主观感性的视觉表象,是在运用艺术的手段使小学生们能够采用违反常态的方式去特别地观看。这个时候的眼光可能是饶有兴趣的,可能是触动心灵的。

由于美术教师没有引导小学生在课堂上运用这样的眼光，没有引发小学生对这一主题学习的情感触动，因此，课堂上小孩子们的语言描述自然显得贫乏和苍白。孩子们对中国画的表现形式、内涵、文化意义并没有感觉，因此，对于教师提出的教学重点"中西技法笔墨"，他们无法深刻知觉。美术教师在中国画的表现性教学中，是不能仅仅靠表面的"墨分五色""浓淡干湿""焦墨如何表现"等学科术语来说明中国画笔墨技法的，因为技法表现问题并不是技法本身可以解释的，而是需要放在社会文化背景的整体语境中去阐释。

　　对于这一教学主题，美术教师可以从以下方面进行调整：

　　（1）美术教师本课的教学目标设立不恰当，让小学生在一节课里了解"徐悲鸿融合中西技法笔墨和注重'以形写神'的中国水墨写意画富有节奏变化的笔墨技法"，这是无法完成的教学重点。同时，教学难点"感受徐悲鸿的艺术人生，解读、体会其作品的内在意境与含义，体会徐悲鸿高尚的人格魅力和爱国情操"，也是非常不现实的。40分钟的美术课堂教学无法达成这样的学习目标，因此，本课教学首先需要修改教学目标与教学难点。教学设计的基本思路不能是局部的，而应该是单元整体的，这样的教学目标只能是由多课时构成单元课题，在一个40分钟的教学时段里，只能解决一两个问题。

　　（2）如果美术教师暂时没有单元教学设计的能力，本节课的修改方案可以这样调整：设立两个递进的教学目标：第一个教学目标，初步尝试"注重'以形写神'的中国水墨写意画富有节奏变化的笔墨技法"；第二个教学目标，体验"徐悲鸿融合中西技法笔墨"的表现方法，分析其中的不同点在哪里。学习难点：对中国水墨写意画笔墨表现和西方美术表现方法的区别与认识（小学美术教师一定要注意，学习难点是由学习目标中的问题衍生出来的，不能空穴来风，想写什么就写什么，没有逻辑关系）。小学生对"注重'以形写神'的中国水墨写意画富有节奏变化的笔墨技法"有了基本认识的时候，才有可能对中西技法进行比较。

　　（3）本课原来设立的教学难点属于这个课题的人文主题，这位美术教师想通过教学来解决这一问题，其出发点是好的。但是让小学生（即便是六年级学生）在一节美术课中就能够"感受徐悲鸿的艺术人生，解读、体会其作品的内在意境与含义，体会徐悲鸿高尚的人格魅力和爱国情操"，非常不现实，这是在说空话与大话。问题的难度在于，中国水墨画的表现技法，西方美术的表现技法，"徐悲鸿融合中西技法笔墨"，这三个方面的学科问题，即便是小学生对这些不同的表现技法有了知觉经验，在本课的学习过程中，又如何与教学课题形而上的目标——"其艺术人生""作品的内在意境和含义""高尚的人格魅力""爱国情操"等联系在一起呢？在一节40分钟的课堂里，小学生怎么能够承受这么多的内容呢？

　　（4）这一主题的教学需要按照单元教学的方式重新进行设计，其原来设计中的"感受徐悲鸿的艺术人生，解读、体会作品的内在意境与含义，体会徐悲鸿高尚的人格魅力和爱国情操"这一教学难点，必须打散重新构成，需要专门安排另外两节课进行学习。教师要提前设计出问题，让小学生来进行语言描述，说说自己的看法。例如，欣赏徐悲鸿的作品《奔马》时，需要与中国画中传统表现马主题的作品进行比较，还需要和西方美术中表现马主题的作品比较，才能让学生说出自己对其不同的看法，这是作品的内在意境和含义。再如，要创设情境，让学生体会徐悲鸿创作时的心境。这样，学生才能感受其艺术人生。这个内涵是不能空讲、不能说大话的。

  美术鉴赏课的教学设计，包括整体的美术教学设计，应该非常具体。教学目标要落实于具体的美术表现，以及学生对美术作品的知觉、对艺术家的知觉、对艺术精神的领悟，而不能只讲空话不做实事。当小学生能够说出自己想法的时候，他们才能对具体的表现有一定深度的体验。因此，将"徐悲鸿，一洗万古凡马空"作为一节美术欣赏课教学，作为"欣赏·评述"学习领域研究性学习的实践研究案例，需要调整的方面是很多的。

第二节 描述性地写出来

在"欣赏·评述"学习领域，写作成为小学生能力培养中相当重要的环节。也可以说，这是一种需要花时间进行专门学习的表现能力。写作看似与画画、动手制作有距离，大家会一致认为这不是美术学科的表现技能。但是，在这个学习领域里，能够描述性地写出来，应该成为每个小学生的基本能力。

一、做好描述性总结

案例

壶中日月（片段）
执教：杭州临安市衣锦小学　方海滨

（教师手持一个纸盒，请学生来摸一摸里面有什么，描述给大家听）

生：好像是橡皮泥？

师：确定吗？究竟是什么？

生：（有点犹豫）似乎是的。

（教师揭开谜底）

师：这是一块紫砂泥，用来制作紫砂壶的。（摔打泥块，拿出一把紫砂壶给学生们看）

师：请说一说你对这把壶的看法。

（学生描述自己的感受，教师又呈现一把。学生继续描述，教师在黑板上进行概念的提炼）

师：紫砂壶的外形：（方）稳重、大方、刚劲；（圆）圆润、流畅、优美；（仿生）生动、可爱、精致。（板书方形壶与圆形壶造型的基本形式）

师：在每个小组的桌上，有一个纸盒子，请每个小组的同学打开盒子，其中有一把造型不同的壶，每个纸盒子里面还有一张纸，上面有对这把壶的基本描述。另外有一个表格，请同学们根据基本描述，再结合自己的感悟，对表格里的问题进行回答。

（学生分别打开纸盒子，根据自己的感受，结合纸上的描述，在表格里写下自己的看法）

分析：工艺美术家（师）是紫砂壶艺术的创造者，作品所表现的是他自己对生活世界的认识和理解。教师呈现给每个小组同学的这张纸，有着成人对这把紫砂壶的整体评价，也可以叫做欣赏的导引。这些描述性语言，可以增强小学生对紫砂壶的基本认识。这张表格的基本设计与内容如下：

造　型	圆（　）	方（　）	模仿某个物象（　）
此种造型给你带来的感受	刚劲有力（　）大方简朴（　）通体玲珑（　）圆润柔美（　） 造型别致（　）精巧雅致（　）端庄稳重（　）流畅优美（　）		
最欣赏的部位，并说说理由			
用一句比喻句描述壶的某一部位			

　　孩子们在美术学习中表达的是自己对所欣赏事物的心理知觉。这个心理知觉过程包含着思维上的比较与分析，还包含着对紫砂壶艺术的基本认识。所以说，小学生在美术课堂上一旦掌握了操纵符号的本领，其所掌握的知识与文化含量，将远远超过他个人生活经验的总和。

　　在上面这个表格里，"造型带来的感受"中这8个词语属于符号性语言，小学生可以依靠自己的认识判断。

　　而说说自己最欣赏某部位的理由，用一句比喻句来对壶的某一部位进行描述，这是孩子们的美术创造性学习过程。这一创造性学习过程并不是美术学科技能的表现性学习，而是一种思维开启后的创造性潜在能量的释放过程，每个小学生都有着这样的潜在能量，只是大多数时候不能被美术教师激发出来。在"欣赏·评述"学习领域，引导小学生们描述性地写出来，这本身就是最佳的创造性学习实践。

　　小学美术课堂的美术鉴赏学习，需要使孩子们对多元文化有所了解，需要引领他们的文化生活方式。成人对这把紫砂壶的整体评价，是美术欣赏的导引，也是成人们的文化取向，这是美术教师带到课堂上的，因此，这里有了一个文化传承的问题。

　　文化传承的问题摆在了小学生的课堂上，小学生在这堂课里对紫砂壶有没有自己的想法，能不能把这些观点写出来，是美术教师在教学设计时要提前考虑的。在时代的发展中，传统文化因素需要不断革新，例如城市化问题，教师要引导儿童对城市的居住环境进行敏感的观察，因为，城市环境非常糟糕，到处是"权力美学"的体现，通过观察思考，小孩子们能够建立批判意识，对"权力美学"产生一定的冲击。本课教学里也有一个"权力美学"的问题，美术教师带来的成人对紫砂壶的一些评价就属于"权力美学"，是学习的主导，但在课堂学习里，小学生是否能对这些评价发表自己的独特意见，能不能建立批判意识？在美术欣赏课中，不能是美术教师说什么，学生就跟着写什么。学生要写，就应该写出有自己特点的想法来，不能总跟着美术教师所说的话去写。由此来看，本课的教学所欠缺的东西还有很多。

二、欣赏课中的描述与思考

　　当今时代的美术课教学，"欣赏·评述"学习领域应该成为贯穿所有课堂的必要的教学环节。因为，在所有的美术课上，都有随堂欣赏教学环节，但是美术教师往往不太注重这个环节的教学。要求小学生在课堂上写与思考并重，目前还只是一个教学目标，要落实还是有一段距离的。小学美术教师最需要解决的观念问题是：是美术思维方法重要，还是技能表现重要？

在小学美术课堂上，大多数美术教师不愿意涉及美术欣赏教学有三个原因：一、历来的美术学习观点是，美术课堂需要画点什么，动手做点什么，如果只是看看画而没有动手，似乎没有上好美术课。二、在新课程改革后，出现了一种谬论，即如果美术教师没有动手，就是脱离了美术学科本位。有的人甚至还说："只讨论不动手的课，其他教师也能够上，要美术老师还有什么用？"三、相当一部分小学美术教师自身综合素养不够，上美术欣赏课的底气不足，上不好怕露怯。

案例

中国明清家具欣赏——一把椅子的故事
执教：平湖师范附属小学　朱永强

学习领域：欣赏·评述

执教年级：五年级

一、教学目标

1. 通过对明清椅子的对比性欣赏以及造型、装饰特点的解析，让学生初步了解中国明清家具的艺术风格。

2. 引导学生在发现、寻找、关联、评析中对明清家具风格形成的社会文化背景进行基本的探究。

3. 在猜想、分析、鉴赏过程中，让学生逐步感受先民的设计智慧。

二、教材分析

1. 我国的传统艺术日益受到现代社会的生活方式，尤其是西方文化的挑战，如何正确对待我国传统艺术，如何培养小学生热爱本国优秀传统艺术的美好情感，是新世纪赋予每一个艺术教育工作者的使命。

2. 本册选取了中国明清两朝的家具，有明朝的黄花梨南官帽椅、紫檀透雕花牙平头案和黄花梨琴桌、香几、方凳组合，清朝的填漆龙纹梅花式香几、勾云纹双幅雕花太师椅等。这些家具选料考究，雕刻精细，工艺精美绝伦，雍容华贵，极具观赏和收藏价值。

明清时期是中国古典家具的顶峰时期。在形态结构上，明清家具有各自不同的特点。明式家具大体上造型简洁，刀工疏朗明快，造型、结构基本上有了一定的形制，给人一种"素面朝天"的自然美感。当时许多文人雅士都积极地参与了室内设计及家具造型的研究，促进了明代家具的发展，使得明代家具在继承宋代家具传统的基础上能够推陈出新。明代家具用材考究，造型朴实大方，形成了个性鲜明的风格，装饰也是恰如其分，点缀其中，可谓"多一分则繁，少一分则寡"。这种简约风格一直延续到清初。

清代家具注重雕饰而自成一格。清式家具多种材料并用，多种工艺结合，是历代家具所不能比拟的，雍容华贵、富丽堂皇是清代家具的代名词。

三、教学重点

从造型、装饰特点的对比性解析中，让学生初步了解中国明清家具的艺术风格。

四、教学难点

对明清家具的风格形成的社会文化背景的认识。

五、教具

课件、椅子等实物。

六、学具

每组一个信封（照片若干），练习卷一份。

七、教学过程

1. 拼图游戏

（1）比一比哪一组的速度快！

（学生拼图比赛，每组学生一个信封，信封内是分割成碎片的两张椅子图片，一个清式，一个明式）

（2）你们拼出了什么？（两把椅子）

（3）你是根据什么来拼的？（形与色）

（4）今天我们就来通过椅子探讨一下明清时期的家具。

（教师板书明清家具）

2. 视觉感观

我这里有两把椅子，请大家来谈一下你第一眼的感觉。

（课件点出两把椅子图片，一清式，一明式，学生畅所欲言）

同学们刚才的回答主要是围绕这两把椅子的形和色来说的，概括地说，就是一把复杂，一把简洁。

（教师板书：复杂——雍容、豪华，简洁——精致、朴素）

刚才有同学说颜色有所不同，你能不能分析一下背后的原因呢？

（学生探讨）

对，主要的因素是材质，当然还有油漆的原因。明清家具的选料是相当考究的，主要是一些优质的实木，如紫檀、黄花梨等，这里的3号就是紫檀的，4号就是黄花梨的。

3. 猜想深探

现在我们来猜一猜这两把椅子哪一把是明式的，哪一把是清式的，并说说你的理由。

（学生探讨，各抒己见）

现在我来公布一下答案。

（点击课件，并板书明式、清式）

为什么明式的朴素大方，而清式的繁复雍容？它们背后究竟隐藏着什么原因？

（学生大胆猜测）

刚才大家作了不少的解释，那到底是不是如你们所说呢？我们现在来看一个短片，你仔细看看明清时期的建筑和人们的服饰有什么不一样，这些或许对你的分析有帮助。

（播放明清时代背景的影视片段各一）

现在请同组的同学讨论一下，进一步来分析一下隐藏在背后的原因。

（学生分组讨论）

请各组同学来发表一下高见。

（学生分析原因）

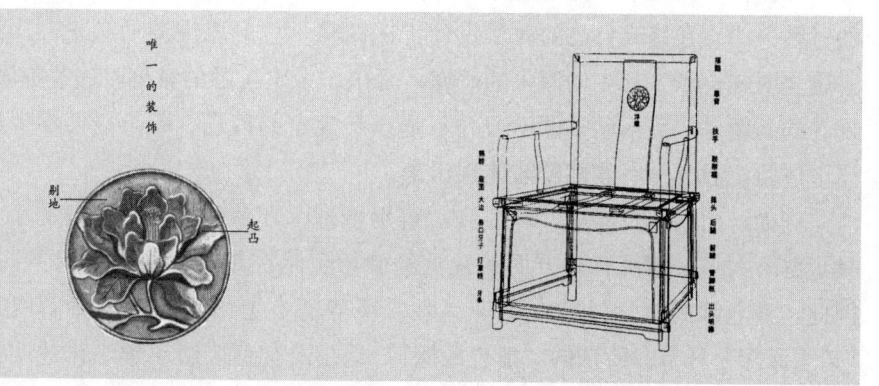

从服饰、建筑等方面，我们看到明代人的审美取向趋于简洁，而清代人崇尚繁复。另外，明代众多文人、士大夫参与了家具的设计，也使明式家具多了些文人气质，这也是明式家具的灵魂，是明式家具之所以被称为"明式"，之所以被中外专家倾心、研究，成为独立学科之根本所在。

4. 辨别梳理

现在我们来做一个小练习，老师发给你一张纸，请你把上面的家具分分类。

（学生做小练习。背景音乐：民乐）

交流一下练习结果，并阐述一下你的观点。

5. 传承发扬

在刚才的交流中，同学们多把5号作品归类在明式家具之中，这把椅子是丹麦著名家具设计师汉斯·J.威格纳的作品。在这件家具的设计中，作者赋予了明式家具"现代性"精神，明式风格的家具越来越受到人们的青睐，你也来尝试一下用简单的线条来设计一把带有明式风格的椅子。请大家在练习纸的下半部快速完成。

（学生设计练习，课件滚动展示设计草图范样，背景音乐：民乐）

6. 展示交流

大家来看看，谁的设计最有明式味？谁的设计最有趣？谁的设计最时尚？你是如何想到的？

（展示台展示，学生发表意见及阐述设计理念）

7. 体验畅想

大家今天探讨了明清家具，分清了明式和清式，并做了一回设计师。老师这里有两把仿明式圈椅，你是不是也来坐坐体会一下？

学生上前坐一坐，并畅述一下感受，想象在不同的环境里（课件播放图片音乐）产生的思维变化。

8. 结语

明清时期是中国古典家具的顶峰时期。在形态结构上，明清家具有着各自不同的特点，明式造型简洁、疏朗、明快，清式雍容华贵、富丽堂皇。它们都是我国传统文化的瑰宝。

分析：本课教学设计与最终的教学实录有比较大的差别。朱永强老师在课前试教的过程中一直在修改自己的教学设计，试图将学生的思维调动起来，让学生能够对本主题"明式椅子"有主动深入的研究，写出、说出自己的意见，这些都属于研究范畴。现在的问题是，美术欣赏课学习并不是一个规定的模式，不是只要学生能够有自己的当下体验，教学的有效性就能体现出来。

例如，由"猜想深探"环节到"辨别梳理"环节的过程，一般的小学生对明式家具了解不太多，即使有这方面的视觉经验，也是在跟着大人买家具的时候了解到的。因此，朱老师的教学设计在第一、第二环节基本上由看入手，然后展开探讨，进入"猜想深探"环节。所谓的"猜想深探"，是在没有直接给小学生讲述明式家具概念的情况下，引导小学生思考探究。当小学生能够在猜想中触及比较概念化的明式家具审美要素的时候，朱老师肯定要即兴生成，提前讲出某些问题。如果学生猜想的过程比较平淡，或者说比较中规中矩，那么，直接进入"辨别梳理"环节时，朱老师所提供的问题答案就成为小学生们研究的思路了。

沿着这样的教学设计，小学生们对问题的探究虽然有一定的难度，但在课堂上的写比较有水平，思考也比较深入。如在"辨别梳理"的环节，小学生需要按照朱老师的教学预设对明式家具进行分类研究，这个过程看似是在写出自己的意见，实际上更需要思考与研究。

这样有文化深度的课题，美术教师需要修炼的是读书。没有一定量的相关文化知识储备，应对这样的课题是有难度的。朱永强老师准备得不错，其他小学美术教师拿到这样的课题时，则需要好好地读书。

其中有四本必读书目：《国家艺术：一章"木椅"》《不只中国木建筑》《仙骨佛心——家具、紫砂与明清文人》《明式家具研究》。其中，《国家艺术：一章"木椅"》的核心观点是：坐是人与生俱来的动作，坐具则是与文化俱来的器物。有了坐具，坐即成为一种文化活动，坐的目的决定坐具的形式，坐具的形式也决定了坐的方式。当小学美术教师能够读完这本书，重新再设计本课题教学的时候，相信一切出发点、教学目标、课堂教学效果等肯定会有颠覆性的改变。如果在教学前能够阅读四本著作的话，就能够在整体上对此教学主题有所把握，教学设计实施起来就能够比较得心应手。

第三节 解构、结构、重构

提过解构、结构、重构系列概念的，不仅是"欣赏·评述"学习领域，基础教育中的美术课堂教学，实际上都需要对教学内容进行解构、重构。只有美术教师做到这些，小学生们的美术学习才能真正有效。

一、对一个教学设计的修改意见

下面教学设计的设计者为杭州西湖小学教育集团的孙飒老师，这个文本是她最初的教学设计，在随后的多次教学中，她已经对本教学设计进行了重大修改，并在教学实践中生成性地充实了自己原先的教学思路。本章节以这个教学设计文本为素材，围绕着解构、结构、重构展开论述，以期为研究欣赏课教学提供比较详细的思路与对策。

案例

一个"沉思者"——走进马格里特的世界

杭州西湖小学教育集团　孙飒

教学目标：

1. 通过对《错误的镜子》《大家族》等作品的欣赏，让学生初步了解雷尼·马格里特独特的超现实主义风格。

2. 通过欣赏与评述感受，引导学生领悟马格里特超现实主义作品中超凡的想象力和创造性。

3. 引导学生尝试用马格里特超现实主义的方式进行图片处理，表达自己的情感和思想。

教学重点、难点：

对马格里特超现实主义作品的理解。

教学准备：

教师：课件、纸质图片（以小组为单位）。

学生：课前自主了解马格里特、超现实主义，收集相关资料、图片。

教学过程：

一、导入揭题

1. 出示作品《这不是一只烟斗》

提问：这是什么？

出示作品题目及其作者简介：

题目：《这不是一只烟斗》。

作者简介：雷尼·马格里特（Rene Magritte，1898~1967），比利时超现实主义画家。

画家为什么这么说呢？说说你的理解……

2. 出示画家马格里特的照片以及两幅自画像

师：对于马格里特的这幅自画像，你有什么感觉、想法？

3. 教师小结并揭题

雷尼·马格里特独特的超现实主义在今天仍对西欧文化产生着重大的影响，它是通俗艺术、传媒艺术的灵感源泉。马格里特像个探索者，经常这样问自己："我看到了什么？我看到的是真实的吗？它说明了什么？它是我想看到的吗？"他把自己称作"沉思者"，而拒绝"艺术家"的头衔。

为什么这么说？马格里特是一个怎样的"沉思者"？他的作品有什么奇特之处呢？让我们一起走进马格里特的世界。

二、马格里特作品欣赏

你看到了什么？这幅作品给你怎样的感受？

1. 小组讨论

欣赏马格里特的6幅作品：《人类状态》《委任状》《快乐的原则》《大家族》《红模型》《停滞的时间》。

（1）逐幅欣赏，谈谈自己的感受。

（2）选出你组同学最感兴趣的一幅作品重点观察。

（3）说说你对马格里特作品的印象，组长记录同学的发言。

2. 讨论评述

教师随机板书并小结：马格里特的主要目的在于创造出平常中的"不可思议"，以此令观看者惊奇。雷尼·马格里特被誉为魔幻现实主义大师，他的作品真实地表现了日常场景，没有变形歪曲，但事件与细节的意外组合，产生了奇特怪诞的神秘意味，如同从睡眠中醒来的一瞬间，在不清醒的状态下所产生的错幻视觉，具有超凡的想象力，形成了超现实主义绘画中独具一格的画风。

3. 浏览马格里特的其他作品

（1）讨论：你觉得马格里特是一个怎样的"沉思者"？他有什么特别之处？

（2）出示马格里特的话

"一个显而易见的事件，可以被它显而易见的那一面所隐藏。"

"我以发现物体可能永远不被注意的方式来呈现。"

教师小结：超现实主义画家马格里特有着超乎常人的想象力，在他梦一般的画面中，那些平常事物呈现出出人意料的面貌，却暗合了人们潜意识中的隐晦心理。在如今这个图像技术发达的时代，马格里特的画面技术已经没有新鲜感了，但他的作品仍然让我们震惊。这样的力量不仅只是想象力，更是来自他无比敏锐的洞察力和深邃的思考。

三、尝试用马格里特的创作方式进行图片处理

1. 作品欣赏

（1）借鉴马格里特的创作方式设计的 Polo BlueMotion 创意广告。

（2）借鉴马格里特的创作方式进行处理的图片《岔道》。

2. 小组合作尝试

拿出教师课前给各组准备的图片，根据图片进行讨论，并用剪贴、填画等方式动手尝试。

3. 介绍评述

四、课堂拓展

欣赏另一位超现实主义画家达利的作品。

欣赏现代优秀数码设计作品。

NVIDIA（英伟达）公司（纳斯达克代码：NVDA）是全球视觉计算技术的行业领袖及 GPU（图形处理器）的发明者。日前，NVIDIA（英伟达）与 CGSociety（CG 社团）联合举办了第四届国际数码艺术比赛，共收到来自 65 个国家超过 400 件的数码设计作品。

Time 是来自立陶宛的 Gediminas Pranckevicius 的作品，获第一名。

A Hunger After A Thousand Year Nap 是来自波兰的 Marcin Jakubowski 的作品，获第二名；

Glasse 是来自保加利亚的 Petar Petrov 的作品，获第三名。

教师总结：马格里特是一位用形象来表达哲理的艺术家，是一位"沉思者"，他用诗人的眼睛与哲学家的思维方式将日常的景象与事物神奇地结合在一起，用幻想空间的奇思异构把真实的生活内容呈现给人们。他影响了包括萨尔瓦多·达利在内的许多同时代的人、英美的许多年轻画家、现代的波普艺术家，乃至当今的数码图像艺术。我们要认识他、了解他，更要欣赏、学习他的艺术，感受他的思想，希望大家能像他一样做生活的"沉思者"，并大胆尝试，创造性地运用各种艺术方式表达自己的情感和思想。

分析：只看到这个教学设计文本，没有观摩现场教学，或者是没有读到现场教学的文本实录，是不了解、感受不到孙飒老师教学的本质的。以下修改意见仅针对本教学设计文本的第一二部分"欣赏·评述"学习过程展开讨论：

1. 本课教学设计遵循的基本理念和思路

（1）绘画作品欣赏课应该是教师引导学生（观者）体验的过程，而不是一个认知的过程。

（2）小学高段学生对美术欣赏的理解是一个文化准备的过程，这个过程有着时间与空间的规定性。美术教师需要确立这样的设计思路：艺术家马格里特并不是有意要画一些谁也看不懂的画来为难普通人，他就是想保持一种艺术家的纯粹性。

（3）小学生在欣赏、观看艺术家马格里特的作品的时候，需要的是把自己以往已经习惯的视觉经验"悬置"起来，放到一边去。那么，这个时候眼睛还能够看到什么？美术教师并不是在指导小学生认知，而是在引导与启发小学生向自己过去不可能出现的视觉经验挑战，因为孩子们的眼睛原本不是这样来看画的。

（4）思考和追问一下，为什么说艺术家马格里特是一位"沉思者"？因为，他有勇气批判习惯了的视觉经验（看的习惯），这样就有可能不断获得新感受、新体验。

（5）艺术作品、观看艺术作品的方式与视觉经验不能固化为某种永不改变的东西，艺术作品、艺术的审视方法几百年来一直是在不断更新的。

（6）马格里特的作品改变了普通人的视觉经验，他的作品中充满了具有哲学意味的思考，小学生如何能够初步理解其作品背后蕴涵的某种意义呢？

2. 教学的基本有效目标

（1）艺术家马格里特的作品向我们传达了一种什么样的感受？

（2）作者到底用什么样的手法表达了这样的一种感受？

（3）艺术家马格里特想通过这样的画面（有些形式多次重复）表达什么呢？

（4）你喜不喜欢这种形式的作品呢？为什么？

教学过程由视觉感知引导着，教师解构性地分析画面中的美术要素，再引导学生对艺术家马格里特作品中的哲学意味进行体会，学习如何有意识地去"看"。

①背景分析（情感体验共鸣）

教师可以这样深情地描述：

"在艺术家马格里特14岁的时候，有一天，他放学回家，一幕震惊的'画面'让他呆住了，他看到好多的人围在家门口。小马格里特从人群中挤进去，一看，他惊呆了，他的妈妈静静地躺在地上，浑身湿漉漉的，一块布遮住了妈妈的脸。他大叫着：'妈妈——'原来，他亲爱的妈妈溺水身亡了。"

"艺术家的生活经历与体验对其日后的创作有着重要的影响。我们能够看到，在马格里特的作品中出现了苹果、飞鸟、灯光、鸟笼等物遮住人物面部的画面。"

"艺术家在想什么？为什么遮挡画面人物面部的物体不同呢？他在沉思着……"

艺术家创作时最常用的方法有隐喻，苹果、飞鸟、灯光、鸟笼等物隐喻了什么？整体的隐喻是童年心灵上的悲哀体验，由此引发出更深层次的思考。

②这个背景介绍的呈现环节可以由以下三种方式展开：

第一，选取一幅母子或母女的照片，在电脑中用色块遮挡住母亲的面部，只剩下孩子的形象与母亲的躯干。引导小学生欣赏这个图片，请大家讲述看到这样的画面有什么样的感觉。学生讨论后，随即再引出上面的背景描述。

第二，也可以选取一幅三人家庭全家福的照片，用颜色分别将父母的面部遮挡住，只留下孩子的形象与父亲、母亲的躯干。引导小学生欣赏这个图片，请大家讲述看到这样的画面有什么样的感觉。学生讨论后，随即再引出上面的背景描述。

第三，教师上课时随身携带一块深颜色的大手帕，或者是绸子，选一名小学生到讲台，将其脸部遮挡，请其他学生描述此刻的观看感觉。又如，教师用 PPT 演示一块布遮住妈妈的脸的图片（特别制作）。与此同时，教师随即讲述上面的背景故事，引出孩子对作品的体验。

所有画家、艺术家的作品都是公开的隐私。由这一论点思考，为什么马格里特要这样表现？他的作品表现也是公开的隐私。历来的观点是，美术学科问题需要从美术本身去寻找，而并非是从生活经验里去链接。"一个经验"来自于儿童对生活的整体知觉所形成的基本看法或认识，"一个经验"可能并不是"审美经验"，但儿童的生活经验中确实存在着、蕴涵着审美性质的经验，而"审美经验"只是"一个经验"的集中强化而已。① 儿童在看艺术作品（马格里特的作品）的时候，往往凭着自己的视觉经验去注视，因此，这个时候的儿童可能并不理解艺术家为什么要这样表现，以及公开的隐私是什么。教师应让他们知道，艺术家的作品是在讲述艺术家自己内心的东西。

③作品解构与学科要素分析

选择作品：《巫师（四手自画像）》

用电脑软件将本作品分解为四幅：一是右手倒酒的姿态，二是吃西餐时双手使用刀叉的姿态，三是左手往嘴巴里送食物的姿态，四是还原本作品的面貌。利用这样的呈现方式，分解艺术家马格里特用过的一种创作形式，启发学生在欣赏体验的基础上，理解其创作形式的构成意图。

这幅作品的组合呈现出的运动性、动态感觉，学生是可以知觉到的。这个动态表达了马格里特作品的基本学科特点——"物象形态重置"。对此作品的分解可以与学生的生活体验关联，例如，吃西餐时的经历，如今城市里的小孩子大都有过体验，所以学生容易理解。美术教师可以这样来解构作品：

选择作品：《这不是一只烟斗》

师：大家看到了什么？（生：烟斗）

师：烟斗是我们的眼睛可以看见的实在物，而艺术家在画面的下边加上了一句话"这不是一只烟斗"，说明了什么？（讨论、生成）

师：艺术家的画面有我们可见的形象"烟斗"，画面添加上的这句话隐喻了什么呢？我们的眼睛所不可见的到底是什么？

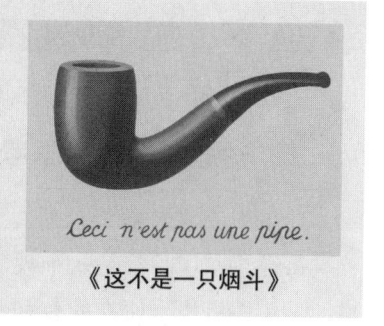

《这不是一只烟斗》

这里的描述性引导反映了艺术的本质：哲学观念。

不可见的是艺术家的思想，是他的创意。

对于这幅作品，在欣赏的时候，学生与教师对话的时候，很可能会出现学生反问教师的状况：艺术家马格里特为什么说"这不是一只烟斗"？这样的情况是有意思的。

---

① ［美］约翰·杜威. 艺术即经验·译者前言［M］. 高建平译. 北京：商务印书馆，2005.12.

选择作品：《虚伪的镜子》

问题：眼睛是什么？眼睛到底有什么作用？

一是能够看（事物），二是被看到（工具）。看与被看交织，眼睛反映着这个世界，就如同一面镜子。但是，同学们发现了没有，当你面对这件作品的时候，会发现他的目光迫使你改变方向，这是为什么？

我们再看一会儿，就会感觉到仿佛此刻是从身体外向身体内去看，但是，所看到的竟然还是身体之外的世界——那蓝天、白云。

《虚伪的镜子》

师：同学们，注意了吗？这黑黑的瞳孔，仿佛是黑洞，暗示了身体内部的黑暗和隐秘。

眼睛是世界的镜子，也是人心灵的镜子。然而，艺术家马格里特却认为，此镜子是虚假的，是产生谬误的原因所在。他通过这幅作品想表达什么呢？（人性的本质）

做一个实验，假如把这幅作品悬挂在墙面上，你仔细看它一会儿，就能够感到这幅图画看起来就像在被自己注视着。

选择作品：《大家族》

常见的物象——飞鸟（鸽子）、蓝天白云。

先用电脑软件解构作品，一件件局部的物象，组合构成的含义是什么？

师：飞鸟（鸽子）是现实生活里的物象吗？（生：是的，这点不容置疑）

师：那蓝天白云呢？不用多说，自然也是现实生活里人们能够知觉体验到的常态物象，对吧？

重新构成了之后，发生了什么变化呢？画面让观看者的视觉产生了什么样的感觉呢？（答案：陌生感）

陌生感——可以解释为不熟悉、与众不同、独特性、似见过又似乎没有见过。

什么样的感觉呢？错觉。

二、对教学设计的思考

1. 为什么要这样修改

每幅艺术作品都是一个现实的、真实的存在，而艺术家的画面中又有着一只不可见的手——思想。所有的真相、真理、本质总是隐匿在真实现象（物象）的背后，它并不直接"显现""呈现"。只有那些有眼光的人才有机会"看"到隐匿在现象（物象）背后的真相、真理、本质。这就是艺术的眼光。

中国哲学家老子的思路正是如此。例如，老子说过："道可道，非常道。""道"这个字怎样理解呢？道理是不能被直接说出来的，人们在生活中直接看到的、说出的道理，并非是恒常的、有影响的道理，真正的道理是常人所"看不见"的。在艺术作品中，可见的"真实存在"，只呈现给我们的眼睛一种知觉表象，而不可见的呈现——也就是艺术家的思想、观念以及他想说的"大道理"，只有有艺术感觉的人才能够看得见。这就是学习美术的重要所在，没有艺术感觉的人，生活、工作是不会有发展的。

既然老子说"道可道，非常道"，那又怎么来理解"道"呢？

老子提出了一个绝妙而朴素的办法，就是"道法自然"。

在美术教育课堂教学的研究中，教师是如何通过"道法自然"的途径看到美术学习的"真理"呢？美术课堂教学中所发生的"人事"和自然生活里的"天理"是相通的，美术学习的秘密可以在自然界中去寻找。

学生在欣赏艺术家马格里特的作品《虚伪的镜子》时，会发现自己的眼睛注视画面的时间稍长的时候，就会出现一种对画面形态的错觉感受，会发现瞳孔内的蓝天白云会向外扩张，或者是出现眼神的焦点偏离中心等感觉。美术课堂上欣赏作品时出现的这些"人事"，与自然界中的道理相通。例如，自然界里的植物始终处于一个环境场，低矮的灌木、满地的草、高大的树，或是中等高度的树丛等，是交错生长的。在夏日里，凭着眼睛的直觉，辨认其形态的层次时，很难立刻分出前后空间。植物在自然界里生长的"天理"与美术课堂作品欣赏中的知觉感受之"人事"，都属于场的作用关系。植物之间，眼睛与色彩之间，都是在场的综合作用下刺激学生（人）的知觉的。而在美术课堂教学中所发生的情感、态度、价值观等教育意义上的知觉变量事例，就更容易和自然生活里的"天理"相通了。

2. 怎样重构课堂上的美术学科知识

所谓重构，按照课题，即寻找适应本学段学生（小学五六年级）的心理发展规律，能够唤起他们的社会生活经验，在本节美术课里可用的知识点。美术学科的知识点有很多，什么是本课里可用的，什么是这个学段的孩子可用的，什么是这个文化背景下的学生可用的，教师需要好好思考。

研究这些后进行分析，先解构，再重构，最终引导学生将其内化，促进其发生知觉变样，最终达到有效教学。这才是本质意义上的有效美术课堂教学。

（1）知识点的线索

知识点的结束包括情感线（人文线）和学科线（表现线）。

这两个线索共同构成了美术学科知识体系，是紧密交织在一起的、不可分的。

人的感观不是孤立的，而是相互作用的。美术教师需要在这个认识水平上进行设计，才能真正促进学生能力的发展。例如，对于母亲，艺术家马格里特14岁时知觉的瞬间，是那个头盖着布、浑身湿漉漉的形象。他所听到的是周围邻居们的议论、怜悯、劝说等，所感觉到的是众人阻拦他，不让他扑向死去的母亲，也不让其揭开那块布。艺术家少年时代的心灵阴影左右着其心智成长，对其艺术创作的影响是终生的。为什么说马格里特将自己定位为沉思者？为什么他没有把自己当成是艺术家？其中最重要的一点是，他遗憾没有见到被布遮盖的母亲的脸，这最想得到的希望停滞在那个场域中，他无法实现。因此，进行哲学思考的艺术家马格里特，在作品里用了这么多的隐喻。老子的"道法自然"还有一个相当重要的提示，即当人们遇到难以理解的现象时，可以通过类比、比喻、隐喻的方式进行理解。这些也是艺术家惯用的创作手法，从这个意义上说，比喻、隐喻就是"现象学"的方法。

（2）对美术教学设计的哲学思考

场效应是格式塔心理学中的核心，也是现象学要解决的本质问题。艺术家马格里特在作品中常用隐喻手法，其作品最常见的构成形式是，物象形态的内与外叠加构成，可见的物象形态（苹果、飞鸟、灯光、鸟笼等东西）在形式上构成了画面，形成你中有我、我中有你的不可分割的物象形态场域。而作品中不可见的哲学观念，又与作品的视觉呈现形式构成了一个哲思的场域。例如，最典型的作品是《这不是一只烟斗》。作品的可见形态为烟斗，在普通人看来，这是一个实在物象。而形态下面那一行字，是艺术家的隐喻，隐喻什么样的哲思呢？其最直接的喻意为"这是一幅画"，以此告诫人们不要将美术作品中的形象与实际生活中的形象等同起来，而应该从艺术的角度看待作品中的形象，艺术作品无需模仿客观事物。

烟斗是真实物象，一行字在这里与图像形态比较，属于半抽象性符号，二者的形式构成方式最简单不过了，上图下字，但其所传达的哲学思想太深刻了。

人的知觉不是用因果关系可以解释的，也不是现实生活里的一个事件。视知觉是一个人每时每刻对世界、社会生活所进行的一种再创造、再构成。艺术家马格里特的作品之所以有意义、深刻，其本源就在于此。小学美术教师只有从这样的高度思考与认识问题，才能把握美术课堂教学的本质问题。

对于每个小学生上学为什么这个问题，一般人会说"学知识，增长才干"。人们之所以相信书本上所描述的世界，首先是因为每个人都有一个当前与现实的知觉场域，这是一个与世界、物质、社会生活、精神接触的范围，所有的人在这个知觉场域里同各种问题不断地纠缠着。

在小学美术欣赏的课堂上，看似是一个相对固定与单一的环境，实际并不然，孩子是带着自己已经有的社会生活经验来到美术课堂上的，在没有接受美术教师教学目标的指引之前，他们的主体性意志已经被外来的各种因素所围绕。所以，他们对美术的学习，对美术学科知识的理解，都是通过现场的知觉的，而他们的知觉处于一个开放的界域中，并不是封闭的。美术教师需要深刻地认识到这一点，在进行教学设计时要遵循这样的现实。

"感觉体验是一种生命过程。"① 在小学美术"欣赏·评述"学习领域的教学里，美术教师最重要的工作，是在课堂上关注学生的视觉经验，并与当下的美术作品主题交融，引导其产生新的知觉心理体验。美术课堂上小学生对艺术家作品的知觉体验能够产生"天人合一"的场域，对此，美术教师可以从以下方面进行修炼：

第一，作品图像解构。在设计教学前，美术教师需要对教学主题涉及的艺术家的美术作品、摄影图片等进行解构。这个过程需要完成两个方面的工作，一是对艺术家作品的背景分析，包括文化背景与社会背景；二是对作品进行学科表现的要素分析，

---

① ［法］莫里斯·梅洛-庞蒂. 知觉现象学［M］. 姜志辉译. 北京：商务印书馆，2005.31.

这是引导小学生学习的关键环节。例如，使用 Photoshop 软件，多解构几幅艺术家马格里特的作品，这样能够让小学生看出艺术家创作的思路在哪里，有利于孩子们理解与认识。

第二，思维与意义解构。马格里特最重要的一点是：用图像表达、演绎其深厚的哲学思想。"可见的"与"不可见的"是马格里特作品的特色，美术教师需要选择几幅作品将这样的思路分解给学生听。例如，马格里特说自己是"沉思者"，而不是艺术家，他到底在沉思什么？这需要用作品来解释。小学生在这里被启发后，他们的认识程度还会加强，因为作品的意义离不开思维的作用。

第三，结构化构成。所谓的结构化在于：其一，设计时要认真考虑不同年段小学生的心理、生理发展水平，使教学设计能够在层层推进中展开内涵；其二，课堂教学的结构化，要按照单元模式设计教学的实施过程，真正有效的美术教学不可能在一节课里完成。每节课的教学内容实施过程要能够让人看出一个递进的思路，以扎实的教与学贯穿课堂。例如，用 Photoshop 软件对艺术家马格里特的作品《大家族》进行解构分析之后，可以让小学生用纸张直接撕出飞鸟的形态，再引导小学生将撕出的飞鸟形态粘贴在一张有底纹（图像）的广告纸上，让其体会艺术家作品呈现的意味。

第四，学科知识的结构化构成。马格里特的作品，其学科表现的实质在于，对物象形态的塑造采用重置表现。对物象及形态重置的结构化构成处理，首先还是需要解构一两幅作品，使学生们能够在视觉经验上进行归纳。其次，需要用学生熟悉的生活物象，自然进行结构化构成。例如，选择几个学生，再搬上桌子、椅子等教室里的物品，现场进行构成，这样的直接性体验，会让学生的印象深刻。最后，在安排本节课的现场作业时，可以让学生用不同的纸材料直接进行物象形态的重置练习，使他们对课堂上的学科问题理解得更深入。

第五，理解性重构。小学生在接受了上述的美术欣赏学习体验后，需要动手表现，以深化对艺术家马格里特的作品表现形式的理解。教师在原来的设计中安排了"尝试用马格里特的创作方式进行图片处理"，这样的作业对于一些条件比较好的城市学校的小学生而言，能够完成，但对于一般学校和县级学校的学生来说，有难度。这里的理解性重构可以采用的材料是废旧报纸、超市散发的广告纸、纸箱板、秋天的落叶、饮料瓶子等，小学生可以按照艺术家的思路，制作平面的或者浮雕、立体的作品。这样的重新构成，加深了学生对创作形式与手段的理解，还利用了生活里的材料。

第四节　特别的看与有意思的说

"意向性"是现象学的核心概念。

在小学美术学习中,所谓的"意向性",是指美术教师引导小学生用眼睛看一件事情或者物象的时候,总是能够用某种特殊的眼光去看那件事或者物象及其形态。通过美术课的学习,小学生能够有(建立起)何种"眼光",其眼前的事情或者物象就会向其提供何种心理图像的"显示",思维里就能够产生某种意念,视觉意象的图画就会在脑海中闪现。

在小学美术学习过程中获得了这样的视知觉思维能力后,面对大千世界时,小学生们一眼望去,就能够对眼前的事物发出一束特别的光。小学生们的眼睛就如同孙悟空的"火眼金睛",其目光所到之处,物象就会立刻显露出它的原形。

这就是在小学美术学习中每个小学生的视知觉思维"面向事实本身"的本质意思。

一、看明白才能说出来

小学生有了意象性的目光(眼光)后,所看到的事物是什么,这并不重要。最重要的是,小学生的眼光是如何让事物本来的样子显现出来的。对这个"显现"产生作用的就叫做思维意象。

案例1

图画里的声音

小学一年级随堂教学实录片段之一。课题选自江苏少年儿童出版社课程标准实验教科书《美术》第一册第16课《画声音》,教育科学出版社课程标准实验教科书《艺术》第一册第三单元第2课《图画里的声音》。

师：同学们好！

(教师与小孩子打招呼,突然,教师俯身用右手重重地拍打讲桌,"嘭、嘭、嘭！"一年级的小学生们被这突然而来的声音所震惊)

师：同学们,刚才是什么声音？

生：你在敲桌子。(孩子们抢着回答)

师：是的。大家说得真好,精力很集中。再听！

(教师在教室里边走边跺脚,声音依然很大)

生：老师在跺脚。

师：大家想想,有谁能够把老师刚才敲桌子和跺脚的声音画出来？

(教师指着黑板,期待哪位孩子能够大胆地在黑板上画出自己感受到的声音)

在教师的鼓励下，4个学生走到黑板前，画出了自己知觉到的声音。

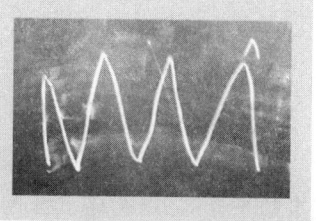

第一位同学在黑板上画出了双腿和双脚的形态，虽然表现得不那么形象，但能够看出他表现的意思，在双脚的周围有许多乱线条。

第二位同学在黑板上画出了一只手，这是一只大大的手，下面有张小小的桌子，这是他所理解的用绘画的表达方式来表现声音。

第三位同学用最简洁的线条画出了两只脚和半截小腿。

第四位同学在黑板上留下了一行折线。

教师又请两位同学在黑板上表现，结果，出现了模仿前面4位同学的现象。

分析：小学生在美术课堂上所看到的每一件艺术作品，都有着独特的表现形式，不同的艺术家创造出来的艺术形式，给小学生们以知觉或想象的自主感受，艺术作品所表现的、其形式所承载的东西是人类的情感，这包括文艺复兴时期的许多写实性美术作品。这是一般情况下的美术课堂经常出现的现象。

但是，在这一节课的教学导入环节里，美术教师并没有呈现任何图像，既没有摄影作品，也没有艺术家的作品。此刻，教师是在引导小学生通过对声音的知觉，来唤起他们对某种现象的认识及表达。视觉经验习惯于生活里的常态思维，人的多感官知觉水平也制约了小孩子们的思维，这个时候，4个孩子的反应很有代表性。第一位同学留在黑板上的痕迹，属于形态混沌的线条符号，但她还是想用现实生活里的物象形态来表现教师的指令。第二位同学的表现非常有代表性，他直接画了一只大大的手，这是一个发出声音的主体，因此必须画大。而那张小课桌形象地反映出这个环境中的具体物象。第三位同学更直接，形象地用两只脚表达出自己的认识。声音是由脚发出的，尽管脚本身并不出声音，但脚是发力物，是最重要的。孩子心中很明白，地面是不用画的，有脚在画面上了，地面自然就存在。第四位同学的一行折线属于符号。为什么这样画呢？答案很简单，这样的符号是小孩子原来有过的生活经验，小学生可以在某些场合里看到这样的符号图示。

在美术教师没有任何明确教学旨意的课堂里，一年级小学生都是按照自己的视觉经验来解答问题的。4位小学生的表现说明，现实生活里的存在物象，是小学生们知觉事物的基础。当美术教师发出了用画笔画出声音的指令后，一年级小学生的认识水平与其原有的心理知觉是一致的。

案例2

图画里的声音
随堂教学实录片段之"艺术作品随堂鉴赏教学"

教师说:"请同学们看屏幕,这是一位外国艺术家的作品,你们看到了什么呢?"

教师先后呈现了荷兰画家德库宁的作品《喧闹声》、意大利画家巴拉的作品《消防车的声音》,以及瑞士当代画家、设计家特罗斯勒的作品《清脆的声音》。

看着荷兰画家德库宁的作品《喧闹声》,一年级小学生似乎感觉很迷茫。这些直接从颜料管中挤出的颜色,并没有经过太多的调和,呈现出的视觉感受好像就是在乱画。

有学生说:"这,这,这是很乱的颜色……"

但是,当教师把作品的名字告诉一年级小学生的时候,他们的感觉是惊奇更多一点。

面对意大利画家巴拉的作品《消防车的声音》,小孩子们能够感觉到画面上的线条有一种规律,但又说不好这是什么。因为,对于这些过去一直没有接触过抽象性表现作品的小学生来说,对作品进行描述往往有一定的难度。

而教师说出了这幅作品的名字为《消防车的声音》时,有的小朋友这样说:"画上的那些不同颜色的弧线,好像是消防车的声音。"(实际上,此刻孩子们依旧是按照视觉观看的真实物象来对应问题的)

当瑞士当代画家、设计家特罗斯勒的作品《清脆的声音》出现在大屏幕上的时候,画面上那些明确的、显眼的不规则形态,属于比较容易识别的视觉图像。小学生们结合美术教师告诉的作品名字,理解起来相对比前两幅作品稍微容易些。

分析:视觉艺术作品的每一种表现形式,都是一种能够引起人(小学生)的感官知觉或想象的整体,这一整体能够展示出整体内容的各个部分、各个点、各种特征和方位之间的特定关系。这种表现形式可以成为一种符号,而符号所标识的东西并不是容易想象和理解的。在这个对三幅作品进行欣赏的教学里,由于小学生过去并没有接触过这类作品形式,因此,他们的语言描述在课堂上出现空白。孩子们不会说了,这是为什么?

视觉图像(艺术作品)符号,作为一种标识某种现象的东西,旨在使人借助某种事物的符号去理解另一事物的"理解"过程,这是在大脑中进行的一种深刻的知觉过程。在通常的情况下,人们不容易把这种艺术作品里的符号性表现形式与它所代表的真实事物区分开来,特别是对于从来没有接触过这类作品形式的一年级小朋友,他们更无法理解这些作品。从这一角度看,这个环节随堂欣赏教学方式需要改变策略。

"形"是造型艺术中最为重要的元素,儿童在涂鸦期、象征期所留在画纸上的痕迹(线条、故事、情绪表达等),都是个人对形态进行理解后想释放内在心情的一种表现性符号。但是,孩子们此刻对"符号"这个词的概念并没有形成固定的认识,其思维是混沌的,而他们对事物形态的认识和理解均指向了一种现实的存在物。这样的知觉水平与视觉经验决定了其认识形态的基础,对于美术学习来说,危害极大,特别是阻碍了学生思维发展。

在小学及幼儿园里，有相当数量的对美术和美术本质认识并不到位的美术教师，在其课堂教学控制下，学生对形态、点、线、面（体积）、色彩、表现等基本美术元素的认识和解释相对固化。在这样的知识体系引导下，普通儿童将生活物体与美术表现形态之间错误地画上了等号，其心理认知仅仅停留在"逼真"或与真实物体"像"这一标准上。小学生评价个人美术表现行为的标准也以此确立，美术教师又不能针对他们这一心理认知特点展开教学引导。

如果要使小学生形成"特别的看，有意思的说"这样一个知觉表现水平，美术教师就需要重新设计这节课，制造声音情境这个环节可以保留，引导一年级小学生的整体知觉马上要跟上，要告诉孩子们，有不少艺术家就在用绘画的方式来表现声音。例如，教师可以这样提问："声音可以画吗？""声音能够画吗？"启发小学生对此问题展开讨论。一年级小学生谈到这两个问题的时候，他们的话匣子就打开了。

分解艺术家的三幅作品，使孩子们知道艺术家在用画的方式表现声音，出示作品后需要引导小学生解读作品。例如，荷兰画家德库宁的作品《喧闹声》，这样的作品，一般情况下一年级孩子是看不明白的，教师要先用问题启发学生生活里什么样的声音比较喧闹，在孩子们回答后，再播放生活中喧闹的声音，刺激学生们的听觉。然后用电脑软件把德库宁的作品《喧闹声》中堆砌的颜色进行局部分解，启发小学生思考知觉艺术家在表现这种喧闹声的时候，为什么选择了这样的方式，让小学生通过讨论、对话、欣赏作品、听音响等多样的知觉体验，达到对作品的基本理解。

分析意大利画家巴拉的作品《消防车的声音》时，可以这样提问题："艺术家为什么用这样的表现形式？这幅作品用《喧闹声》的表现形式是否可以？如果不可以，那又为什么？"引导小朋友在欣赏中发表自己的看法。要找出这样表现的规律，如消防车的声音是有规律性的，不是喧闹声那种杂乱无章的、令人烦躁的感觉。再如，画面上的痕迹要体现出这样的听觉感受，出现了不同的表现形式，等等。当教师深入进行解构性分析的时候，小学生才能学着进行"特别的看"，由此，也才能逐步展开"有意思地说"。

案例3

有效的随堂欣赏

（"风儿吹过"片段，小学四年级）

授课：上海外国语大学浙江宏达学校　王新强

师：同学们，从国外绘画大师的作品中，怎样能够读出"风儿"呢？

（PPT呈现：印象派画家莫奈的作品《撑阳伞的女人——阳光下的莫奈夫人像》）

师：在这幅作品中，小朋友们看到"风儿吹过"了吗？画面里有没有风？

生：我看到了围巾。

师：围巾？

生：是的，夫人的围巾被风儿吹拂着，飘动着。

师：看得真仔细！画面中莫奈夫人的围巾在风中飘动。还有没有？（继续引导欣赏）

生：夫人的裙子。

师：为什么？

生：她的裙子也被风儿吹得在飘动。

师：观察得多么仔细！还有哪里？

生：画里的草倒向一边，说明风儿吹过。

师：这个同学观察到了画面中草的形态是朝着一个方向倒的，这是被风儿吹倒的。风儿是在向哪个方向吹？

生：由画面的右边向左边吹。

师：说得真好！同学们再仔细看一看，在这幅作品里面，哪些形态的表现还能够让我们感受到风儿在吹呢？

（小学生们此刻瞪大了眼睛在画面上仔细研究，一个孩子大叫起来）

生：我发现了，天上的云儿在飘动，说明了风儿在吹。

师：这样的观察真的很到位，他发现天上的云在风中飘动。还有没有新的发现呢？

生：我还发现了一个问题，夫人的伞是由画面的右边向左边打着的，说明了风儿是由画的右边向左边吹，如果伞迎着风打，那是撑不住的。

师：同学们今天的探究非常精彩！刚才这位同学从夫人撑伞的角度进行了分析，让我们更能够感觉到画家在表现作品内容时的一种特殊的情境，以及在风儿吹过的草地上，莫奈夫人悠闲的姿态。

分析：这是莫奈1875年的画作《撑阳伞的女人》，画面上莫奈夫人卡缪和儿子约翰一起登场，在仰视的角度下，她半侧着身的姿态显得格外生动感人。阳光在她白色的衣裙和脚下的草地上闪烁，而轻轻飘起的面纱和转动的裙摆显示出风的抚弄。

需要注意的是，美术教师如果只是按照这样的文字表述去解说，并不能让孩子们对作品产生比较深刻的知觉体验，由这个片段可以带来很好的启示：美术教师要时刻关注学生的发展需要。

在艺术作品中，一个符号看上去就像是它所代表的事物本身，课题"风儿吹过"中的"风儿"本身在这一课题里属于符号概念。或者说在"风儿"这个符号中就已经包含了事物，也可能是事物就包含在符号里。"风儿"的形态抽象，在课堂上看不见、摸不着，但王新强老师在引导小学生欣赏莫奈作品的过程里，启发学生认真地欣赏作品《撑阳伞的女人》，由画面上存在着的围巾、裙子、阳伞、草等形态塑造的呈现，联想到教学主题"风儿"。这是一个转化思维的过程，美术教师在引导小学生完成这个转化的过程中，启发小学生能够做到"特别地看，有意思地说"。

美术活动作为一个促进儿童智能发展的重要教育因素，其意义似乎人们都能够说上几句，但若要真正从本质意义上理解这一问题，教师在课堂教学中就需要关注小学生的思维转化。思维转化，似乎是看不见、摸不着的，所以美术教师们更在意小学生在美术课堂上画出了什么。王新强老师在这个教学片段里，不是停留在学科技能表现的表面，而是关联到了思维方式的转变。

符号，这个词语本身是说明一种隐喻。隐喻是指用一件事物暗指另一件事物。"风儿"在视觉艺术作品中怎样呈现？艺术家用了什么样的形态？"吹过"这个词语本身表明了动态，动态在画面中又是如何表现的？这些都需要美术教师引导小学生来探究。对于"风儿""吹过"这两个概念，小学生的视觉经验早就存在，他们仅仅看画面就能够对其有知觉意识。但有的美术教师在教这一课题时，直接采用了让学生们去画斜斜的线条的方式。乍一看，这样教学好像是合理的，也是在具体地表现，但仔细思考一下，就能够明白，这样的教学是把小学生的思维引向误区。

用符号这个词语来认定莫奈作品中的美术表现性痕迹，旨在启发孩子们，在这个世界上，所有美术作品的表现性痕迹，只不过是某个主体（艺术家、儿童）利用不同的工具与不同的材料接触后所产生的一种记录性符号。这些符号是主体受到情感、情绪作用后释放心理的表现。莫奈作品里的夫人，看起来是画家在记录生活，但是，这些记录性表现符号是莫奈情感的产物。所以说，当我们把这样的记录性表现痕迹归纳到"风儿吹过"这个课题所蕴涵的符号概念的时候，就是用隐喻性的方式告诉小学生们，要明白造型艺术中的记录性表现痕迹实际上只是不同的符号而已。小学生只有重新体验此符号概念的隐喻性，才能够知觉到课题所蕴涵的意义。美术教师对这个概念的理解水平将直接影响课堂上美术表现性技能教学的层次。

一般的孩子在绘画表现活动中会特别注意自己表现的形态、色彩等要素是否与这个实际物体形态具有等同性，也就是所谓的"像"什么。例如，海水、天空，就用蓝色涂画，而对于物体的形态，则不敢有错位性的表现偏差，这样的表现性知觉是与美术欣赏学习有关的。在"风儿吹过"这个教学主题里，如果美术教师都能运用与王新强老师同样的思维方法，引导小学生在解读作品时由物象的现实存在转化为对思维意向的思考，他们心理图画的意象性就能够逐步形成，就能为其可持续发展奠定基础。

儿童能够认同这样的知觉心理，就能够继续快乐地接受美术教育。这就是说，在人的知觉心理中，如果不能将对事物形态的认知理解与造型艺术表现出的形态认知化为一种思维推论式的东西，就很难将它们归纳到学习记忆的概念里，从而也就不能向小学生传达它们。儿童的视觉经验必须与审美意念关联，生发新的体验，形成艺术感觉。

二、视觉经验决定表达

视觉经验是人的一种视觉心理图式。从孩子出生起，各种视觉体验就逐渐在他们心里积淀，自然界以及社会的各种视觉体验经过他们加工、提炼后，在大脑的一些神经元中产生镜像，成为进一步接受新视觉刺激的前提。在人的感觉器官中，视觉是最直接、最重要的感受生活的方式，视觉经验可以涵盖、替代其他一切感觉经验，而其他一切感觉经验都无法涵盖、替代视觉经验。美术欣赏课学习，需要关联学生原来的视觉经验，在教师的引导下，形成意象性的目光。

不同的学生由于生活环境及文化背景等不同，所具有的视觉心理图式也不同，因而，在原有的视觉经验的基础上解读视觉艺术作品时会有不同的体验。人的视觉心理不是白板一块，而是一种内化了的经验结构，是某种知识接受或能力发展的预备状态。小学生在美术课堂上的所有表现，都是由其视觉经验的水平决定的，其在美术课堂上的语言表达，更是其视觉经验的体现。

案例

"小雨沙沙"教学片段

学生：一年级

执教：浙江师范大学美术学院美术教育专业实习学生

导入：PPT呈现"雨中江南民居"。

师：在生活里，什么时候能够看到这样的场景？

生：下雨的时候，这样的图片很难看，什么都很模糊。

师：看到这样的场景，大家能够联想到什么？

生：雨伞、雨衣、雨鞋。

师：大家的联想很准确。

（PPT呈现四幅小学生表现雨中景色的绘画作品）

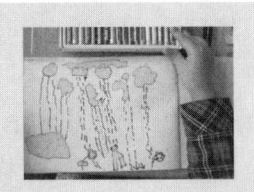

（教师分析讲授略）

师：小朋友们知道雨点是什么形状？

（教师在黑板上画出小雨的点、大雨的短长线等）

师：还有的雨点就像黄豆一样。（在黑板上画出几滴这样的点）

师：当雨点落在地面上时，雨点溅开来的样子是这样的。（在黑板上示范）

（PPT呈现学生作品以及雨点的四种画法）

（教师讲解略）

师：今天的作业是画一幅与下雨有关的画。（注意：此时教师关闭PPT，学生表现时没有参照图像及作品）

……

教师反复强调："看哪位同学画得最有创意，画面最有下雨时的感觉。"

……

分析：本案例中的学生为中等城市里城乡结合部的社区孩子，包括部分周围县城的孩子。学生对美术课的认识并不太多，因此美术造型前概念的影响也不是特别严重。

1. 对教学的反思

（1）像这样的课题，教学欣赏时教师需要讲解这么多吗？能不能让小学生凭着视觉经验并关联现实的新感受后自己去说呢？因为，对于雨的体验，每个小学生都能够说出来，他们都有过这样的生活经验，把自己这样的感受说一说，对下面的创作环节是有帮助的。

（2）"小雨沙沙"属于人文主题，应该如何将每个课时里的具体美术学科表现技能学习与人文主题整合为一体呢？案例中的教师采用这样的教学设计主要是按照教材备课系统提供的素材。但是，思考一下，这样的教学逻辑与顺序是否可以称为"雨中印象""下雨的时候""雨中记忆"呢？

（3）执教该课的为实习美术教师，教学经验不足，完全是按照教科书提供的资源与文本照本宣科，排除其教学经验、能力等方面的因素，仅仅看教材内容的构成，还是有不少问题。

2. 对教学方法的探讨

（1）一年级的小学生通过这样的教学方式学习美术，从其能力本身看，应该说是可以理解的。但是，教学由欣赏环节转入表现这个环节的时候，没有连接小学生潜在表现能力的点，教师就让孩子们直接去画了，但对于如何画，教师并没有进行语言引导，也没有任何演示与表现。

（2）课堂上没有图片参照，一年级小学生们只能自己根据原来已经有的视觉经验来画"雨"。问题是，如何能够让一年级小学生们在其小学美术学习的开始就接触并学习到有意味的表现方法与形式呢？教师在表现环节前是否应增加相关作品欣赏？因此，教师要思考、解决学科表现性问题的方法。

（3）在一年级小学生的美术学习中采用这样的教学方法，什么时间最合适？一个学期中到底用多少次为好？还应该采用什么样的方法进行穿插调节？美术教师特别要思考：如何才能让小学生们画得更有意思，作品的表现能够更有意味、更具有创意、更能够打动人？

3. 图示教学的几种方法

（1）参照性表现。这是一种照图进行表现的美术教学方法，小学生可以根据美术教师出示的图片、作品表现等样式进行表现。实际上，参照性的表现并不是完全的临摹，因为对于一年级小学生来说，严格意义的临摹方式不适合他们的心理和生理发展水平。由这个表现方法开始，教师在指导小学生进行具体技能性表现的时候，需要坚持引导孩子们进行特别的看、有意思的说。小学生的心理发展水平就是这样的一种状态，美术教师既要关注其新体验，又要保护其语言表达的自主性，美术欣赏学习是贯穿于整个美术学习所有领域的。

（2）临摹范画。这是一种在幼儿园和小学里经常使用的教学方法。这样的教学方法是许多美术教师认为最有效和最省力的方法。有不少美术教师认为，如果不让小学生进行大量的临摹，他们的脑子里就没有东西，在课堂上就经常会出现"老师，我不会画"的问题。但是，临摹性表现也需要通过欣赏作品来引领小学生的视觉经验，同时，美术教师要启发孩子们对某种表现性方法或图式发表自己的见解，最好不要进行

"照葫芦画瓢"式的临摹。

（3）记忆性表现。本节课的教学就属于这样的教学表现方式，美术教师在围绕主题进行作品欣赏之后，就下达了画的指令，小学生们是根据自己对这个主题的生活经验进行表现的。虽然小学生们对这个熟悉的主题有着比较多的视觉经验，但对于小学生作业最终的表现成色是什么样的，美术教师的研究还是不够。因为，关于"雨"的视觉经验与如何表现"雨"的视觉经验是不同的，如何表现"雨"还要依靠欣赏教学，也需要小学生们主动提问，小学生只有提高了对表现性学习的知觉水平，最终才能提升自己的表现水平。

关于瞬时记忆对儿童造型表现的影响的研究成果，笔者发表在 2000 年第 4 期和第 5 期的《中国美术教育》杂志上，这是积累了十余年、有过几千个学生实践表现案例的教学方法。在教学中让小学生们（幼儿园的孩子们）欣赏儿童作品、艺术家作品，一个主题可以选择 3~5 幅不同类型的作品，在浏览性欣赏后，立刻让孩子们进行默写练习，利用瞬时记忆，逐步积累个人的图式语汇，形成自己的造型记忆。当今时代，如果用这样的方式教学，PPT 怎么用？还是加入临摹范本进行瞬时欣赏吗？小学生怎样理解与表现更好？这都需要研究，因为目前全国尚没有美术教师使用这样的方法。

图示教学表现形式如何教？例如，在本节课的教学中，雨点的表现形式与方法到底用不用示范？怎样教？美术教师在黑板上画出几种雨点就是教吗？如何演示？怎样将表现方法展现给孩子们？这些应该好好研究，不能认为随便地画一画或者是把图示播放给孩子们看就是在教了。

采用图示的时候应该如何启发小学生们进行欣赏？美术教师的启发语言有哪些？在播放图示的过程里，怎样引导小学生特别地看？例如，雨的表现，如果采用了图示，那就需要多用几种表现形式，工具、材料也最好是多样的，小学生在选择中自然也会特别地去看、去分析哪种表现方法更适合自己。

4. 一年级小学生的形态知觉及表现分析

（1）一年级小学生是最无故障感的群体。所谓的"无故障感"，表现为孩子们在这个时段知觉社会生活物象的自然状态。虽然这个时期的儿童对生活物象的知觉依旧建立在存在物的基础之上，但他们对自己的美术表现充满了无限的自信，此刻的"画出来"，就是一种"说出来"，能够"说出来"，心中就有着自豪感与成就感，这就是本年龄段的儿童较普遍的心理和生理特点。虽然这些孩子的内心在知觉社会生活物象时处于一个矛盾同体的状态，但其强烈的自我意识会反复地矫正自己的知觉，主体性成为他们表达的核心力量。

（2）随着年龄的增长和理性思维的逐渐形成，儿童知觉物象的那种存在性意念在不断的强化，当这样的意念在加强的时候，他们便开始怀疑自己笔下的功夫了：我的眼睛是这样看的，我的认识与眼睛的知觉应该是同步的，但我自己怎么画成了这个样子呢？于是，小孩子们开始不相信自己的能力，此刻，其知觉物象的存在意念就成为检验表现的标准了。他们想离开美术学习，因为，他们觉得自己不能在美术学习中有所作为，不能有合乎自己眼睛知觉的表现成果。

（3）美术教师需要调整自己的教学方法。由于上述两个层面的问题，对于一年级小学生的美术学习，美术教师不能用单一的教学方法进行"统教"。例如，在欣赏教学时，教师采用了记忆唤起的自由表现方法，在一节课里使用这样的方法应该说没有什么大问题。但是，如果从一年级小学生整体美术能力发展的角度思考，就能够发现，对于这些孩子，在教学中不仅仅是让他们自由表现，还需要有效引导或者说是有意识的指导。"小雨"是唤起孩子们情感的表现主题，如何表现雨是美术表现的学科问题，美术教师需要想办法让小朋友们学会表现雨的方法，而且还要让他们学会多种表现方法。从这个角度看，本课的教学问题就更需要好好研究了。

（4）从一年级开始的美术教学，要给孩子们渗透"符号"意识。对于"符号"的隐喻性原理，一年级小学生此刻的认知水平和理解水平并不能达到一定的层面。但是，美术教师要引导孩子们形成这样的一个思路：在实际的美术表现活动中，任何的触觉行为和其留在材料上的痕迹，或者是工具与材料所产生的变异性构成，都是由"符号"的隐喻性原理来表达的。痕迹是符号，变异性的新构成方式同样也是符号。例如，雨中的物象如何表现更有意思呢？雨水、雨点的表现怎样更有特点呢？对于"雨点"或者"雨水"在画纸上的痕迹，可以用不同的笔与不同的纸所产生的线条、笔触、飞白、色彩等来表现。雨中的人、景物等变异性的新构成"符号"（痕迹），可以用不同的工具与材料结合后发生的某种变化引起不同的肌理，以产生不同的视觉感受。这些都应该视为一种"符号"，这些不同的"符号"有着不同的隐喻性。一年级的小学生一旦明白了"符号"的隐喻性原理，他们的美术表现能力就凸显出来了。所以，在美术学习中，一个小学生对视觉经验的整体把握（线描、色彩的造型、泥塑的造型、不同材料的造型与构成），是借助这种"符号"的隐喻性原理进行的。

第五章

"综合·探索"教学能力的修炼

综合课程思想和学科综合的观念，并非空穴来风，美术教师要很好地将其落实在常态的美术课堂里，从教学设计开始，到教学实施，对问题进行全面具体的思考。

第一节 什么是"综合·探索"

2000年,基础教育新课程改革启动,为了顺应世界课程的发展趋势,在原来美术教学大纲"绘画、工艺、欣赏"的基础上,设立了四个学习领域。其中,"综合·探索"学习领域是课程改革后新增加的。

一、梳理无形的网,选择合适的点

小学美术课程中的综合,是由美术课程本身的特性决定的,并非是空穴来风。当今时代的课程处在一个多学科知识与文化潮流的交会点之中,每个美术学习的课题,并不是孤立存在的,而是关联着不同的点。小学美术课程如同一个无形的网络,需要美术教师进行梳理,选择适合学生心理、生理发展特点的主题及思路,构成一节课的学习内容。

案例1

什么样的课题内容适合综合探索

在小学的美术课里,究竟什么样的美术学习内容属于综合范畴呢?思考这个问题时,美术教师需要先调整自己的观念。新课程改革后,对美术课的认识由单一的技能表现转变到对美术课人文性质认识的高度。因此,在11个版本的美术教材里,编写者编写教学课题的时候,总是会给教学主题加上一个"帽子",这个"帽子"是课题的人文主题。在人文主题下,还有一个学科表现的内容主题,也就是美术教师们在新课程教师培训中常说到的教学的显线与隐线。实际上,人文主题的确立,为美术课教学的综合设计提供了拓展空间的平台。

例如,"太阳"这一主题,有的教材里叫做"我心中的太阳"。与太阳这个主题所关联的文化、历史、民俗、美学观等,都可以在课堂教学里综合关联,然后,选择适当的点,在一节40分钟的课堂上呈现给学生。又如"春天",这样的主题也关联着文化、历史、民俗等。再如"节庆"主题,在很多版本的美术教材里都有,这也是"综合·探索"的内容。

仅仅看"太阳"这个主题,备课的时候,美术教师究竟将多少与"太阳"这个主题有关的内容纳入自己的教学设计里,的确需要认真研究。备课时有了综合的意识,教学设计就特别丰富,学生可探究的线索就比较明晰,兴趣也就自然生发了。例如,"太阳"这个形象,在汉代的时候,老百姓有这样一种认识——太阳里面有金乌,教师在教学设计里放进长沙出土的西汉帛画里的这个图形,小学生可探究的线索就出现了,能够思考的文化意义也就深厚了。

再如，在"太阳"这个教学主题里，可以呈现的摄影图片非常多，夕阳、晚霞的各种景致都是相当精彩的。但是，美术教师在教学的时候，需要有选择性地截取一部分有关太阳文化的内容。美术教师引导小学生发现时可以这样说："在太阳下山时，夕阳不仅自身变得火红，而且还将天空染红了。这其中蕴涵着一个思想，晚霞常常比朝霞还要热烈，夕阳似乎在为一个崇高的事业付出自己的心血。"教师将这样的教学思想传递给学生的时候，学生的探究才会非常深入。

还如，关于太阳的表现元素。教师在课堂上可以向学生们提问："人们为什么喜爱圆形呢？"这个问题能够引发学生深入思考。从心理知觉的角度分析，孩子总是愿意从一堆形状不同的物体中挑出圆形的物体，即使成人要求他们挑出菱形的物体，他们也仍然不自觉地把圆形的物体挑出来。这说明孩子们对简单的圆形很偏爱。

从视觉审美心理学角度分析。第一，对于孩子来说，圆形总是优先的，因为它是最简单的图形。按照阿恩海姆在《艺术与视知觉》里的观点，一个以中心为对称点的图形，它不突出任何一个方向，可以说是一种最简单的视觉式样。第二，更重要的是，生活经验的积淀使人偏爱圆形。圆形或者球形的物体，在地面运动时阻力最小，从接地的一点过渡到另一点特别流畅。第二点尤为重要，因为人们对某种图形的偏爱不是无缘无故的，而是有一定的根源。

分析：上述的太阳主题，只是简单地关联了与太阳有关的问题并展开思考，美术教师在课堂教学里可以选择的内容实在太多，能够综合美术学科表现的问题也相当多，只要美术教师有意识地对问题展开研究，"综合·探索"教学是特别有意思的。

案例2

美术课堂上如何综合更有意思

小学美术教材里都有自然类的学习主题，如"秋天""春天"等，这类主题在"综合·探索"领域里能够整体拓展。首先，这样的学习主题，关联文学领域很自然，如表现秋天和春天的诗歌、散文都有不少，如果恰当选用，以这样的主题上课是很精彩的。

又如，浙江人民美术出版社出版的《美术》五年级上册中的《悠悠北山路》，是一节典型的"综合·探索"学习领域的课题，选题来自杭州具有历史文化气息的北山路。要上好这一课，就需要关联其中的某个文化名人，或者是关联某幢老房子，由此引出一个文化故事。但这样的教学主题最难以把握的是，课堂上如何清晰地传递美术学科知识？在教学设计中注意关联文化、历史，往往又会忽略美术学科知识的传递。因此，如何把握美术本体的东西，是一个需要好好研究的课题。

京剧、皮影等内容，都是很典型的综合艺术表现的主题。例如，在京剧、皮影这样的主题里，有美术的造型、表演、舞蹈形态、音乐、舞台布景等，这些内容在一节40分钟的课里根本无法完成，教师必须通过系列单元的学习，才能把握好整个教学。

像京剧这样的主题内容，关联的文化线索实在太多了，一节40分钟的课是怎么也上不完的，美术教师需要在网状中梳理出一个或两个点，将其纳入教学中。例如，用水墨表现的形式来画京剧人物的头像，四川成都的李茂渊老师在课堂上选择的表现点是旦角儿中的花衫。又如，浙江平湖的朱敬东老师选择了用水墨方法表现盛装的局部头像。

皮影这一主题，内容极其丰富。除去课堂上的欣赏、表演、展示等环节，还可以选择的美术学科表现方式有：一是用雕刻的方法制作影人，材料可以选择纸板，造型可以与民间剪纸中的戏剧人物形态结合起来，但需要注意用刀具时的安全；二是直接选用透明塑料板制作影人造型，不去雕刻，直接使用水溶性颜料进行造型纹样的形态、色彩绘制，这可以表现出颜色比较鲜艳的影人作品；三是选择透明的塑料板，简单地进行影人纹样的雕刻，再辅以水溶性颜料着色，这样耗时比较多，在一节40分钟的课里是无法完成的，需要多课时或者课外时间，但这样的动手体验对于小孩子来说是非常深刻的。

分析：依据学习主题进行教学设计的时候，美术教师首先需要梳理主题内容的相关脉络，根据自己擅长的美术方向，构成单元教学的整体设计思路。然后，再分别按照课时选择不同的教学点，由此进行教学。一个教学主题可以用3～6课时来完成。

二、美术姓"文"吗

美术新课程改革后，小学美术教师们对美术的人文性质有了共识。尹少淳先生有一个非常著名的论点：走向文化的美术课程，倡导美术教育的文化作为。美术是文化的一部分，美术活动的每个细节都离不开文化元素，美术课程的文化意义与本质已经逐渐被小学美术教师所认识。在这样的背景里，如何能够在课堂教学里既传递美术文化，又始终将美术学科要素作为课堂教学的重点，是一线美术教师需要关注的难点。

案例

1. 少数民族的主题，包含着极其独特的文化意义。例如，从侗族人的服装、头饰、工艺中，常常能够看出侗族人对太阳、月亮的崇拜，这样的现象在其他少数民族中也比较常见。能够看到，侗族人把太阳的形象绣在自己的衣服、书包上……但是，月亮在哪里呢？我们进行艺术考察时发现，侗族人把月亮藏在女孩子（女子）的头顶上。女子头发中那把弯月般造型的木梳子，就是月亮的象征，这其中的文化意义特别深刻。汉族人把圆圆的月亮看成美满、圆满的象征，而侗族人并不这样看，他们认为月满则亏。侗族人崇尚弯弯的月亮，他们认为，弯月是生长中的月亮，是动态的，要比圆月、满月更有活力。

这样的文化意义是无法用美术学科知识解释的，教师必须依靠对文化的深入了解才能解决这个问题，才能在课堂上自然地将文化意义渗透在美术学科要素的传递过程中。如果美术教师在教学前不了解这方面的文化背景，进行课堂教学时可能会出现问题或者闹出笑话。

2. 建筑（民居与古建筑）主题，也包含着相当厚重的文化。例如，对北京故宫的认识、理解，不能仅仅从对称、比例、中轴线等美术学科要素方面去讲，更重要的是引导学生从故宫建筑蕴涵的皇权文化去了解其"九五之尊"的意义，然后学生才能对这一建筑的构造有本质意义上的理解。又如，北京天坛包含了中国人对天的崇拜，因此，天坛的琉璃瓦不是金黄色的，而是蓝色的，瓦与天共一色。如果课堂上美术教师不讲这一内容，小学生就不能深入探究这一问题，出现在他们笔下的天坛琉璃瓦可能就成了金黄色，这不就闹出笑话了吗？民居中的造型，也不能仅仅从结构上、形式上分析，也需要从文化背景入手。例如，徽派建筑中的"马头墙"所蕴涵的文化意义是什么？除了防火功能之外，"万马奔腾"的内涵，美术教师们是否在课堂上能够讲明白？又如，山西民居中为什么有那么多"大院"？构成"大院"的社会、历史、文化意义有哪些？这些都需要教师在课堂上讲明白。

3. 图像文本所蕴涵的文化。一种图式，作为适应的技术来说，可能是生物的，也可能是心理的，或是生物、心理二者共有的。因此，孩子们的视知觉体验到的反应概念也是一种图式。如，在"春天"教学主题里，当看到一幅绿色的、生机盎然的植物图片（像）时，孩子们（人）所产生的反应概念会有"生命""春天""清新""青翠"等这样的感觉。而在"秋天"教学主题里，如课题"悠悠北山路"，看到一幅或多幅秋天植物的图片（像）时，孩子们（人）所产生的反应概念就会有"枯萎""无奈""死亡孕育再生"等。这种反应概念被皮亚杰称为一种情感图式。这些心理反应总是伴有某种情感，而这些情感已经被寄予了某种文化的意义。有史以来，有多少文人雅士为此而赋诗作文，这些因素，在美术课堂上是自然生发出的文化关联性。在"综合·探索"教学领域里，这都是教学所必须关联到的因素，美术教师如果不认识、不了解或者认识、了解得不深入，都会阻碍教学有效性的达成。

4. 图像文本引申出的文化意义。在美术课堂上，对于"山"的视知觉认识，北方儿童与南方儿童的感受是不一样的。北方的山多岩石，南方的山多植被，视觉的第一感受在颜色上就不同，但这样的感觉仅仅是最普通的视知觉感受。

在美术课堂里，教师不仅要引导儿童分辨出南北方的山给人的第一感受，而且还要通过视知觉感受的引导性教学活动，使儿童能够从不同的山的变化图像（图片）中，及时地与中国美术史上文人山水画进行比较，让儿童（学生）能够感受到，历来的文人画家是如何将自己对山的主观感受（意象性）与自然变化中的山之物象相结合并创造出不同的山水画作品的。文人画家对山的主观感受（意象性），是一种文化的代表，每个文人画家赋予山的特殊意义，此刻与普通人看到的山的图片有着特殊的区别。美术教师需要启发小学生在综合探索中去理解，引导他们深化自己的认识。这样的教学内容在小学五六年级美术欣赏课中出现时，美术教师要强化其文化的关联性，促使学生进行综合探索。

分析：在小学美术课堂中，"综合·探索"学习领域并不是被单独划分出来的，而是融合于整体教学内容里的课程观念。小学美术教师能够坚持用综合的观念来备课，用综合观念设计教学、实施教学，才能达到最终的目标。今天的美术课，是美术教师在多元文化观内的自主挑战与发现，是他们对教学问题的独立探索。

第二节 走向综合天地宽

综合课程思想及学科综合的观念，并不是悬挂在空中的东西，需要美术教师脚踏实地地将其落实在常态的美术课堂里。综合的方法有学科知识综合、文化线索综合、观念综合等，小学美术教师在自己的日常教学里，要将综合的思维方法融入其中，从教学设计开始，到教学实施，对问题的思考要更加全面具体。

一、点、线、面、形态、色彩之后还有什么

从这个主题意义的角度讨论小学美术的教学方法，建立在儿童（学生）的心理认知结构发生改变的基础上，而不再是传统的对图画进行单一的、单向性的识别方法。在儿童把握美术学习表现性技能的过程中，有这样一种现象，儿童根据教师的引导，观看与教学主题有关的真实物象、图片、影像、美术作品的时候，如果没有美术表现技能学习前概念图式的话，就无法立刻在摄影图片中提炼出美术学科要素，也不能迅速地联想到课堂上可以使用什么样的工具材料以及能够把握何种相应的表现方法。

在小学美术教学中，小孩子对任何技能的掌握，根源都在于对其思维方法的培养，而创造性思维的发展与对技能表现方法的把握并不矛盾。但是，在一般的小学美术教学过程里，教师往往会陷入具体的技能操作环节中，而忽视了对小孩子综合思维方法的开启。

案例1

你看到了什么

大屏幕呈现出不同的水生植物图片。可以看出，此刻，几个年级的小学生（此课有多个年级同课异构的教学实践）对PPT里呈现的水生植物形态并没有生活经验，他们不认识，也就没有任何知觉记忆可以唤起。但是，此课的教学活动，美术教师必须从构图、结构形式、形态、色彩、线条、肌理效果感受等美术学科要素的角度，对小学生进行专门的引导，启发他们从这些普通的摄影图片里发现那些能够获得的美术元素。此课的发现，是一种综合的关联性思维，教师要引导小学生学习这样的思维方式。

把握这些元素对于小学生来说并不难，难的是在此基础上进行联想性的思维，这样的思维是引发创造性思维的基础。一个孩子在美术表现中并不是单一地去画画或者制作某物，其一切动作均是在思维作用下的运动。美术教师不能忽视这方面的启发，如果小学美术教学方式只停留在第一步或第二步的表现如何进行的环节上，就是一种舍本求末的误导。

分析：虽然小学生辨别不出大屏幕上的水生植物是什么，叫不出名字，但这些都

不重要。此课的教学重点是，对 PPT 里的图片展开分析，用带颜色的线条示意出图片上水生植物呈现出的形态、色彩、线条、肌理等学科要素，引导小学生选择性地用自己身边的工具来表现。这样的过程是探索性的，是由美术教师的图解分析而生发出来的关联性知觉。因为，如果美术教师不这样引导，小学生此刻不会将自己的思维关联到表现的元素与工具材料方面。但是，如果教师在课堂上强化这样的学习，小学生思维的发展肯定会不一样。

案例 2

"对称性"的教学指向

对称性是数学与艺术的共同追求。康定斯基明确地将数与形（点、线、面）引入艺术，其中最容易理解的就是对称性。在小学美术课堂上，经常听到美术教师说"对称"，如在剪纸课上讲对称。又如，《蝴蝶飞飞》一课也谈对称。但是，这样的教学无法自然地将学科表现的对称性与美感知觉思维进行关联，无法自然地传递美的元素。此处，有个问题要反复强调：美术教师不能在课堂上空谈什么是"美"。例如，美术教师问："同学们，这幅画美不美啊？"学生齐声回答："美。"这样的现状实际上是无效教学，因为大多数学生这个时候并不知道美在哪里，画面上什么样的元素可以构成美。

自然中的对称

分析：对称性在艺术表现中一直是与美联系在一起的重要概念。古希腊人讲究一种对称、平衡的美感，古希腊建筑、雕塑体现出了和谐与对称，中国故宫巨大的建筑群体现了和谐与对称，大量音乐作品也体现了和谐与对称。例如，巴赫的作品《恰空舞曲》中的对称是如此的严谨，音乐洪流如此和谐流畅。在数学领域，19 世纪的数学天才，英年早逝的伽罗瓦，为数学开辟了全新的领域——群论。从 19 世纪末，数学的四大领域——数论、代数、几何、分析，都受到群论的影响。在小学生的数学学习中，解题方法、式子都出现了对称性。如何将对称性与美术学习进行整合，这也是美术教师需要向数学教师请教的。

群论与艺术有什么关系呢？实际上它就在人们的身边，在美术课堂上，教师需要引导孩子们去发现。例如，自古以来，图案就是装饰艺术的要素。今天能够看到的所有图案都具有某种对称性，无论什么样的形态纹样，它们的对称形式经过数学家的证明只有 17 种，因为反映这 17 种对称形式的有 17 种群。在西班牙的南不格林纳达的阿尔汗卜拉宫内就有 17 种对称性的装饰样式。

在 20 世纪，数学研究的主题已经由经典数学的数、形、演算进入全新的数学领域——结构数学。所以，形形色色的数学结构成为数学的主要研究对象。其中"群"为最重要的一种，属于代数结构。这个时候的数学研究已经由"对称性、不变性、守恒定律"改变为所谓的"对称破缺"。例如，李政道、杨振宁等人就称不守恒就是一种"对称破缺"。而在艺术中，完美的对称也并不一定就是美的，在审美中，在艺术创作中，许多地方加上一点非对称的因素，往往会有更好的艺术效果。而在音乐中，许多主题也都体现了这一因素。在20世纪的所有学科领域里，包括人文学科与艺术，结构是不可或缺的要素。在哲学研究中，就有"结构主义"的流派。

案例3

结构性理解与认知

结构的观念进一步发展就是"形式"。在艺术领域中，不同的门类和样式对内容和形式的区分是不一样的。例如，纯音乐就是最偏重形式的，而绘画中的抽象主义作品的形式感也比较强。在近几年的儿童画比赛中，很多教师也在引导孩子走形式表现的捷径，以达到一种画面的陌生感。而谈到形式，就能够联想到不同艺术中的学科元素。

诗是词的组合形式，乐曲是乐音的组合形式，画是色彩与形状的组合形式，舞蹈是动作单元的组合形式，而美的产生，就在这种种组合形式之中，体现出和谐性、对称性、结构性、复杂性。

所以，数学与艺术不仅在组合形式上有结构上的相似性，而且在历史的发展中也有其平行性。这样来看，数学与艺术的发展道路颇多相似，都经历了由具体到抽象、由现实世界到想象世界的转变。

这个过程，在西方绘画中表现得最清楚，文艺复兴时期的大师们是以科学的态度作画的，力求忠实地反映现实，而且当时还用了相当多的科学手段来做到这一点。比如，透视学及人体解剖学的应用。另外，画家们真实地反映自然界也为人类正确认识自然提供了必要条件。在没有照相机的时代（16～18世纪），许多自然史著作里的精美插图就说明了这些。所以，在艺术唯真的时代，忠实地反映对科学和艺术都有好处。

但是，照相机的发明产生了另外一种视觉艺术——摄影艺术，这使绘画艺术受到极大的冲击，绘画艺术开始转向对主观世界的表达。所以说，从这个时期开始，艺术流派的变迁成为非常正常的事情。毕加索在20世纪前10年里的表现风格就变化过三四次，而杜尚的出现又让毕加索的变化处在比较尴尬的位置。当毕加索将废品店里的自行车把和车座组合成牛头的时候，一般的人为之一震。而杜尚直接将商店里的"小便池"搬到展览会上，直接向人们展示：我更加直接，更加具有观念性。这也说明，科学告诉了人们客观的、真实的、确定的东西，或者是知识，而人的主观上的东西要复杂得多，一个人的情绪也是瞬息万变的，让人捉摸不透。这自然就为绘画艺术的发展开拓了更为广阔的空间。

分析：由关联性本质理解问题，由这一角度来思考视觉图像传达背景下的学校美术教育，今天的美术教师与学生的视觉理解、读图诠释，都带有太多的主观意念。因此，美术教师在教学设计、教学过程、与学生对话过程中的不同的主观因素，决定了教学的成效。

在科学上，一切探索最终都要接受实践的检验，而在艺术上，一切探索则需要接受时间的考验。小学美术教师要明白，美不能先验地被规定，不同的儿童群体在感受其主体的过程里所知觉的，才是为最终的、抽象出来的"美"打基础的经验。所以，小学生在美术课堂上的视知觉体验不仅是感性的，也包含着理性的思维。

数学所面对的是所有可能性的空间，而艺术所面对的是所有可以想象的空间。仅从表面看，艺术有着最大的活动空间。但是，由于艺术是不同的人所创造的，又需要人来接受、理解和欣赏，因此艺术受到的限制又是最大的。

所以，今天的学校美术教育，要使艺术作品与表现回到现实的空间中，回到生活中，回归学生的已有经验。在今天的社会现实中，有太多的"艺术作品"问世，因此，人们必须对其进行主动的筛选，而筛选时要具备一种特殊的审美眼光。这种主观的、个性化的选择，需要一种大众认可的美学标准和测量度，这就需要学校美术教育在解决了视觉图像传达背景下的教学方式后，给予学生们本质的力量——视觉的解读能力。

例如，为什么不提倡美术教师在小学美术课堂上对孩子们空谈美？美是什么？美不是一个具体的东西，所以说美不是什么。美即意境，美是一种把客观物对象化了的内在精神，美是小学生们在美术课堂中对某个事物的体验，是小学生整个身心的感知体验，其中包含特有的意义。而且美的意义又不是单一的意义，而是由复杂多元的意义所构成，其中的意义甚至还可以在小学生体验的生成状态中又产生新的意义，因此说美是意境，或者说是一个"境界"。

每个人都有一定的"境界"，但不是每个小学生通过美术课堂学习都有美的境界或高的境界。这是因为，美是一种最高的、最正确的、最真的境界。人生在世即是要达到这种"最高、最美的境界"。在中国古典美学思想中，艺术作品的美被称为"意境"。有无意境，有无高的境界，是区分作品好坏的准则或理想尺度。

美术教师如果能够综合了解这些学科领域，并将其运用到实际的美术课堂教学里，一个学习主题就会更加有趣。美术，绝不是一个孤立的学科，只有在文化中、在与其他学科的相互促进中，美术自身才能得到更好的发展。

二、单元整体设计，深入挖掘主题

在小学美术课表现性技能的教学里，学生在自身与艺术作品蕴涵的文化意义所产生的思维碰撞中，在心理知觉上产生了一种变化，这是由情感、感觉等元素所构成的一种心理活动。在今天这个极度可视化的社会里，每个儿童对自己生活中的视觉经验、视觉图像（影像）的解读（分析），往往因为个体的观察视角不同而有不同的反应。这一现象说明，今天的社会已经到了文化形态可视化的全面转变期。在这样的转变时期，如何进行审美文化教育，如何实施有效的小学美术课程教学，是美术教师需要考虑的。

在这样的转变期，美术教师必须关注儿童（小学生）对不同视知觉图像的诠释及每个儿童（小学生）的视觉文化素养，儿童在对自己的视知觉感受到的不同图像的解读中，在自我诠释后作用于行为的指令和结果中，不断地形成了某种文化的积淀。因此，在小学的美术课堂中，包括"综合·探索"在内的四个学习领域，特别需要以"单元整体设计、深入挖掘主题"的方式进行教学研究。现行的 11 个版本的美术教科书，多采用课的呈现形式，实际上，在 40 分钟里，学生怎么能够学到本质的东西呢？单元主题的整体设计，所涉及的是关联性、综合性，具体到一节课的实施中，是从单元整体内容的一个局部逐步深入，这样才能将一节课上得更深入。

案例1

课题的综合图解与分析

图解，作为小学美术课堂上的一种新的学习方式，在文化形态视觉化的今天，成为美术教育领域最重要的课程教学研究方向。每个儿童（小学生）的视觉文化素养，取决于其解读图像与建构图像意义的能力。

三种教科书课题举例如下：

河北美术出版社出版的《美术》二年级下册第5课《火车开啦》，第8课《童话中的城堡》，第11课《大森林里的故事》。湖南美术出版社出版的《美术》三年级下册第1课《森林王国》，第4课《风来了》，第8课《追风快车》，第10课《风铃叮当》。浙江人民美术出版社出版的《美术》二年级上册第1课《云儿朵朵》，第2课《好大的向日葵》，第10课《壶的聚会》，第22课《下雪天》。

在这些课题的学习中，火车、城堡、森林、风、云、壶、向日葵、雪、风铃等物象的图片构成了儿童（小学生）视知觉感受的基础文本。对于这些教学主题，如果美术教师在课程与教学环节里不特别关注小学生们的视觉文化素养的形成，势必导致儿童（小学生）在自我的、家族社区的某种影响下，以个人的视觉经验去解读与诠释。

因此，在美术课堂的学习过程中，儿童（小学生）视知觉的接受（刺激）、反应（由感官到心理）、辨别（分析）、思考（判断）、诠释（建构）、认同（心理认可）、积累（实践），是一个循环的学习过程。

以视知觉感受为基础的小学美术课程教学，要充分利用和选择适合儿童（小学生）艺术文化发展的不同图像（图片），引导他们通过饶有兴味的看，分析（解读）图像（图片）蕴涵的意义，使儿童（小学生）通过视知觉的思维方式，了解不同的文化形态，理解文化存在的意义，进而使课程教学转化为特有的人文关怀，以此促进儿童（小学生）的人格发展及成长。

分析：在小学美术课堂上，每个儿童（小学生）逐渐形成的对图像（图片）和文化的视知觉解读与诠释能力，为其日后的文化积淀作了必要的铺垫，这样的能力在当今时代和未来社会是不可或缺的。视觉文化素养是人判断社会、生活、文化现象，以及诠释和思考自己未来发展方向所必需的能力，是每个现代人必须具备的基本素养之一。

当然，这一素养同时还促使儿童（小学生）在艺术表现中的动手操作能力的提升。

小学生的眼睛（视觉）在美术课堂上所接受的图像信息，在视知觉的反应中，成为一种特定的心理意象或符号。孩子们的眼睛对不同图像的认知越来越多地变成心理活动，儿童可以通过象征客体，完成认识的内化活动，以此对事物进行判断。

案例2

教师在教学时要注意图解方式。例如，一幅或若干幅植物（森林主题）图片，如果没有经过教师特定的审美感知教学，儿童会将其作为生活中普通的事物，而产生

"视而不见"的"考虑"。孩子们之所以作出这样的判断，并不是这些图像本身有什么问题，而是美术教师此刻没有让孩子们经过审美感知教学的文化影响，所以，他们不会对图片产生特殊的兴趣，从而认定图像"与己无关"。

"森林"这个教学主题所关联的问题，从不同的角度产生了文化影响。如河北美术出版社出版的《美术》二年级下册第11课《大森林里的故事》，是以森林为人文主题，以森林生活为创作素材，采取集体讨论、编写童话剧的形式，让小学生集体表演有关大森林的故事。本课的美术学科表现为角色头饰。对于这样一个主题，图像（图片）的展示非常重要，这可以为头饰的制作提供造型上的参照。课题本身的文化性为孩子们知觉森林图像奠定了基础，美术教师需要根据大森林这个主题，分别解构森林里不同的动物、植物形态，包括用什么样的材料、颜色、造型等，对其进行细致分解。这是一个教学单元的整体设计，重点落实在角色头饰的制作上。

湖南美术出版社出版的《美术》三年级下册第4课《风来了》与浙江人民美术出版社出版的《美术》四年级课题《风儿吹过》相类似。本课的综合探索必须进行整体设计，有表现风的美术作品，有大量的摄影作品，有风的声响录音，有表现风的视频，还有表现风的诗歌或者歌谣、散文等。小学生的眼睛作为感知风儿的主要器官，在课堂上要反复知觉表现风、记录风的美术作品与摄影图片。教材本身提供的素材有：成人的美术作品《阵风》、表现风的儿童美术作品有4幅、还有6幅简笔画图形等，这些旨在引导孩子们变化其形态。

教师在教学过程中可以仅仅依靠教材上的图片与提示语言，也可以根据需要重新组织视觉感受的图像内容，因为对于这样一个主题，如果不能在视觉感受上让孩子们触动的话，他们在表现的时候必定会有所偏差。教学设计是需要强调单元式的整体思考，具体的教学过程可以落实在一个或两个点的表现上。

分析：对于"综合·探索"学习领域，并不是在一节40分钟的美术课堂上将课题所关联的学科表现及内容都呈现出来。

首先，每节课的教学是以一个或两个重点的美术表现学习为核心，解决学生美术学习中的一个问题就可以了。在40分钟的课堂里，也不可能呈现出太多的学科形态，即便教学主题关联了音乐、诗歌（文学），甚至戏剧、舞蹈等艺术表现元素，教学也需要始终以美术表现和美术的知觉体验为核心。"综合·探索"的实践活动需要在单元性课程里分课时完成，小学生的知觉体验水平也是分阶段发展的。

其次，小学美术教师在思想上需要有一个整体意识。在美术新课程的四个学习领域里，前三个学习领域基本对应原来美术教学大纲里的绘画、工艺、欣赏，而"综合·探索"领域属于新的内容。实际上，在"造型·表现""设计·应用""欣赏·评述"这三个学习领域的教学设计与课堂实施中，均应该渗透或者说依据"综合·探索"的思路来展开。这样，小学的美术课堂才能丰富多彩并呈现出开放性。

最后，美术教师需要明白，将教学课题按照单元方式进行设计，不仅综合了文化、历史及其他学科的知识点，较深刻地阐释了教学主题的文化意义与学科表现内涵，而且对深入挖掘美术学科的表现形式，提高小学生的美术表现技能有特别的功效。在12年前，美国国家艺术课程标准强调，视觉艺术的学习，需要较多的时间支持，因为，艺术学习就如同外语、数学的学习一样，需要学生花时间进行练习。只有这样，学生才能提高对艺术表现的把握能力。针对教学课题的单元设计与实施，可以解决小学生某一方面美术表现能力提升的难题。

第六章

电脑、课件、社会文化资源进入美术课堂

当今的美术课教学，不能"素面朝天"，美术教师需要改变"一支粉笔一堂课"的做法。基于小学生的年龄特点，美术教师应在认真地备好每一节课的基础上，运用各种新科技和社会文化资源，尽可能地拓展学生欣赏的空间。

第一节 美术课堂如何"声情并茂"

当今时代的美术课学习,不能"素面朝天",教师只用一支粉笔,就能讲美术课,但却给作品欣赏与表现技法的讲解,特别是完整地欣赏作品与感受作品带来了很大的局限,当然也不能完成所有的美术课堂学习。基于小学生的年龄特点,美术教师要做的事,就是在认真地备好每一节课的基础上,尽可能地拓展学生欣赏的空间,其中还包括欣赏对象的形式和容量。

备课远不是一些教师所认为的那样,就是写好教学设计,写出传统意义上的"教案",其实,要做的和可以做的事非常多。

一堂好课就如一部优秀的电视剧,如果说教学设计(教案)是一个剧本,那么,要拍好课堂教学这部电视剧,还需要准备道具、灯光、服装等诸多的"配套设施"。小学美术教师不仅是一个导演,而且还是道具师、灯光师、服装师,要上好一堂课,就需要借助大量传统的和现代的方法和媒体。

一、实物进课堂

在美术课堂教学中,我们提倡能搬进课堂的实物要尽可能地搬进课堂。在提倡使用现代媒体的同时,我们也同样希望教师把实物带进课堂,这将给孩子们一些具体、形象、质感和物化的感受。

另外,我们还提倡尽可能地以实物的形式把完整的作品展示在学生面前,包括一些作品的复制品(或者打印出来,或直接把画册搬进课堂),因为作品形成的视觉冲击力是很强的,这对孩子们的课堂学习将会有较大的帮助。

由于现代媒体的冲击,美术课堂已经"图像化",即所有的美术欣赏部分都以图片代替,这个看起来既方便又快捷的做法,却在一定程度上弱化了美术作品应有的视觉冲击力、感染力和实物的现场感。比如,在陶瓷艺术品欣赏课中,如果教师能为学生提供一些实物(陶瓷花瓶或其他形式的陶瓷作品,甚至可以是生活中用的陶瓷),学生就会在观看与触摸中感受陶瓷带来的造型、质地、肌理、重量等综合的现场感,这种感受完整得多。如果教师能出示一些陶泥,让学生感知从一团陶泥到一件陶瓷作品的过程,那将会给学生更多的想象空间,也会为课堂增添无穷的生气。

"图像化"的另一个缺点是把所有的作品都"等大展示",尽管我们可以通过图像中的参照物对比等手段展示作品的大小比例,让学生有大小的概念,但由于出现在课堂里的屏幕大小是固定的,学生还是容易习惯性地把对实物的知觉变成概念化的图像。

案例

对于肖像画的大小概念,小学生不太容易有,如果我们能通过一些比较的手段,特别是通过"实物迁移比较"的方法,就能帮助学生形成大与小的对比。同样是肖像画作,《蒙娜丽莎》长约77厘米、宽约53厘米,和天安门城楼上高6米、宽4.6米的《毛泽东主席像》相比,后者是前者的45倍大。再形象一些,如果把这两幅画放平,《毛泽东主席像》差不多是半个教室的大小,而《蒙娜丽莎》则与学生的单人课桌面一般大小,这样的大小概念,只是通过图像的展示,是达不到比较的效果的。

分析:实物在美术课堂中会成为学生关注的中心点,可以让学生在立体的感知过程中开展学习。小学美术教师要根据不同的课题内容,选择本地恰当的美术资源并将其纳入课堂教学。例如,浙江东阳的小学美术教师在参加公开课比赛的时候,利用自己的条件优势,直接将部分东阳木雕搬进课堂。而浙江平湖师范附小的朱永强老师执教《一把椅子》时,将一对历史比较悠久的明式木椅搬进课堂。还有,山东省的美术教师在执教《木版年画》一课的过程中,直接呈现潍坊杨家埠木版年画的作品实物,这样的欣赏效果自然大大好于单纯用PPT演示图片文本。再如,北京大学附属小学的美术教师在支援北京郊区的小学时,利用当地盛产葫芦的特点,将实物演示与PPT图片演示结合,教学效果非常好。

二、课堂进场馆

美术课不同于别的学科,在学习过程中,需要大量的直观感受与体验,并经常性地接受历史知识、名作欣赏、人文环境等多种条件的"立体综合刺激",这就决定了美术课堂教学的特殊性。

这里所说的场馆,是指学校周边有利于学生学习的各种博物馆、纪念馆、展览馆、名人旧居、高校教学实验室、研究所及工厂、艺术家的工作室、文物设施及其他公共设施等,这些场馆中的美术教学资源,有的可以直接拿来用,有的可以通过教学让学生间接地体验与感受,还有的可以与美术知识融合,形成新的综合知识。如果这些资源利用得好,就可以大大提升教学的有效性,也有利于学生学习兴趣的激发。有条件的学校甚至还可以把课堂搬进这些场馆,使课堂教学不再局限于学校和教室,这样的尝试和努力,能使美术课堂教学"鲜活起来"。

课堂进场馆,既可以单独地开展美术教学,也可以与其他的学科活动或综合性活动结合起来,这样可以让学生有多项收益。美术课堂的学习也不一定像平时那样只有40分钟的时间,教师可以根据需要增加学习的时间。最重要的是,教师要在课前"备好课",这里所说的备课也完全超出了传统意义上的备课,除了要准备好教学的一些常规内容(设定教学目标,计划教学过程等)以外,还要提早与场馆联系,并去实地考察,看在场馆的什么地方进行集中讲课比较合适,是否需要其他的设备,场馆中的哪些资源可以成为教学用具(这个一定要有选择,一般场馆里都有大量的展品或其他资源,不计划好的话,课堂很容易变成一次"简单游览"),是否需要场馆中的工作人员帮助讲解等。另外，如果是初次到这个场馆，还要给学生讲一些基本的知识，比如这是一个什么性质的场馆，为什么要建这个场馆等。

在场馆中进行教学，最重要的是要让学生去感知、感受与体验，这也是场馆教学与学校教室教学的最大区别，教师在开展教学时一定要把握好这一点。让学生近距离地观看，一次次地看原作或真实的作品、器物，可以给学生更强烈的"刺激"，使得学生对学习内容的印象更深刻。另外，场馆中还有讲解员和其他游客，教师还可以鼓励学生开展自主活动，与讲解员和其他游客对话，使得学习更个性化、更自主化，内容也更宽泛一些，学习的形式也更生动。

杭州市西湖小学位于杭州市西湖风景区内，学校周边一千米以内的场馆就有十多个，其中的岳王庙、中国杭州西湖博览会博物馆、林风眠故居纪念馆、黄宾虹故居、李朴园故居、西湖美术馆、浙江博物馆、浙江图书馆、浙江大学、西泠印社、杭州植物园、文澜阁、杭州少儿图书馆等场馆，都成为学校开展学生课堂内外学习的重要场所，学校也建立了一整套分年级参观考察活动和教学的体系。近年来，学校利用学校周边场馆作为课堂教学的补充，通过场馆资源丰富学生的知识，开展了一系列的场馆主题欣赏和考察参观活动、研究性学习活动等，取得了很好的成效，为利用场馆开展教学提供了范例。

案例

馆校合作——"宋徽宗的御花园"

教学设计、执教：台北市立中山女子高级中学美术教师、台湾艺术教育协会秘书长傅斌辉

一、研究目的

1. 根据"馆校合作"理论，实际设计一套结合故宫数位学习展示的教学计划。

2. 由互动式多媒体科技带给学生全新的艺术人文学习体验，并探究其反应。

3. 将研究结果提供给台北地区艺术与人文领域的中小学教师，作为示范教学模式。

二、活动设计理念

"馆校合作"的两个合作型态：

1. 博物馆主导、教师协同。

2. 馆校资源整合（网路之利用）。

三、以"课程"概念来统合三个阶段的活动

课程的三个基本流程：参观前的准备、实际参观博物馆、参观后的活动。

教学对象：国中九年级普通班学生（一班38人）。

G. W. Maxim 的三种学习经验模式：符号模式（Symbolic Mode）、图形模式（Iconic Mode）、动作模式（Enactive Mode）。

《宋徽宗的御花园》一课中采用的多媒体互动科技，符合"图形模式"和"动作模式"的概念及特征。

台北故宫博物院文物数位学习系统共规划为三种多媒体展示区：屏风式展示区、桌面式展示区、多媒体光碟展示区。

本段将依照"参观前的准备""实际参观博物馆""参观后的活动"三个阶段进行说明：

1. 参观前的准备

（30份学生问卷）

对宋徽宗的认识：22人觉得有帮助，8人觉得有一些帮助。

对宋代艺术品的认识：23人觉得有帮助，7人觉得有一些帮助。

对参观的认识：26人觉得有帮助，3人觉得有一些帮助，1人觉得没有帮助。

2. 实际参观博物馆

（30份学生问卷）

24人认为屏风式展示很有趣。

24人认为桌面式展示很有趣。

16人认为多媒体光碟展示有趣。

24人认为屏风式展示能让他们学到新知。

28人认为桌面式展示能让他们学到新知。

21人认为多媒体光碟展示能让他们学到新知。

多媒体光碟展示的反映情况不如另两项展示。

3. 参观后的活动

学生对整体活动的回馈，大致都是持肯定的态度。

30位同学中有17位直接给予肯定。

8位同学提到游览车没有空调的缺失。

5位同学表示希望参观的时间能再长一点。

3位同学认为展出的内容太少。

1位同学提到现场没有贩卖纪念品，觉得可惜。

四、结论与建议

1. 结论

（1）"博物馆主导、教师协同"和"馆校资源整合"的馆校合作模式，较适合基层教师实施。

（2）参观前针对展出内容先进行课堂教学，有助于学生参观时的学习。

（3）互动式多媒体科技与艺术结合的学习方式，能提高学生学习的兴趣。

2. 建议

（1）学校教师可参考馆校合作理念，从"完整课程"的角度来规划教学活动。

（2）多媒体展示内容可再增加，时间规划可再调整。

（3）建立研究结果的推广平台，让基层教师更容易获得相关经验和资讯。

分析：傅斌辉老师利用台北故宫博物院的资源优势，结合自己在台北师范大学美术教育研究所的理论学习，设计出这样一种基于网络数字系统与学校美术课堂结合的教学，取得了很好的教学效果。他不仅在高中课堂实施这一教学设计，同时，还将此设计应用于小学六年级的美术欣赏课教学，同样获得了很好的教学效果。

场馆资源不是每所学校都有的，但如果有意识地去挖掘，不少学校周边也有这些资源，哪怕是一幢有一定年份的住宅，或某位同学家中的一些特殊的家具，也是可以成为教学场所或教学对象的，这就需要教师的"苦心挖掘"了。

美术教师需要充分利用自己学校所在地区的各种文化、历史、社会生活资源，并将其转化为美术课堂可以利用的教学资源。在这方面需要进行的工作有：其一，牢固树立走向文化的美术课程理念，坚持开门教学，将学校美术课置于整个地方文化与社会环境之中；其二，广泛联系学校所在地方的文化馆、博物馆、美术馆、青少年活动中心，使课堂美术教学与地方文化活动紧密结合；其三，关注地方文化遗产及民间、民族艺术资源，结合学校课程，主动开发地方及校本美术课程，使课堂与地方文化的结合常态化。

三、课堂到课外

美术教学不应该只在教室里开展，教师无论是有意识地组织开展教学，还是鼓励学生通过课外时间请家长协助共同开展，课外美术活动都是美术教学重要的补充和延伸，是非常必要的。

1. 校园的课外课堂

相对于课内的40分钟来说，这之外的时间都可以称为"课外"，但这并不重要，重要的是，下课铃响之后，我们的美术学习并没有结束。美术教师要有这种意识，而且要将这种意识传达给学生。而小学生的自学意识大部分是由兴趣决定的，如果没有教师的有意识引导，"课外学习"很容易成为一句空话。

相对于校外学习的可控性和可测性来说，校内的课外学习相对更容易一些。美术教师不仅要有主动开展校内美术课外学习的意识，也要有这种能力和行动。

校园的课外活动可以分成两类：第一类是有组织的课外活动，即经常被我们提及的"兴趣小组活动"或者"社团活动"等，这是打破班级组织之后把有兴趣的学生组织起来开展更有针对性的教学与活动的学习形式，在一定程度上为那些有兴趣、有时间、有能力的学生提供了美术学习的途径和机会；第二类是美术专题活动，比如校园美术比赛或学校组织参与上级教育行政部门组织的美术比赛，在校内开展学生美术作品展览活动或者主题欣赏活动等。

案例

杭州西湖小学教育集团曾组织的"我和大师比一比"系列活动，是结合由特级教师章献明老师主持的全国教育科学"十一五"规划2007年度教育部规划课题《城乡两地美术欣赏教学普及与提高研究》，开展的系列主题活动，旨在提升学生的欣赏能力与创作能力，提高美术课堂教学质量，展示学校课外活动的情况，充分发挥学生的绘画表现能力和创新能力,激发学生的学习兴趣。本次活动从课内欣赏到课外欣赏,要求全校学生参与,通过海选,再进入复选,每班选出表现最出色的5名同学参与整个集团的现场比赛。

这次活动历时近两个月,取得了非常好的学习效果。在这项活动中,有几个非常重要的关键点:

(1) 活动的主题明确——"我与大师比一比"。在事先商定的计划中,全体美术教师推荐了中外50位画家及他们的作品作为欣赏教学对象。

(2) 全体美术教师在课内组织相应的专题教学。

(3) 海选是在美术课和班队活动课中共同开展的,其他教师也一并加入活动中来。

(4) 复选是以送交作品的形式进行的,由班级同学和教师共同选出。

(5) 现场比赛是一次大型的比赛,由学校各部门共同组织。

(6) 家长、学校非美术教师和领导成为共同的教学组织力量。

2. 家庭的课外课堂和校外的课外课堂

家长资源是学校教育资源的补充,美术教师心中要非常明确这一点。所谓家庭的课外课堂,是指发生在家庭成员之间的对孩子学习有利的美术学习活动。比如,与家长共同开展的作品欣赏与讨论活动,和家长一起外出参观画展,甚至是欣赏一场音乐会的舞台艺术等,都是孩子美术能力提升的重要途径,而这种学习,是需要家长有意识地要求与引导的。美术教师甚至可以把"与家长一起进行一次美术学习活动"作为学期的课外学习要求,并在学期初就让家长知晓这一要求,同时以学校组织(比如汇报、展览图片或交流心得体会等)的形式进行集中展示与交流,有意识地引导家长们也参与到美术学习中来。这样不仅对孩子的美术学习有帮助,还能在一定程度上促使家长关注孩子的美术学习。

校外的美术课堂,指的是在学校以外的美术学习活动。教师通过引导和努力,鼓励学生通过各种途径开展校外的美术学习活动,让学生逐步感觉到美术学习可以"无处不在",学习也可以"与生活相随"。这种自觉的学习意识一旦建立,学生就会自主地进行美术学习活动。

案例

校园美术活动求丰富

杭州西湖小学

教师根据学校情况,面向全校学生组织艺术活动。教师通过校园艺术活动,让学生在无强制要求的状态中了解相关内容,改变学生的艺术活动习惯,培养学生的审美意识,提高学生的审美情趣。

1. 经典作品的欣赏经常化

教师布置一块墙壁,有意识地介绍一位画家的作品让学生欣赏,并不断地补充展览作品,以改变学生的欣赏模式。经典美术作品欣赏是校园美术欣赏活动策划最主要的内容，教师要利用一切机会和一切场所展示经典美术作品，并开展欣赏活动。有人说看多了就知道了，要让这些经典美术作品不断地在学生的眼前出现。但展现经典与学生参与要完美地结合起来，才更有效。

2. 学生作品欣赏形式化

展示学生自己的作品，是学生最感兴趣的校园美术欣赏活动，我们在设计活动时，要让学生的作品尽可能地得到展示，这既是对学生作品的认可，也是对学生的尊重，我们不能忽略学生的作品和心理。

3. 美术活动兴趣化

结合一些活动，开展一系列其他的活动，使学生在参与美术活动时，自觉参与活动。例如，"月饼包装盒的展览""我与大师比一比"等活动。

分析：小学美术教师如果要在学校所有的学科教师中脱颖而出，必须走出"美术课不受重视"的误区，主动出击，自己寻找可以发展的空间。从上述案例中可以发现，很多点子与活动方法都是美术教师发挥主观能动性，自己创立出来的，而且具有美术学科的特色。要做到这些，当然需要美术教师为此付出精力、心血。美术在学校教育中的确是一个非常小的学科，做出成绩与对专业成长的需要，应该成为美术教师工作的动力源。只有这样，美术教师才能在常态的美术教学中发现问题，找到突破口，形成自己学校的美术教学特色。

四、课件助课堂

"课件"原指在课堂教学过程中实施的有助于教师教学和学生学习的辅助软件，随着研究与应用的广泛，其定义也越来越广泛，形式也越来越多样。随着各类应用程序和辅助软件的不断更新与创造，课堂中多媒体课件（集图像、声音、动画、视频等多种形式为一体）的应用也越来越普遍。

课件的最大作用，是教师可以根据教学思路集中展示教与学的内容，并且可以跨时空无限制地展示真实的对象，或以跳跃的方式展示连续存在的对象。从应用形式来看，教学课件可以分为以下几种不同的类型：

1. 教学演示型课件

这是自课件用于课堂教学以来应用最多的一种，也是目前为止还在普遍应用的课件形式。它是以各种应用程序软件为平台制作而成的相对独立的教学课件。教学演示型课件是教师根据教学设计而制作的，其主要功能是帮助教师更直观、巧妙地展示教学内容，通过展示、提问、比较等多种方式启发学生思考。从内容上来说，教学演示型课件更适合向学生展示审美对象，比如作品或作品的局部，一个比较完整的创作过程的关键部分的展示，以及对动态过程中静态画面的截取，或直接以视频的方式演示等。

教学演示型课件可以事先制作并打包成可以独立运行的程序，像运用微软的幻灯片（Microsoft Office PowerPoint）程序制作的小课件，或者用稍复杂一些的 Authorware 制作的课件，或者 Flash 动画课件，也可以非常简单地以 ACDsee 这样的程序播放某个文件夹内事先准备好的图片。

教学演示型课件的最大功效在于展示，而应用的比重和方式也要根据教学内容而定，它取决于教师对教学内容和教学过程、方法的理解，配合教师的课堂讲解，能起到比较好的辅助作用。

2. 学习互动型课件

学习互动型课件一般是以学生参与的方式应用的，它可以是制作完整的能独立运行的程序软件，也可以结合演示型课件或自主网络型课件制作而成。它的最大特点在于鼓励学生使用设计好的程序，并且可以让学生通过适度的自主探究达到学习目的。

学习互动型课件一般以填空、选择、补充添画、填色、画线、归类等方式设计，其设计制作的技术要求相对高一些。从制作和应用的角度来说，我们以方便、小型和简约为主，大型的、高难度的课件制作一般都放在假期完成或由专门的软件人员（比如向公司订购）来完成。

在应用学习互动型课件的过程中，学生自己支配的时间相对多一些，但不要忽视教师的辅导作用。

3. 自主网络型课件

自主网络型课件开发的难度更大一些，需要花费的时间和精力也相对多许多。但由于其交互性更强，而且可以通过网络发布达到完全跨时空的效果，所以它被越来越多的美术教师所运用。

比如，美术教师利用动态网站发布系统、博客系统等平台制作的专题学习网站，以其针对性、单元式或交互的方式使得网络发挥了巨大的作用。从时间上来看，自主网络型课件既可以在传统的课堂中应用（发布在校园局域网或广域网），也可以突破一般意义上的课堂学习时间的限制，把课堂学习延伸到课外，鼓励学生开展自主美术学习。

自主网络型课件还有一个非常重要的特点，即教师根据学生的学习需要和进展，及时进行内容的更新，特别是将学生的学习体会、习作和学习过程中遇到的问题与经验整理出来发布到网上，使得同学之间的交流更频繁、更深入。这样，群体性的学习效果也将更明显。

4. 多维综合型课件

所谓"多维"，是指充分发挥计算机和网络的多媒体功能，使得课件制作的指向更宽泛，而不再是单一的美术知识与技能学习。通过课件制作，美术教师将更多的综合性知识整合在一个课件里，使得学习的领域更宽广、内容更丰富。

从功能上看，多维综合型课件也是基于网络的，但它更注重综合性。比如，注重与其他学科的整合，与学生的生活实际综合，也与他们的学习兴趣相结合。这样的课件，一定会受到学生的欢迎，学生学习的效果也将会更好。

对于以上的课件类型，美术教师要有一个非常清醒的认识，即课件是课堂教学的辅助手段而不是全部，教师不能被课件牵着走，不能只是围绕课件展开教学。

五、网络通课堂

随着时代的进步与生活条件的改善，美术课堂不再是封闭的，更不是一个只属于教师讲、学生听或者学生跟着教师学的简单学习场所，而是更开放、更宽松、更自主的学习阵地。尤其是互联网的介入，使得课堂已经可以实现适度的开放教学，也可以进行更广泛的学习内容选择。

教师在备课时通过互联网可以获得更多的信息与资源，获得更多的启发与指点，加上网上"教友"们的共同讨论（目前如雨后春笋般发展起来的"QQ群"和网络论坛就是很好的例子，例如，"侃点儿童美术"美术教师群、"全国少儿美术教学联盟"），美术教师在备课时的思路会更宽阔，更具有"菜单性"（不再是线性思维）。

课堂教学也可以直接通过互联网或局域网开展。教师在课堂上通过网络进行演示，学生通过网络自主开展学习，这样会使课堂更生动、更宽松、更有趣。

如果美术教师能在日常的学习和工作中注意收集这些信息和资源，并且适时地将它们分类保存起来，再通过一定的方式与他人共享，自己手里的资源和信息就会迅速增加，这对自己开展美术教学无疑将有巨大的帮助。更重要的是，通过网络，还能结识许多良师益友，使自己受到更多人的关注、关心和关爱。这样不仅能使自己的教学能力和水平得到提升、资源得到共享，而且心情也会随之愉快起来，视野也将越来越宽广。

美术课堂的"声情并茂"，远不止上面所说的这些方面。如果我们的美术教师能与时俱进，日有所思，日有所积，就会日有所进，不仅自己的教学水平会越来越高，而且自己的教学时空会越来越宽广。当然，课堂也会更受孩子们的喜爱。

第二节　玩转三只"机"

美术教师手里除了必备的工具，还应该有一些必要的现代设备，这里所说的三只"机"，指的是计算机、照相机和摄像机。这三件设备，可以说是美术教师手里的三件法宝。

时代发展到今天，计算机的作用已经没有人再怀疑了，现在我们要做的，是如何更好地利用计算机开展工作和学习。如何通过计算机的应用使课堂效率更高、学习效果更好，将是一项长期的研究内容。

一、发挥计算机的核心作用

在所有的现代媒体和数字设备中，计算机的核心作用毋庸置疑，几乎所有的其他设备都要通过计算机的参与来实现。在学校教育中，尤其是在小学美术教学中，美术教师如果能将计算机应用得好，就可以将计算机的作用发挥到最大的程度。

所谓计算机的核心作用，是指计算机作为现代媒体的标志性设备，人们围绕其强大的输入、输出、记录、存储、转移等功能而开展相关的应用性操作。对于美术学科来说，计算机真是为美术课堂教学提供了前所未有的处理和呈现方式，以计算机为核心的多媒体技术及其展示方式，极大地促进了课堂中教与学的方式的变革。这种变革影响到教师的备课和教师对学生课后的辅导，使得学生的学习过程变得丰富、多元和富有创造性。

对于美术课堂教学来说，计算机的作用有以下几点：

1. 强大的处理能力

无论是文字、图片，还是视频、声音，教师都可以在较短的时间里"随心所欲"地用计算机处理。

拿作品示范来说，过去，教师在黑板上只能实现单线演示，或者花费较多的时间去完成现场示范，再就是拿现成的几个步骤图分别来展示其中阶段性的成果。而计算机的出现彻底改变了这一现象，同一张图片通过不同处理，能同时呈现任何一个时间段的效果。通过视频，还能把较长时间的示范变得简短但又重点突出，随时点击就能使作品产生众多传统示范方式根本无法实现的效果。计算机的处理能力及其处理效果，无疑极大地提高了课堂教学效率。

（1）资料处理

资料处理包括对文字、图片、声音、视频等多种格式文件的输入摄取、编辑、存储、输出（如显示、打印、播放、制作）等。对于资料的处理，主要是针对文件本身进行的，而不同的资料格式又需要不同的相关软件来完成。比如文字处理软件、图片处理软件、视频处理软件等，这些处理软件比较常用，其原理就是通过程序处理将资料（或资源）从一种状态变为另一状态。对于图片的处理，我们使用比较多的方式是把图片下载（或通过其他途径获得）下来，然后根据自己的需要进行保存，在使用时通过计算机的图片处理软件把它们变成我们需要的形式，比如，改变画面色调，截取其中的某个部分，或改变里面的内容等。

（2）过程处理

过程处理是在获得资料（资源）的基础上进行的程序性设定处理。过程处理与资料处理有较大的不同，一方面，资料处理是过程处理的前提；另一方面，计算机对资料的处理一般是比较单一的，只要对资料本身进行处理就行了，"技术"的成分与含量会更多一些，而过程处理则更多地体现为"设计"。所以，一般情况下，在进行过程处理的同时，建议教师能同时有说明性的文本，就像电影的剧本一样。比如，课件制作与教学设计几乎是同时进行的，教师在制作课件时主要是依据教学设计（教案）。有的教师在制作课件时还会单独写一份相关说明，这就能更清楚地表达课件的使用方法和意图，使"过程感"更强。

如果说资料处理是一种"点状处理"，那么过程处理则是"线状处理"或"超点状处理"。过程处理的目的在于通过计算机对资料的处理，帮助学生建立一种学习辅助模式或程序化的提示模式，这种处理是教师教学智慧的体现。一般情况下，我们制作的教学类课件、辅助教学的网站、博客、资料库等都可以归入此类。

（3）结果处理

所谓的结果处理，是专门针对教学而言的。在数码时代，我们可以随时记录自己或他人在教学过程中出现的结果（包括过程中的阶段性结果），而这种结果处理大多是基于学生的学习的。比如，对学生习作的处理，大部分静态习作可以通过数码相机进行图片记录，动态习作（比如行为表现方式类的练习）也可以通过"关键帧"进行记录或直接用视频记录。更重要的是，教师如何展示这些习作，也就是说，结果与"展示"结合在一起才有意义。通过课堂教学的环节来展示，或者通过分发资料来展示，也可以通过建立网站并且发布信息的方式，还可以印成照片，通过墙壁展区等方式展示等。这种结果的展示，目的是记录，但更重要的是鼓励学生在练习过程中大胆、自信地进行表现。

从某种意义上说，结果是相对于一个教学内容而言的，其处理也是过程性的，因为学生的学习是连续的。计算机的处理能力在教学过程中发挥着巨大的作用。

2. 海量的存储能力

计算机以其强大的存储能力深深地吸引着每一个使用者，无论多大的文件，只要能数字化，计算机就一定能"一口吃下去"。更神奇的是，我们不仅不用再建庞大的仓库去保存资料，而且在需要它们时，只需通过小小的鼠标点击，就能迅速地找到任何一个我们需要的文件。

提到计算机的存储能力，我们不得不讨论一个非常重要的问题。计算机虽然能像怪物一样无休止地"吃"进各种数据，但我们也必须清楚地知道，我们通过计算机存储这些资料数据，是为了日后需要时能快速准确地找到它们（假如我们确定某个数据或文件日后永久性不使用，那么这个文件就一定没有存储的意义，也就不必存储），换句话说，存储是为了日后读取使用方便。那么存储文件时，就应该做好以下几个准备：

（1）准确描述

描述是为了日后在大容量的资料库里方便搜索，就如我们在网络中搜索一样，如果没有关键性的描述，我们就很难找到自己想要的文件，或者面对海量的信息时我们不知道哪一个是我们需要的，这就会浪费大量的时间、精力。也就是说，没有存储时的准确描述，就不会有搜索时的准确寻找。

所谓准确，可以分为两个方面来理解：一是文件名的准确描述，可以在文件名中标上时间、具体的关键词等。有的教师在保存学生的作品时为了方便，把学生的作品拍成照片后，就用"学生作品"这样的文件夹保存，里面的图片名称也是照相机自动生成的文件名，一段时间以后才发现，同类型、同名称的文件夹有很多，而要想在大量的学生作品中整理出一个学生的作品，那就非常麻烦了。合理的做法是，用日期、内容、地点等描述文件夹，同时通过"立即整理"把文件名改成孩子们的名字和习作内容。例如，以"10—03—12 课堂习作——305 班人物线描写生第一次"作为文件夹名称，里面的每幅作品则可以用"10—03—12 课堂习作——305 班人物线描写生第一次（01×××）"这样的文件名来保存，01 表示学号，×××是学生姓名，这个看起来比较复杂的保存方式也许在存储时会麻烦一些，但却为今后的查找提供了非常准确的信息。二是文件标注和属性的准确，这也是为了日后使用方便作一些备注式的说明。还是以图片为例，保存时可以通过 ACDsee 或 PhotoShop 这样的看图和作图软件，在图片中写入基本信息，比如图像属性、注释、日期和时间、分类等信息，这样也便于日后归类、查找与使用。

（2）分类存储

对于计算机来说，路径是找到文件的基本条件，虽然通过查找能够快速准确地搜索到我们想要查找的文件，但从资料管理的角度来说，对美术教学的资源和各种素材进行分类整理与保存是一项非常重要的工作。如果存储时图方便简单，随便放个地方了事，计算机的硬盘里就会是一堆乱七八糟的资料，给图片的再次使用带来非常大的麻烦。通过分类存储，既可以解决存储时烦琐的问题，又能使美术教师个人养成良好的习惯，把手里的资料类目化、规范化。

一般情况下，分类存储有以下几种不同的方法：

①按资源类别存储

这是最简单也是一种最重要的分类方法。美术资源和其他资源一样，都分别以不同的格式存在。目前最常用的电子信息资源格式主要有文本（*.txt、*.doc、*.wps等）、图片（*.bmp、*.jpg、*.tif、*.psd 等）、视频（*.mpg、*.avi

等）、动画（*.gif，*.swf等）、声音（*.mp3，*.wav等）等。也有一些综合性的方式，如我们常说的"课件"，就综合了图片、文字、文本、声音等多种格式，另外还有综合性的静态网站或综合性的数据库等。对于使用者来说，按资源格式（一般以后缀名来区分）来存储，可以方便日后按格式类别查找。

按资源格式存储是大类存储法，还要配合其他的方式细化存储资源。

②按活动项目存储

所谓按活动项目存储，是指将过程性的美术资源按内容存储起来，这是按某一特定的活动类别存储的方法。这种方法比较适合于大型或专题活动，也适合于一些专用资源的整理。比如，一次重要的学生作品展览会，可以把其中的照片、录像、文本等资源集中在一起保存，这样"打包"的存储方式，便于日后再次使用时能找到所有的相关资料。再如，可以把日常教学经常会用到的一些图片分项目保存起来，便于课堂教学中随时取用。

③按时间顺序存储

这是以时间为序的存储方法，适合于大类和小类的存储，比如，按年、月、周的方式分别存储。这种存储方式的优点是容易按时间找到资源，但也会出现同一类资源要在很多不同的文件夹里寻找的情况。

④按产生性质存储

所谓产生性质，是指资料的来源性质。我们一般可以把它们分为通用资源、校本资源和个人资源几大类，其中，校本资源和个人资源是不可再生资源，一定要妥善保管，并进行多处备份。

存储的时候也可以根据美术资源的来源分得更细致一些，比如教材资源和学生作品资源。学生作品资源又可分为课堂教学练习、课后专题辅导创作作品等。还有网上下载的资源，以及自己拍摄、制作的原创性资源。

⑤其他分类方法

其他分类方法还有很多，有些是美术专用资源，比如"中国写意画的基本方法""水粉画的表现""世界著名画家及名画欣赏"等；还有些是通用类的美术资源，比如"苏州园林""杭州西湖"这样的专题片，既可以在美术教学中运用，也可以在其他学科中使用，还可以作为其他综合欣赏的资料。

另外，当资源比较多时，用计算机建立索引也是一种很好的方法，用合适的计算机软件建立目录索引，不但可以做成文本文件，还可以将目录文本打印出来，以便在需要的时候查阅，甚至可以通过建网站，以"超链接"的方式进行存储。

关于计算机的存储方法，目前还没有统一的规定，美术教师可以根据自己的习惯和爱好进行储存，但方便查找与使用是最重要的存储原则。

（3）定期更新

所谓定期更新，是指根据时间的推移，对资源进行必要的整理和更换。一般情况下，我们建议美术教师一个学期或一个学年更新一次，其中有些资源可以被替代，而有些则需要永久保存。比如，可以把重复的、不需要的垃圾文件和信息删掉。对于已经整理好的资源，一定要妥善备份，以免计算机出现意外情况而丢失宝贵的资源。

3. 革命性的变化趋势

计算机给教和学带来了革命性的变化，这种变化可以归为以下几类：

（1）教学组织的形式多样化

美术课堂教学的基本方式虽然看起来没有改变，仍是以教师教、学生学为主要形式，但是由于现代媒体和技术的介入，课堂组织形式还是发生了革命性的变化。

在中小学，开放性学习是有条件的，而以媒体技术为主要载体的学习方式使课堂组织形式发生了很大变化。计算机及多媒体技术、网络技术被引入课堂，使课堂教学的组织形式更加丰富。比如，原本无法带入课堂的对象只能以图片的形式呈现，通过多媒体技术，不仅可以使对象的呈现方式更形象、更多元，而且在开展课堂学习的过程中更便于小组进行探究式的研究性学习，尤其是网络学习，这使得学习的过程或某一环节更开放、更有效。这也就在一定程度上超越了"围着教师转""围着教材转"的现状。

多媒体技术使美术教师最烦恼的"如何将美术作品一下子呈现在学生面前"的问题得到了解决，使得直观的视觉图像以最方便的方式呈现在屏幕上。另外，它还为学生提供了一条通向世界的大路。

案例

《戏曲人物》一课，传统的教学方法一般是，教师准备一些戏曲资料，或者让学生也去找一些戏曲方面的资料，而这些资料在生活中却很难找到。有了多媒体和网络，我们一下子就可以找到无数图片和资料，包括演唱录音和演出视频资料，还有更多的专题网站。而对于戏曲中的服装、面具、舞台等学习内容，则更是有大量的资料可查。学生既可以在教师的带领下欣赏图片和音像资料，也可以通过计算机网络自主地查找和学习，还可以小组合作，进行研究性探索学习，甚至可以通过计算机来完成作品的创作，这样多元的学习形式为美术课堂提供了一条条丰富的学习之路。

（2）非线性（超文本）的学习路径

线性学习，是指学生在教师的带领下，沿着某一种轨迹开展的流程性学习。所谓非线性学习，是相对于传统的线性学习而言的。它打破了学习环节的前后连续性，学生可以根据自己的情况进行跳跃性学习。这种被称为"菜单式"的学习方式在计算机技术中得到了充分的体现，尤其是在设计好的课堂学习软件中，教师可以根据学生的学习情况进行分类辅导，而在自主的网络学习中，这一点将会体现得更加充分。

非线性的学习路轻为学生创造了更好的学习机会，也为不同层次的孩子创设了不同的"进阶"。在美术课的学习中，这一点重点体现了个人的兴趣爱好、学习方式和创作方式。

案例

在《标志设计》这一课中，美术教师为了激发高段小学生们的学习热情，加强其知觉力度，选择了自主网络学习方式，在课堂教学前与教学后，分别给学生们"下菜单"，布置研究任务，使学生们在程序性学习中进入自主表达、自主创造的境界，使真正的课外学习成为可能。

二、强化照相机的"吞噬"作用

数码相机这种数字影像设备，近几年迅速在学校美术教学中普及，其功能强大，使用方便，成为美术教师的"最爱"。充分运用数码相机进行实践与探索是非常有意义的一件事。

（一）数码相机的优势

小学美术教学需要大量的视觉材料，或用于审美、绘画教学，或用于评价、激励学生。自行拍摄照片是获取美术视觉材料的重要途径。数码相机使得许多美术视觉材料的获得变得相当容易，还可以节省大量资金。数码相机的优势有以下几点：

1. 便捷

数码相机使用方便，可随拍随用，拍后可立即看效果，如果不满意，可以删去重拍。数码相机的便捷不仅在于其能方便地获取视觉材料，而且在于用它记录的视觉材料可以方便地用于教学——可以通过其他的一些多媒体设备即时放映出来，还可以当场进行修改。

2. 容量大

数码相机配上适当容量的存储卡后，就像有了用不完的胶卷，具有强大的存储能力。按目前的数码相机标准配置，已经足够日常使用。如果身边有一台手提电脑，那就更好了，可以随时拍、随时看、随时存，乃至随时制作自己的素材库。

3. 成本低

一台两千元左右的数码相机，如果正常使用 5 年时间，每年能拍下约 10 万张照片，拍摄照片的总数约 50 万张，那么，每两幅照片的成本加起来还不到 1 分钱，而过去用一般的光学照相机拍摄的照片，其平均花费则是数码相机的 200 倍。

数码相机既可以当一台普通的摄像机来使用，在必要时，也可以与电脑连接，成为存储文件的工具。这两项功能，在美术教学和教研活动中可能派上用场，是一般的光学照相机所不能及的。

（二）数码相机在美术教学中的应用

1. 数码相机成为美术教师的助手

（1）实物、场景展示

运用数码相机，可以把一些不可能直接带进教室的物体、场景拍摄下来，用于课堂教学。比如，教学"树"这节内容（分两个课时完成）时，为了让学生充分理解树的结构和形态，我在课前用数码相机在校园里拍了一些树的照片，上课时把它们展示在大屏幕上。这使课堂分析变得非常直观，为第二课时的写生奠定了良好的基础。又如，写生"我们的学校"前，我先让学生欣赏从不同角度、不同位置拍摄的校园照片。

有些照片的拍摄角度和位置是学生写生时一般不会去注意的，这样做可以引导学生比较全面地观察事物、思考问题，还可以拓展学生的视野。

（2）动作分解

根据教学的需要，我们可以通过数码相机把一些连续性的动作进行分解。比如，为了让学生看清楚牛是怎么走和跑的，可以用数码相机连续拍摄一组牛走或跑的照片（如果没有条件拍实物，也可以用卡片制成可活动的牛，将它摆出一系列动作进行拍摄），把整个动作分解成一幅幅静态的图片，然后用一些小软件（比如ACDSee、Authorware等）将这组图片连起来播放，牛就走或跑起来了。这样，学生就可以深入细致地观察牛走或跑的分解动作以及连续动作。

（3）现场"直播"写生

通过相机的拍摄功能可以实现"现场直播"。比如，在学习"人物动态"这节内容时，为了让学生在课堂里看到不同动态的人物，把数码相机架在教室的窗台上，运用数码相机的变焦功能，拍摄窗外的人物动态，通过连接线把这些生动的人物动态直接"转播"在教室里的大屏幕上。这样，教师讲解人物动态的不同特点时就会非常生动，学生的学习兴趣也会特别浓厚。

（4）反馈讲评

数码相机用于课堂教学的反馈讲评也是非常有效的。例如，可以用数码相机把学生的习作当堂拍下来，然后立即在大屏幕上将其展示出来，进行讲评。这样讲评不仅及时，而且可以方便地对学生的习作进行现场修改处理。比如，学生的习作如果构图不够合理，就在计算机上去掉或加上一些内容。学生亲眼看到自己（同学）的作品被修改的过程和修改前后的变化，会有非常直观的感受和深刻的印象。也可以让作者自己或其他同学到教师机上来试试这种修改。再如，对于工艺内容的教学，不但要注重学生的最后习作效果，还必须关注其创作过程。数码相机就可以帮助我们较好地记录学生的创作过程。这种过程资料用来分析讲评，是很有说服力的。

2. 数码相机成为学生学习的工具

数码相机可以成为学生学习的工具。比如，在室外的写生课里，让学生分组并用数码相机拍摄想要写生的对象（事先要经过一定的技术培训），仔细地看一看取景、构图是否好，如果不理想的话则舍去。这大大激发了学生的学习兴趣，增强了他们的学习欲望，在一定程度上帮助他们解决了学习中的困难。教师还可以要求学生用数码相机将在外出游玩、参观时或在其他场合看到的自认为美的景物、珍贵的美术作品拍摄下来，拿到课堂上来展示，并讲讲这些景物、作品的背景以及自己为何欣赏这些景物、作品。这对提高学生的审美能力及人文素养无疑是极其有利的。

（三）在小学美术教学中运用数码相机需要注意的地方

数码相机用于美术教学有许多优势，但使用起来也有不少讲究。只有合理使用，注意维护，才能真正发挥它的优势。

1. 不要惜用，也不能滥用

一方面，不应该把数码相机当做宝贝一样藏起来，要充分发挥其作用。一台数码相机，一年就能拍下几万张照片。另一方面，与其他现代教育媒体一样，使用数码相机时也要遵循"有多项选择时选最方便、性价比最高者"的原则。数码相机功能强大，但并非在任何情况下使用都是最佳选择。比如，美术教室里如果有视频展示台，在课堂上展示学生的作品而不作修改时，就可以直接把它放在视频展示台上展示，这样更方便。

2. 要及时整理所获得的图片

由于使用数码相机可以轻松地获得大量的资料，使用者如果只知"取"，而不知"舍"，就会把数码照相机的这一优点变成缺点。它虽然存有大量的资料，但在使用时却无法方便地调用，这些资料就成了信息垃圾。因此，我们要经常对拍摄的照片进行必要的处理，把有用的保留下来，没有用的删去，并将照片归类存放。

3. 要做好数码相机的维护工作

数码相机属于贵重物品，使用者要认真学习使用技巧和方法，避免因使用和维护不当而造成损失，还要注意保管，防止失窃。

三、体现摄像机的记录和还原作用

摄像机相对于照相机来说，主要功能是连续记录动态场面，能根据需要把整个过程客观地记录下来，必要时，还能把这些已经过去的场面"真实地还原"。

摄像机的两大功能是记录和还原。在美术课堂教学中，它有着较广泛的使用价值。我们把摄像机的记录和还原功能分为以下三个方面：

（一）建立校本的动态学习资料

一般情况下，资源可分成三类：一是通用资源，即通过网络或购买即能得到的资源，这部分资源共享程度很高，通用性也很强；二是校本资源，这是针对本校的资源而言的，有着较强的地域或校本特色；三是个人资源，即教师本人制作的有价值的教学资源。

学生的家乡是他们学习和创作的主要源泉，有很多充满感情色彩的素材，这些素材让学生在学习的过程中不断地感受到身边素材的价值，能够激发学生更有感情、更热情地去学习。

除了记录一些图片资源外，摄像机还能帮助我们较好地记录真实性很强的动态资源。这些资源包括：校园中的校舍、设施设备及它们的结构，校园里的场所，校园周边的主要场所、重要标志性建筑或地标物，校园活动资源（如一次画展的拍摄录像）等。适时应用这些录像资源可以使美术教学活动更生动、更贴近孩子的现实生活，也可以更真实地记录孩子们学习的原始资料。

再如，有些过程比较漫长的教学环节，可以通过录像把时间大大缩短，使其变成一个教学时间比较短的完整过程。

（二）记录教与学的过程

摄像机可以真实地记录美术课堂教学的整个过程，这能让教师们有针对性地对教师的教和学生的学进行专门的研究与分析，使教师能在课堂实施之后的时间里反复研究教学活动，找到一系列的问题，特别是自己在课堂教学中容易忽略的细节。因此，摄像机这个"会记录的眼睛"具有非常重要的作用。

1. 记录学生的学习过程

学生的美术学习与其他学科的学习一样，是会被教师关注的，但由于班级学生多或教师自身的原因，教师无法关注全体学生的学习过程。通过摄像机记录学生的学习过程，教师既可以更好地分析学生的状态，又能找到自己在课堂教学中忽略掉的细节问题，使自己在日后教学中更关注全体学生的学习。

用摄像机记录学生的学习过程时，可以把摄像机架在教室的前面或后面，以拍摄整个场面，还可以记录一部分学生甚至一两个学生的学习状态。如果能通过不明确对象的方法进行记录（学生自己不知道），那就会更真实、更有代表性。

2. 记录教师的教学过程

在课堂教学中，摄像机可以成为教师教学的一面镜子，它不仅记录过程，还能帮助教师看到自己教学中的优势和问题。这种记录对提升教师的课堂教学水平，尤其是提升年轻教师的课堂教学能力，是非常有帮助的。

教师本人或其团队在事后的分析中，看到一个场景中的教学进程，即什么时间用什么样的方式（包括语言、动作及指令等）开展教学，可以帮助教师分析教学行为的有效性、适用性和艺术性等，帮助教师更好地开展课后的分析。

比如，近年来，杭州西湖小学教育集团提倡年轻教师通过"一月一堂课"的记录方式，记录自己的教学过程。年轻教师把自己在日常教学实践中准备最充分、最能代表这个时期本人最高水平的那节课录下来并进行详细的分析，形成记录文本并进行教学反思，在下一节课中进行改进和创新，并通过教研活动或网站点播系统向全体教师公开播放自己满意的课堂录像。如此坚持每月一堂课的录制，若干年后，每一位教师就会形成一个个课堂教学研究点，虽然工作量比较大，但对年轻教师的教学成长却具有关键性的帮助作用。

3. 记录教与学中的细节和"意外事件"

用摄像机拍摄的课堂实录还能帮助许多教师发现在教学时不易关注到的细节，同时教师还会有很多的"意外收获"。

由于教学的需要或教师关注点的分散，一些很有价值的细节往往会被忽略，通过摄像机记录和还原，教师能及时地发现这些细节，从而在以后的教学中做得更到位。比如，在一位年轻教师的教学实录中，我们无意中发现坐在后排的一位同学喜欢在课堂上看课外书，教师却没有发现。通过录像发现之后，教师在课堂教学中有意地进行关注，后来发现这个同学看的课外书很多，而且大多是卡通类的绘本。教师及时地抓住了这个细节，引导这个同学由"喜欢看"到"喜欢画"，让他把看和画结合起来，使这位同学不仅在课堂上专心听讲，积极参与教学活动，还成为美术学习的积极分子。

一次录像，如果从不同的角度仔细地去进行分析，就会有不同的收获。此外，"一物多产"的"超值作用"也来源于摄像机。

（三）进行指定性的观察

所谓指定性的观察，即有目的地进行跟踪观察。在一堂课或几堂课中，对指定的学生（从不同的角度拍他们的表情、动作、桌面、与同学的交流等）进行详细的跟踪拍摄，可以较好地对每个孩子的课堂学习情况进行记录。对于某个孩子在课堂中的练习过程，可以用摄像机对着孩子或他的桌面进行拍摄，将整个练习过程完整地记录下来。对于孩子相互交流的情况，还可以用摄像机对课堂中的合作学习情况进行记录……指定性观察是可以通过摄像机进行单点或多点记录的，不仅可以记录过程，而且能展示时间分配、细节分析等多项内容，使研究性观察有价值、有意义。

案例

杭州西湖小学教育集团近年来在美术教学中开展的"课堂观察"活动，使得美术课堂教学研究进入深层次。全体美术教师通过日常教研活动，不仅在一些研究课课前进行集体备课，还在课堂教学过程中进行有目的的观察活动，课后还根据需要进行详细的"还原性分析"。同时，这样的研究对教师教学水平和研究能力的提升也具有非常重要的作用。

在"家校联席的新方法"研究中，教师用两台摄像机记录和观察一个或几个孩子的课堂学习情况。其中一台对整个教室即全体师生的情况进行记录，另一台则是对一个或几个孩子进行特写。教师最后将两台机器中的记录合成一个"画中画"的录像，与家长一起分析孩子在课堂中的表现，使得对孩子的辅导与要求更有针对性。

分析：需要说明的是，教师要花一些时间对摄像机记录的各类资源进行整理，无论是内容还是拍摄的效果，都要进行选择，有些内容还要进行必要的剪辑加工，使录像的时间更适合教学的需要。

四、与计算机相关的其他"机"

与计算机相联系的，还有很多其他的设备，目前使用得比较多的主要是教室里配备的视频展示台、扫描仪等设备。

1. 视频展示台

这个设备被安装在所有的教室里，与多媒体计算机一并使用，成为把实物转为大屏幕投影的重要设备。通过"即时转播"和"放大""定格"等功能，它可以使平面或非平面的实物放大后投在大屏幕上，使学生从不同的角度看清对象。教师还可以展示学生的实时习作，甚至通过这个设备展示某个很细微的过程，这对学生的课堂学习是很有帮助的。

2. 扫描仪

通过扫描仪，可以获得清晰的纸质扫描图像，它可以使许多零碎的纸质宣传图片、画报、照片等电子化，便于统一保存和使用。在教学中，教师使用扫描仪可以获得许多重要的资源，并使教学资源更完善、细致，更有针对性。

第三节　手工教具与材料的利用

有个低年级的孩子曾天真地对家长说："有了计算机真好！原来老师要求抄写5遍的生词，只要复制就可以了。"我们不能阻止孩子们有这样天真的想法，但有一点我们应该明白，孩子的身心发育、心智成长是机器所不能替代的，无论是什么样的工具，都不能替代孩子们的参与、体验，因为这些是孩子成长的必要条件。在美术课学习中，动手参与和全身心的投入是小学美术教师们需要关注的内容。

在过去，美术课常常被理解为"图画课"，而手工课又与劳技课混合，这是对学科的偏见，也是教育的误区。经过众多美术教师多年的努力，美术教育对人的全面发展的重要性也正被越来越多的家长和社会人士理解。

从教师的角度来看，自从有了计算机多媒体工具之后，美术教师为孩子们当堂示范的次数少了，甚至没有了，大量的作品呈现都是通过多媒体工具来实现的。美术教师为孩子们亲自动手制作的教具更少了，有许多教具也被精美的多媒体图片所代替。这些原本应该是立体的、过程性展示的内容被平面的视觉图像代替后，不仅使教师的动手能力受到影响，而且使孩子们课堂学习的效果也受到比较大的影响。

其实，计算机多媒体工具并不能替代一切，尤其是作品创作的过程，所以，在现代化工具不断发展的今天，美术教师不仅不应该忽略让孩子们动手的机会，而且更应该重视自己动手制作的教具。但在实际的教学中，我们还是经常看到，让孩子们动手制作的"手工制作"内容往往被挤占、忽略，甚至被放弃，这也正是目前学校教育、家庭教育中缺失的一个内容。

一、必用与巧用——教师的课堂教具

这里所说的手工教具，指的是美术教师根据教学主题的需要，通过自己动手或组织孩子动手制作的与教学内容有关的示范性作品、启发性作品部件、用于练习的创作原材料等，是为孩子们的学习所准备的直观性实物的总称。

根据用途，可将手工教具分为以下几类：

1. 成品教具

成品教具是教师根据教学内容的需要，在课前或课堂教学时以示范、启发为主制作的教具。教师采用的大多数教具都是成品教具，如果运用适当，就能给孩子们带来审美享受，有助于孩子创作。比如石头画、各类纸工作品、泥塑作品等。采用成品教具能取得比较好的效果。

2. 半成品教具

所谓半成品，就是教师在课前或课堂教学过程中为学生呈现的是创作完成的前半

部分作品形象，而后半部分故意不完成。这样的设计是根据教学需要安排的，半成品教具的作用在很多时候并不逊色于成品教具，因为有时候其作用还胜过成品教具，不仅能给学生更多的想象与创造的余地，还可以减少成品对学生创作的影响和束缚，使学生的创作更自由化、更个性化。比如，对于《挂历制作》一课，教师只要制作前半部分就可以了，这是为了解决学生在制作中的基本造型和装订技术问题，其他的装饰表现和形状变化，就可以鼓励学生各显神通了。

3. "部件"教具

作品部件也是根据教学需要来设计的，为了解决某个特别重要的内容，教师完全可以只制作其中一个"零件"，而这个"零件"一定是整个作品中最重要或最难的部分，就像在音乐课中教师总是事先解决最难唱的音节一样。把重点、难点的"部件"单独拿出来教学，就能抓住重点和难点，然后适度放手，就能取得最好的教学效果。

如果需要，教师还可以采用当堂"拆装"部件的方式，即在课堂里把成品或半成品拆开，重点讲解其中一两个部件的制作或创作方法，这样更能起到良好的作用。

比如《节节虫》这一课，教师既可以在课前或当堂制作毛毛虫的头、尾和中间的一段，也可以把成品中的一节拆出来进行示范，还可以做成别的形状，再把连接的方法重点讲或示范清楚，其他的可以让孩子们自己去完成。

4. 实物教具

实物教具是美术教学中不可缺少的，也是非常重要的"原始素材"，它有时候是写生的需要，有时候是观察启发的需要。教师应该把实物带进课堂或把学生带到实物面前。一束鲜花、一只花瓶、一件衣服，甚至一根树枝、一片树叶、教师自己、每一个孩子，都可以成为最重要的教具。这样的课堂，不仅生动，而且效果更好。

5. 其他教具

所谓其他教具，是指一切可以为教学所用的实物教学资源。这就需要教师做生活和工作中的"有心人"。

别人扔掉的垃圾，在美术教师这里可能是"宝贝"。用过的一次性纸杯、破掉的雨伞、一张靠背椅，甚至是破旧的鞋帽、衣物等，都可以根据需要让它们出现在美术课堂里。

案例

台湾教育大学著名学者袁汝仪教授对基础美术教育中的材料问题深有感触，她看到，在美国中小学里，在台湾中小学里，在今天欧洲的中小学里，美术教师发动学生每天将自己家里的废品（纸张、纸箱、包装盒等）带到学校，在美术教师的办公室里累积着大量的可用材料。这些发达国家和地区的美术教师都经常用这样的材料来上课，这是他们长期坚持的一项基本工作。而在大陆的中小学，她看到，教师们都在追求学科化的美术教学，这实际上已经远离了美术的本质——美术创作源自生活。

在教学中使用这样的材料，必然会激发学生们的创造性思维，这些生活里的废弃物品，用在美术课堂上是最有意思的。在发达国家与地区的美术课堂教学里，教师们这样做已经成为习惯，而在我们所见到的国内学校美术课堂上，这样的安排却是有意的。

二、材料与超越材料——学生的综合创作

在教学过程中，美术教师需要给孩子们提供许多示范性的审美对象，也需要引导孩子们动手创作大量的视觉作品，而这些通过不同材料和空间来表现的作品，往往不用任何语言描述就能引起观者的共鸣。通过引导学生使用综合性材料，更可以让学生在美术课的学习过程中发展各方面的技能，培养他们的综合审美能力，从而达到小学美术教学"促进学生感知觉和形象思维能力的发展、创新精神和技术意识的形成，促进学生的个性形成和全面发展"的根本目的。

过去的美术教学大纲将教学内容分为三大类，即绘画教学、工艺教学和美术欣赏教学。新课程实施后，课程标准对美术学习领域进行了新的划分，突破了原来单纯地从学习内容来划分的方法，形成了以表现方法、学习内容、应用目标等相结合的分类方法，这也从侧面说明了美术课程标准注重课程的综合性，而美术教师也很自然地更关注综合性创作教学。

（一）以材料为基础的小学美术综合材料教学与创作

随着社会的发展，在小学美术课堂中能用的材料越来越多。最常用的是纸，因为纸价格低，安全性好，容易被孩子加工，效果又好。其次是泥，包括各种彩泥和单色黏土等。还有布、竹、木、草、叶、各类果实、线、细金属丝、塑料泡沫等材料。还可以包括现代生活中的各种有形废弃物，比如各种饮料瓶（玻璃、陶瓷、塑料、金属等材质的）、化妆品瓶（盒）、洗涤剂瓶、食品罐（盒）、各类包装盒（纸、塑料、布等材质的），以及其他材质和形态的废弃（旧）材料。以下作品分别是用树枝、水泥包装袋子及其他材料创作而成的。

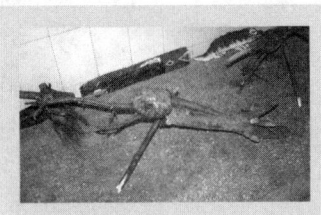

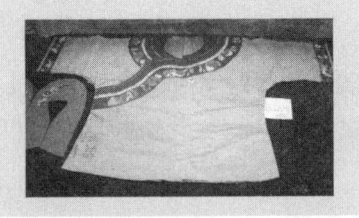

根据材料的形态，我们还可以把上述材料分为以下种类：以利用平面或半立体为主的面（或片、块）状材料，如各类纸、布、块状的塑料等；以团、块状为主的立体材料，如各类制作用的泥、石、木等；以点、线状为主的辅助材料，如小珠子、小果实或种子、各种线、金属丝等；还有综合形态的材料，比如各种废旧物、生活用品等。只要是适用于小学生使用的材料，又适合于教学的需要，都可以把它们作为教学或练习用的综合创作材料，因此材料的可选范围很广。

美术新课程更强调综合材料的使用和创作，也就是说，小学美术课对材料的依赖性也越来越强，不少美术课堂教学效果在很大程度上直接受制于教师和学生准备的材

料。如果没有相关的材料作基础，美术课的教学就成了"无米之炊"。所以，教师在教学时，特别是在进行教学前，要结合本地的特点，花费一定的精力去准备适合的材料。当然，我们更提倡让孩子们自己动手准备一些材料，因为许多材料在每一个家庭中都随手可得，这为成功地进行美术教学奠定了良好的基础。

但是，目前在小学美术课堂教学中，还存在着对材料运用认识有误的现象，举两个比较极端的例子：

一是教师在综合材料创作的教学中过于"重视"材料和制作技巧。由于种种原因，不少美术教师在教学时过于"重视"材料的准备和运用材料进行制作，导致小学美术课变成了纯粹的"手工课"或"制作课"。教师们把更多的精力放在材料的准备和获得更好的作品效果上。比如，有的教师在材料准备上要求"新"或"高级"，在教学过程中强调"制作方法"和"制作过程"，过于注重作品的"精致"，致使不少孩子怕上这样的课，甚至不喜欢上美术课。

有的教师把在工艺品商店买来的成品展示给学生，而这些成品有不少是用机器完成的，边角都非常完整光滑。如果教师要求学生最好也能把作品做成这样，只能导致不少学生在无奈之下找家长或其他人帮助。有的教师要求学生准备（因为不可能由学校统一准备这些材料）只有花不少钱才能买到的材料（如各种彩色丝线、一些特殊用纸等），导致学生准备时有困难或家长们有一些意见等。

二是对材料准备不够重视。从另一个极端来看，美术教师中也有不重视材料的，他们还停留在美术课是"图画课"的认识层面上，认为画好画就是最重要的。加上准备材料确实需要花费很多时间和精力，而美术教师一周的课节数多、任务重等现实问题也为材料准备增加了难度。另外，现在不少的美术比赛也往往以绘画为主，因而部分教师认为绘画才是美术课的"唯一"。

由于教师不重视材料的运用而引起的"单边倒"的现象现在也不少见。比如，由于材料准备的困难或认识的原因而把一些综合材料创作的内容也改成了用画笔来进行平面表现，有的干脆把这一内容从教学计划中删去，导致一些教学内容无法完成，这当然也是不可取的。

由此看来，材料是美术课开展综合创作的基础，美术课程标准中所列出的四个学习领域，分别以不同的方式提到了材料的运用，让孩子认识各种媒材，学会用不同的媒材进行学习和创作，从而从这些材料中体会美术创作的意义，达到学习的目的。在这个过程中，不仅可以发展他们的视觉和知觉、动手操作的能力，而且可以逐步培养孩子们的观察能力、制作能力和解决问题的能力，使孩子们成为心灵手巧的人。另外，我们还需要通过综合材料的运用，让他们在学习的过程中逐步养成认真学习和工作的习惯，培养他们不断创新的热情和毅力，同时让他们热爱自己国家乃至全世界的不同形式的美术作品，并能从这些作品中感受它们的美，形成相应的审美意识和习惯。

（二）基于材料又超越材料的美术综合材料创作教学

实施美术新课程有10年多了，在课堂教学实践与研究过程中，我们发现，在以美术综合材料为主要内容的创作教学中，有一些非常重要的问题需要小学美术教师认识与思考。比如，从人本主义的角度来看，教师对创作者（学生）自身的因素考虑不多，导致把综合材料的创作性教学简单地变成一种以材料为中心的操作性教学，而忽视了更重要的因素——学生的主动性与积极性、创造性、情感等诸多对人的成长更为重要的因素。对这些问题进行重新审视和认识，对于小学美术教师来说是非常必要和迫切的，我们按不同的认识层面把它概括为以下几个方面：

1. 感知材料长见识

材料（包括工具）是创作教学的基础，因此，教师对材料自身的认识非常重要。对材料的认识包括对制作材料的名称、特性及加工制作方法的认识，比如各种纸、泥、木、竹等材料；对一些随着现代工艺的发展而出现的新型材料的认识，如不干胶纸、塑膜纸、电化铝纸、各种包装纸等。

对材料的认识也包括对使用这些材料的意义的认识。随着生活条件的不断改善，生活废弃物越来越多，品种也越来越丰富，而这之中有许多就可以成为我们美术课创作教学中很好的材料。通过让学生寻找、收集、制作这些材料，让学生明白，通过自己动手，我们既有了制作的材料，又用一种特殊的方式在处理现代生活中的垃圾，还有利于保护环境、减少污染、改善生活。从另一个角度来说，还可以为打击假冒伪劣产品作一些贡献。

对材料的认识还包括对一些辅助性材料的认识，其中，从形态特性到具体用途就有许多需要学生不断认识的内容，比如对各种专用黏结剂的认识。纸材的黏结剂已从液态发展到固态，固体胶让学生携带和使用更方便，但使用方法与原来的液态纸胶有些不一样，而且它只是用来粘接纸张（且只能粘接较薄的纸）的胶。如果不让学生认识到这点，可能不少的学生会在别的材料中也用这种固态胶来当黏结剂。木质材料或比较厚的纸张、布等材料最适合用的黏结剂是白乳胶，但它需要4个小时以上才能粘住，而纸胶一般情况下则只需要几分钟就可以了。单面的透明胶带纸适合从外向内粘，双面胶则适合粘接平整的平面物体，泡沫胶适合粘需要有立体感的材料。另外，"502"胶适合粘光滑的金属或塑料，玻璃胶适合粘光滑的玻陶瓷……对制作工具的认识也是如此，比如，剪刀怎么用，尖头刻刀怎么用，小镊子怎么用，尖嘴钳、小锥子、尺子等不同的工具怎么用。

通过引导学生认识材料，可以培养学生乐于接受、探索新事物的品质。由于年龄的特点，儿童充满好奇的心使他们对许多新事物都很有兴趣，如果教师引导得当，他们会逐步养成充分地"研究"新事物的习惯，从而发掘新事物的优势。鼓励孩子们对新材料或旧材料的新特点进行认识，可以为他们充分利用材料奠定良好的基础。

2. 认识材料得"灵感"

同一种材料，从不同的角度去观察和理解，就会有不同的认识。在教学过程中，教师要引导和鼓励学生从不同的角度来认识材料，使他们不断地从中获得创作的"灵感"。

（1）从材料的基本形态来认识

这包括前文所述的对材料性质的认识，比如，纸是软的，有一定的韧性，而泥是可塑性最强的。还包括对材料的形状和颜色的认识，比如一只空酒瓶，瓶口朝上可以变成一座宝塔、一幢高楼、一棵大树……横过来可以变成一艘小船、一辆汽车、一只老虎……瓶口朝下可以变成一个面具、一个娃娃、一只蹦跳的青蛙……根据材料颜色的不同，可以制作相应的对象，比如蔚蓝的大海、绿色的草原、黄黑相间的虎皮、红脸的关公……

（2）从材料的不同加工方法来认识

通过对不同材料的加工和制作方法的认识，学生可以大大加深对材料的认识，从而在制作中更好地利用材料。

比如，同样是纸，可以折、撕、切、剪、卷、贴，也可以揉、团、搓、压、捻、堆积、调和……通过对这些加工方法的学习和掌握，学生可以加深对材料使用方法的认识，使一种材料能变成更多的作品。

（3）从材料的综合使用来认识

许多作品可以用不同的材料来完成，这就需要综合利用各种工艺材料，也就是要综合不同材料自身的形状、色彩、特性及加工方法等，使学生能在创作过程中根据需要进行选材。比如，一片废弃的光盘，可以做成一张小圆桌的桌面，也可以做成汽车的车轮，还可以做成风车的转盘、小风铃的支架等；一只用过的纸杯，可以做成一头牛的身体或头，也可以做成一只天鹅，还能做成一只小乌龟……

3. 运用材料出作品

在教师的教学和学生的创作过程中，材料处于比较重要的位置，这从许多方面可以体现出来。过去的一些教材往往把使用同一材料的教学内容安排在一起，如纸工单元（或分得更细一些，如撕纸或折纸）、泥工单元等。在教学中，教师可能会因为学生准备材料方便而把使用同一种材料的教学内容安排在一起。比如，布贴画这一教学内容要求学生准备具有不同肌理效果、不同花纹及厚薄的布。从一般意义上看，这样既能在一段时间内让学生充分认识某种材料，又能在规定的时间里完成某一教学任务。而事实上，在新课程标准实施以后，我们发现这种以材料为中心的安排方式可能会给工艺创作造成较大的局限性，把材料作为主体进行教学，就可能会让学生的思维只围着一种材料转。我在课堂教学中尝试了"反过来"的做法，即让学生根据自己的创作需要选择材料。

根据创作的需要选择制作材料有以下一些不同的做法：

（1）根据特定的命题进行创作

教师或学生自己出题，然后根据题目内容和创作需要来选择材料，可以进行单件作品的创作，也可以进行有主题的创作。如果我们要做一匹马，可以让学生充分讨论和想象做哪几种不同效果的马，比如平面的、浮雕的、立体的、静止的或活动的，或者可以选择利用哪些材料和加工方法来进行创作。结果，学生的想象大大出乎意料，他们说除了用纸、泥、竹、木等材料进行制作以外，还可以巧妙地用几根小草编成一匹马……虽然这些想象性的选择中有很多可能无法实现，甚至可能有些是不合理的，但这种想象的过程让学生根据已有的经验进行了一次"无形的创作"，这种"创作"的过程可以使学生打破一种材料的束缚，超越材料本身，让其思维得到更大限度的训练，从而获得我们期望的效果。

如果能在此基础上进行一些可行性的小论证，画出一些设计草图（可以多设计一些不同的方案），让学生进一步发现自己"创作"中的一些问题，就可以让学生得到具体的锻炼，比如设计单件的作品。之后再准备相关的材料，根据自己的设计进行具体的制作，这时候的制作已经成为对学生的设计的一种事实性论证。其中，可能还会遇上一些问题，但这已经不是最重要的了。在这个过程中，还可以适当地组织学生进行小群体的合作创作，让学生在创作的过程中体会互助的重要性，学会与人合作。

从另一个角度来看，这样的创作过程还可以培养学生做事有计划的好习惯，这对他们以后的学习，甚至对其将来的工作都是有很大好处的。

（2）"一主多次"的创作方法

所谓"一主多次"，就是指学生以某一种材料为主，根据创作的需要，适当选择一些辅助材料（还包括可以适当进行点缀的绘画）进行创作设计。

这种"主"材料的选择比较重要，一般情况下，要选择可以进行多种造型变化的材料。比如，在以废旧物品为主材料的创作设计中就可以用这种方法。运用堆积、剪切、重组、添加等方法，将一只用过的塑料饮料瓶变化出许多不同的造型来。同样，一只用过的一次性纸杯也可以有成千上万的变化造型。

这种创作方法在很大程度上可以训练学生由点到面的发散性思维，学生在脑子中由某一具体的"形"开始，逐步进行其他材料的综合运用，最后达到"以一求多"的效果。

（3）通过已有材料联想创作

这与前文所述的只运用一种材料进行创作的方法是完全不一样的，这里所说的运用已有的材料进行创作，是指让学生根据多种已有的材料进行不同创作的方法。我最常用的方法是，让学生准备一只"百宝箱"，专门收集各类材料，可以是一些废旧材料，比如各类塑料瓶、化妆品瓶（盒）、糖纸、旧笔杆等，也可以是一些自己喜欢的小材料，比如漂亮的彩色纸、各类小珠子、小亮片、扣子、小卵石等，这只"百宝箱"就是学生进行工艺创作的源泉。一种材料可能会在一定程度上束缚学生的想象，但将两种以上的材料放在一起，就会让他们产生"灵感"，产生新的创作思路。而且这种变化性的创作想象可以不断地产生新的内容，使学生不断有新的作品思路生成。比如，一块不规则的泡沫塑料，从一个角度看是一种形状，换一个角度或转一个方向以后，马上又会有不同的想法。如果这个时候有另外一块不同形状的泡沫塑料或其他的材料（例如，一根空笔杆），把它们放在一起，学生脑中立即就会产生新的形象。如果这个时候再变换一下角度或进行不同的组合，就会有更多的形象联想产生。当然，如果再有一个其他形状的物品，可能就会有更多的形象产生。

这是一种"具体行动思维"的训练，它对于小学生来说，是一种非常好的训练方法。而且从小学生的年龄特点来看，有了一些具体的材料让他们动手"摆弄"，他们会产生更多的联想。

把材料从制作主体变为创作载体，这需要教师的精心设计与安排，也需要教师在教学过程中不断地提升自己的教学水平。

4. 综合材料出活力

材料如果没有被应用，就没有任何的意义，而当学生通过自己的想象和制作把它变成一件作品时，这件作品就具有了一定的意义。它不仅是学生制作的结果，更是学生智慧的结晶，这就是教学的意义之所在。教师引导孩子们把手中的材料变成一件件有趣的作品，是需要经过精心设计的，在指导孩子们通过综合的方法把普通的材料变成自己喜爱的作品的时候，我们会发现，材料活了，孩子们的思维也活了。

（1）创作思路应多于制作技巧

教师在指导学生完成作品创作的整个过程中，除了教会学生一些基本的制作技巧外，还要引导学生超越个人因素，即教师在指导学生的过程中，从开始设计到制作，以及完成作品以后的整个过程，都要引导学生将自己的热情、性格、爱好等情感因素渗入作品之中，而不要被制作技巧束缚。有些难度较大的制作技巧可以不用，这样让学生有更多的空间表达自己的想法，体会材料与作品的关系，从而更深入地理解作品，让材料发挥更大的作用。

比如，不少学生在进行创作时，往往更注重情节性，甚至边说边做，尤其是低年级的学生。一些学生爱把自己的作品拟人化，让它们充满"人情味儿"。有的学生在完成作品以后，愿意把作品的主题或内容赋予一定的主观因素或愿望。也有的学生喜欢根据用途来处理自己的作品，比如玩自己做的玩具，用自己做的小笔筒装笔，把自己的作品当做演出道具等。这些都是非常好的"苗头"，教师要抓住这些"关键"部分，让学生们大胆而自信地用语言表达出自己的想法，或用一些自己编的动作来表达自己作品的内涵。

（2）鼓励评价应多于单纯的技术评价

评价是一种重要的导向。评价学生作品的一个重要原则是，保护学生的创作热情和激情，鼓励他们充分表达创作意图，同时适时、适度地进行引导。从成人的眼光来看，学生的作品可能没有几件是"像样的"，但那不同于一件在商店里购买的工艺品，那里面有孩子自己的许多想法，这些想法都是我们要了解、爱护、引导和鼓励的。即使作品"很烂"，达不到我们的要求，但这并不重要，只要他动脑、动手创作了，就应该给予他更多的鼓励，至少那也是他辛勤"劳动"与创作的结果。所以我在课堂中把学生创作的都称为"作品"，而且"没有一件不及格的作品"。

教师给予孩子鼓励性的评价，对于孩子来说是非常重要的动力。教师不仅要不吝啬夸奖，还要多创造机会，给孩子们各种鼓励性的展示机会。其实这样的机会很多，但如果教师不去抓住或创造，大部分学生可能在很长时间里都得不到展示的机会。

创造机会展示学生的作品有以下几种方式：

①当堂展示

直接在课堂里反馈学生的课堂作业。由于教师展示和讲评及时，对学生的创作情况进行了较准确的分析，就能获得很好的效果。当堂展示可以直接展示实物，也可以通过视频展示台展示作品。

②课后展览

许多课堂作品可以直接作为展览品，即使有一些学生做得不太好，教师也要尽可能地展出他们的作品。当然，对于一些问题比较明显的作品，可以要求学生修改，待其修改后再展出。展览地点可以根据条件而定，一些直接能挂在墙上展示的作品可以在班级的教室里展出，也可以在学校的宣传窗里展示，特别优秀的作品可以收藏在学校的陈列室里。当然，待有了一定的数量后，也可以利用一定的场馆进行专门的展览，也可以给某个作品多、作品效果好又勤于创作的学生举办一些小型的个人展览等。

③交流作品

选择一些比较合适的场合或机会，让学生把自己成功的作品带到大家面前，让大家根据自己的爱好，在自愿的前提下，相互交换自己创作的作品。这样既可以让大多数学生得到别人的优秀作品，也可以让学生之间增进了解，促进他们交往。

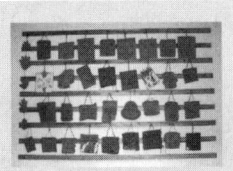

作品展示

④网上展览

这是我采用得比较多的方式。我利用数码照相机，把每次学生创作的所有工艺作品拍成照片，然后全部输入电脑，通过计算机网络和多媒体设备，随时将它们展示在学生面前。我在课堂教学中能随时用到所有的作品，学生也可以通过他们自己的计算机房在网上查看自己和别人的作品，还可以通过网络留下自己的评述。这种方式更利于学生间的相互交流，也更利于激发他们的创作积极性。

⑤把作品当做礼物

对于比较优秀的作品，可以在征得学生本人同意后，对其进行适当的包装（当然也可以由创作者本人设计或制作），当做礼物送出校门，也可以让学生把自己的作品进行适当包装后送给自己的家长、老师、同学或其他亲友，并告知这样做的意义。

⑥送去评奖

这是最常用的方式之一，只要机会合适，把学生的工艺作品送去评奖，也是一种较好的鼓励手段。

展示学生作品的方式还有许多，限于篇幅，不再赘述。

美术是一门关于创作的学科，孩子们的创作几乎体现在每一节课中，美术课的创作教学需要借助一定的材料，而且必须依赖一定的材料才能得以完成，但是我们不能因为需要材料而简单地要求学生把材料变成作品，或为了出作品而要求学生制作，而要根据学生的实际情况，更深入地研究他们在制作前、制作过程中和制作完成后的不同状态，特别是心理状态，鼓励学生用自己的方式表达自己的创作意愿。教师要从前台走向后台，更多地起到引导、帮助的作用，力争让每个学生的创作都充满自己的想法，让材料超越材料自身，让创作超越创作过程。这样，他们创作的作品就会有更多的意义，作品不但体现了学生们个人的创作智慧和个性，展示了他们的审美品位，还浸润着他们的感情，充满了生命的活力。

第七章

美术教学语言的修炼

教师的课堂语言几乎支配着其他所有的教学行为，没有语言的参与，课堂教学就会变得枯燥、乏味。那么，教师到底该怎样说话？美术教师必须对自己的日常课堂语言进行观察，调整自己的语言方式，同时不断提高自己的教师素养。

第一节　美术课堂上该怎样说话

大家都说，教师是"吃开口饭"的，这话一点儿没错。每天，我们通过大量的语言与学生交流，开展课堂教学；与同事讨论，开展教学研究；向专家学习，提出许多问题；甚至与领导争论，为自己和学科争取更多机会……可是，面对孩子，面对课堂，许多新老师，甚至是一些有经验的美术老师却经常犯疑：我到底该怎样说话？

如果我们把教师的课堂教学行为进行解构，就会发现，教师的课堂语言是其中最重要的因素之一。甚至可以这样说，教师的课堂教学语言几乎支配着其他所有的教学行为，没有语言的参与，课堂教学就会变得简单、乏味。

根据课堂语言的作用指向，我们可以把它分为两类，即教学语言和非教学语言。

简单地说，教学语言指的是那些与教学有关的用语，非教学语言则是与教学没有关系的语言。如果再深入一步，我们还可以更明确地说，教学语言是指对教学有帮助的课堂用语，非教学语言是指那些对教学没有帮助或起反作用的语言。

课堂教学语言为教学服务，这一点我们都清楚，但在实际的教学过程中，我们却总是能发现许多问题，这些问题直接或间接地影响着课堂教学的效果。

在美术课堂里，作为教师的我们，到底应该怎样说话？这是一个听起来有些"不可思议"却又需要高度重视的话题，甚至可以说，这是教师一辈子都需要研究的重要课题。道理很简单，我们怎么说，直接影响着课堂教学，影响着孩子们的成长。

先来看看美术课堂里几个常见的"说话"现象：

1. 自顾自地说

所谓"自顾自地说"，就是教师不管学生处于什么样的学习状态，忽略学生的学习情绪，把"自己认为必须要说"的内容在课堂里进行表述，而说的结果如何或学生掌握得怎样，则不在关注的范围内。这种现象容易导致"剃头挑子一头热"的情况。

我们常常见到这样的课堂，教师在课堂里滔滔不绝，美术教学的课堂变成教师的"一言堂"，课堂的"精彩"都由教师一个人演绎。这种看起来是"教师把自己当做课堂主人"的现象，却严重地影响着课堂教学效果。

这是新教师常会出现的问题，由于缺乏教学经验，新教师常常会因为紧张而只按照自己在课前做好的教学设计讲课，把预设好的语言说出来。这种现象也出现在"被精心设计过的课堂"，一部分教师在观摩课中，按自己理想的预设实施课堂教学，不仅课堂的每一个环节（包括教法、所用时间）被严格地规定好了，甚至每句话都是被设计好的。于是，课堂就成了"按剧本演出"的课堂，这也往往导致课堂"成为教师的课堂"。

我们经常会听到年轻教师苦恼地说："这些内容我在课堂里都讲过，可是为什么学生们总是掌握不了？"这可能是最典型的一种结果了。更为严重的后果是，学生会产生这样的想法："你讲你的，我做我的。"对于孩子来说，不感兴趣就一定会转移兴趣，他们由于课不好听，就不想听，再到不愿意听。这是学生厌课的典型"三部曲"。

"自顾自地说"还有一种典型的表现，就是教师在课堂里经常"自问自答"，由于急着进行下一个环节而不愿意"浪费时间"，或出于习惯，有的教师会代替学生回答自己提的问题，这样不仅剥夺了学生说话的机会，而且还把学生学习与思考的时间缩短了，这就大大弱化了学生学习的效果。

2. 拉扯着说

所谓"扯"，是指教师在课堂上花很多时间去说那些与课堂教学内容看起来相关而关系又很小的事情。有的教师对自己感兴趣的内容或感觉好的题材经常"添油加醋"，而不能围绕本节课的教学目标进行讲授或组织课堂，导致课堂松散、组织无序。有的教师扯的甚至还是与教学内容没有关系的话题。这些扯出来的话题，占用时间不说，还会影响学生的听课习惯，让一些孩子养成了"光听故事不听课"的习惯。另外，这样的课堂还会直接影响教师个人教学习惯和教学风格的形成，课堂不完整，散乱无序，以至于有些美术教师在多年以后，还不能好好地设计和完成一堂优质课的教学。

(1) 学生"扯"，教师"拉"

在美术课堂上，作品往往是载体，是我们组织学生开展学习的一个平台。作品中往往蕴涵了大量的创作背景和表现技法，知识点与技法所涉及的相关内容比较多，而孩子们往往会对自己感兴趣的话题展开讨论和思考，而对不感兴趣的话题，他们会很快地停止思考或发生思维转移。每个孩子感兴趣的话题不一样，关注的内容也会不一样，这时候，教师就需要去精心地组织课堂，而不能任由学生去扯。

案例

在"动画作品欣赏"中，教师安排了不同风格的动画表现形式的作品，原本打算让学生在动画作品与其他类型绘画作品的比较中总结出动画作品的风格和艺术特征，并用这些总结出来的特点尝试创作一些动画作品。但实际的情况是，教师在出示了一些动画片的内容之后，就有一些孩子开始讨论他们感兴趣的动画片情节，有的学生还当堂表演动画片中的经典动作和台词，课堂一下子开始"乱起来"。老师请学生回答几个问题，诸如"你觉得这个动画片中的人物造型有什么特点"之类的问题，孩子们的回答都不是老师想得到的答案。他们大多数是在讲某个人物的特点，比如"哪吒闹海"，孩子说的是"哪吒的风火轮很厉害"。由于课堂时间限制，教师似乎事先没有安排这个内容，于是，只好硬把学生"拉"回来，自己勉强总结出一些动画人物的特点。

分析：学生"扯"，是因为他们对这个内容感兴趣，教师"拉"，是因为教师认为学生扯的与自己安排的目标不一致，于是，他们就在课堂上进行"斗争"，直到老师板下脸来说"这不是今天我们这堂课要讨论的主要内容"，或客气地说"这些内容请大家下课后再去讨论"。但由于孩子们对自己感兴趣的话题的专注，教师在后面讲的内容又不是他们最想听的，于是就影响了教学的效果。

（2）教师"扯"，没人"拉"

在美术课堂里，学生扯，教师还能拉一下，如果教师自己扯起来，那后果就更严重了。

案例

有一位教师给学生上《齐白石》一课，主要内容本来是欣赏齐白石的作品并从中感受其艺术风格的，但上课时，老师花了不少时间给学生讲齐白石学画的一些故事。这些故事也能较好地激发学生的学习兴趣，可是由于这些故事还涉及齐白石先生学画时的一些轶事，等到教师滔滔不绝地讲完之后，记起来要欣赏作品时，一堂课的时间已经过去了。于是，在匆匆看过几张作品之后，教师只能说"课后请同学们再欣赏一下齐白石先生的作品"，这节课便草草结束。

分析："拉扯"的原因有多种，有的是因为教师课前准备不充分，有的是因为教师的教学组织能力与课堂控制能力不强，也有的的确是学生的原因（比如班级的学习基础与班风、学风情况）。归结起来，就是教师在实施课堂教学的过程中是否采用了适合学生需要的方法。其中，"如何说话"又成为重要的关注点。

3. 由着学生说

"由着学生说"是指教师没有对课堂进行"控制"，没有准确把握学生所说的与学习目标的达成之间的关系，使学生的"说"泛化为随意的语言表述而不是有针对性的表达，这与教师没有抓住课堂教学的重点和难点有关，同时，还与教师自身对如何控制课堂的理解有一定的关系。前面说的"拉扯"还是有扯有拉的，这里的"由着学生说"连"拉"都没有了。比较严重的表现是，学生说完后教师不置可否。有的教师在课堂上对学生的回答与表述不作任何判断与引导，学生说什么就是什么，不仅使回答问题的学生不知道自己说得如何，还会给全班学生传递一个错误的信息，即怎么回答都可以（这就如同有的美术教师在要求学生创作时，告诉学生"想怎么画就怎么画"，其实这样的创作要求是最难的）。更严重的是，这样的课堂可能会让学生失去学习兴趣，学生因为得不到评价，又没有引导，到后来就会"越来越没劲"了。

课堂里的时间是很宝贵的，课堂的每一分钟都应该有教育价值，不然就不成其为课堂。"说"绝不只是教师和学生在课堂里表达某种观点或告知某种事物，而是传达教与学的信息的最重要的方式之一。在美术课堂教学中，"说"还能起到"画龙点睛"的作用。珍惜课堂里的每一分钟，是教师的责任。

4. 反复说

教师在课堂里"反复说"是要看情况而定的，不是所有的反复都要批评。这里所说的反复，指的是容易引起听觉疲倦的表达方式。

教师在课堂里反复说，大部分时候的结果，不是学生更好地掌握学习内容，而是降低了学生的学习效率。更严重的后果是，学生厌烦了老师这样的讲课方式，养成了不好的听课习惯。

"被老师烦死"是一些学生对老师的评价，这是一个很糟糕的评价。学生觉得老师"烦"的原因，是说过了的内容又说一遍，有时候还是用同样的方式再说一遍，有的还有更多次数的重复。

5. 说得太多

所谓"说得太多"，是指教师把语言表达当做课堂学习的主要方式，特别是大量的口头语言的运用，使得美术课在很多时候变成了"说"课。教师和孩子们在说的时候，虽然可以进行较全面的交流，但由于美术学科的性质，这样做具有很大的负面效应。比如，有的孩子很会说，但"手上功夫"却总不见长进，经常见到的"说得天花乱坠，画得一塌糊涂"就是其中的一种表现。还有的学生由于教师说得太多，于是就只会听了。这样的现象直接影响到课堂学习的效果。

事实上，在美术课堂里，很多时候是不需要教师用太多的语言来表述的。在合适的时间，教师可以让学生静静地看一些作品，让他们有一些个人的感受，特别是和别人不一样的感受，这就需要时间和空间。不划一，不搞统整（但也不是过多地刻意求异），是美术课堂教学重要的原则之一，而说得太多则容易影响这种目标的达成。

我们习惯了在课堂里教师说得多、学生说得少也是现象之一。同时，更严重的是，我们经常用语言表达来替代学生的感知。这就像我们去看画展，如果有人在作品前大声地发表自己的看法，我们一定会很反感，因为这时候，我们需要的是"成为第二作者"的感受，看作品，用眼睛感受，自己去悟，让自己成为作品的第二作者。

以上所述是课堂语言表达中存在的问题，在实际的教学过程中，问题可能更多，由此带给我们的一个问题是：我到底该怎样说话？

"不会说话"还有另一个极端的表现，即教师在课堂里"少言寡语"，甚至"惜字如金"，把学习任务布置完了以后，就让学生开始练习，自己则开始专注于自己的事，比如，有的教师居然在课堂里进行自己的创作，这就属于教师的态度问题了。

一、小学美术教师需要什么样的课堂语言

课堂语言体现了教师对教育规律和教学方法的掌握程度，也是教师向学生传达学习内容的重要载体。课堂语言也体现了教师个人的修养与教学能力以及教学智慧。

从本意上讲，每一个教师都希望自己的课堂语言能受到学生的喜爱和欢迎，而且有很多教师都会在日常教学中努力地锻炼自己的课堂语言，但也有一些教师不关注自己的课堂语言，时间一长，自己都不知道该怎么解决存在的问题了。

我们可以从以下几个方面来提高自己的课堂语言表达能力：

1. 要说"对"

不能说错，这是原则，特别是被美术教师称之为"知识性错误"的现象不能有。要做到这一点并不难，多学习美术知识，多练习就可以了。多学习可以让我们知识面宽广，多练习可以使我们说得更流利、更合理。

说错了自己要知道，从哪里知道呢？可以从孩子们那里知道，鼓励孩子们向老师

提问题，也鼓励他们批评老师，这是勇气，也是为人师的素质。

另外，要学会自我反思，课后及时小结，听取同事的意见，经常听自己的教学录音，看自己的教学录像，并有针对性地找到问题。这些办法都可以较好地帮助自己解决课堂教学中存在的错误和不足。

但要说对，而且要全对，并不是一件易事。错误都是在美术教师自己认为不会犯错误的时候犯下的，尽管老师不是圣人，但我们都知道教给学生错误知识的严重性。如果能不错，我们就一定不要错，不知道的错或已经犯下的错，要在尽量短的时间内改过来，并杜绝同样的错误发生。

2. 要换着花样说

所谓"换花样"，是指美术教师在课堂中的语言表达要符合当时情境的需要，并给学生一定的启发和引导。作为美术教师，应该不断地告诉自己，要具有很强的创造性，这种创造性应该体现在自己的教学方法上，同样也体现在语言上。

教师如果总是用同一种语调、同一种语速讲课，不仅孩子听了会觉得疲倦，有时候自己都会觉得累——职业疲倦就是这么产生的。如果能经常地换点花样说，也许课堂就会生动起来。

教师要精心地设计课堂语言，要不断地磨砺自己。例如，在一节课的开头，如果能设计出两三种不同的方式，就已经很不错了，如果能再努力一些，为同一堂课设计出十种甚至更多的起始环节，并且不止一次地去尝试和锻炼，那么，美术教师就会立刻在课堂里活跃起来，自己的"花样"多了，课堂自然会生动很多。

案例

我这样说

杭州西湖小学教育集团　章献明

在六年级的一个学期的第一堂课，我选择了这样的一个开头：

在美术课学习中，画得好不好，做得怎么样，其实并不是最重要的，重要的是"有感觉"。我们学习艺术课程，就是为自己寻找一种感觉体验。当我们置身于音乐的环境，我们能"听到音乐"，能感知到不同的音乐带给我们不同的感觉。同样，当我们把自己放在视觉的环境中，我们能"看到作品和图像"，从图像、色彩、造型、构图与主题中感受作品所蕴涵的意义。艺术是相通的，我们甚至可以把音乐理解为"有声的绘画"，把美术作品当成一种"无声的音乐"。当我们把"有声绘画"与"视觉音乐"纳入自己的生活中，就会觉得，我们生活的这个世界是多么美好！这种感觉并不是只有艺术家才能有，每一个人都可以享受艺术，特别是正在成长中的我们。

"有感觉"是上学期老师给大家讲得最多的三个字，听到音乐，看到美术作品，我们可以如痴如狂，也可以不喜欢，甚至讨厌。但我们必须清楚：我为什么喜欢或讨厌？我喜欢或不喜欢的原因是什么？我能如何表达这种喜欢？这就是艺术课程的学习——一种真正的学习。

所以，面对美术课，面对美术作品，我们一定要"有感觉"。

"没感觉"的时候怎么办？那就找感觉，说服自己，专注地去欣赏与感知，这是一种能力，也是一种水平。不信我们来试试！大家看老师的脸，或者眼睛，非常专注地看，你们能从老师的脸上或眼睛里读到什么？是知识吗？是智慧吗？还是老师像你们一样大的时候的快乐生活？还是我正在面临的困难与忧愁？

其实这些都是感觉，一种通过某种载体传达的感觉，这就是一种艺术化了的感觉。面对生活中的事件，如果我们能这样专注，并且能用某种美术语言去表达，那么，这就是艺术创作。因为它完全来自于你的灵感与表达，你就是一个能感觉、会表达的了不起的艺术创作者。

分析：在案例中说这段话的主要目的，是为了让孩子们对艺术学习有基本的认识，其实这是在强调与复习，我希望把孩子的认识上升到艺术修养的层面，让孩子们建立"没有谁是最好，只有每个人自己"这种观念很重要。

如果我们按这样的方式设计，一堂课就会生动起来，而且教师对自己的要求也会越来越高。这种高要求是有助于孩子们学习的，所以，老师即便是辛苦一些，也是值得的。

3. 要说得吸引人

在课堂里，吸引学生的注意力很重要，没有学生注意力的集中，就不会有课堂学习的深度和效度了。教师要吸引孩子的注意力，首先要知道孩子们在课堂上想什么，同时，教师用幽默的方式说话很关键。美术教师在课堂上绝不应该是古板的，也不应该是过于严厉的。

案例

学科语言转化为常态的生活语言

李力加

同学们，在观察事物（物体）的时候，无论是人物，还是植物、动物、景物，大家都要学会用眼睛特别地去看。如何特别地看呢？例如，你们今天的任务是画李老师，那首先就需要观察李老师有什么特征。如何观察呢？请同学们的眼光在李老师的全身上下"溜来溜去"（学生大笑）。这个"溜"是指同学们注视的目光不能停留在老师身上的某个部位不动，而需要既看头部又看身体，既看动作又看体态。

我在讲"溜来溜去地看"的时候，发现有的同学在摇头晃脑地看我了（学生再次大笑）。同学们注意，"溜来溜去地看"并不是你的头在动或身子在晃，而是你的眼球在转动，你们都有一双"神眼"啊……

大家一定要牢记，无论看什么物体，一定要学会用"溜来溜去"的眼光去看、去观察，这就是与别人不一样的眼光，这就是美术的眼光。

分析：案例中所讲的"溜来溜去"，在美术学科中叫做整体观察。给小学生们讲课，用"整体观察"这个词语还是太学科化了，学生们并不容易接受。而用"溜来溜去"这样的话语引导学生理解观察的眼光，他们就会觉得很有意思，这样使课堂气氛特别活跃，在不经意之间，小学生们就能够理解写生学习中的美术学科要求。

4. 不要把话都说完

课堂语言要具有启发性，这是不用多讨论的。所谓启发，就是美术教师通过语言给孩子一定的思考空间，并让他们通过思考能得到新的启迪，有成功的收获与喜悦，这就是教师的高明之处。

值得一提的是，教师在平时要练语言基本功。有些美术教师平时上课不注意语言的规范性，后来发现自己的课堂语言不规范时就来不及了，所以美术教师在平时就要特别注意自己的语言表达。

常说教师是"吃开口饭"的，如果教师连语言表达都不能让自己满意，何来课堂与教学的精彩？

案例

（一）我心中的太阳（片段）

教学设计、执教：李力加

师：同学们，你在这幅作品中看到了什么？（大屏幕呈现长沙马王堆汉代帛画局部"太阳里面有金鸟"的图形）

生：太阳里有只鸟。

师：古代人为什么在太阳里画一只鸟？

（注：教师此刻并不将答案告诉学生，而是等待学生们讨论，也可以说大多数学生会猜测，但即便是猜测式的讨论也比直接将答案抛出要有意义）

（二）我们的眼睛（片段）

教学设计、执教：李力加

师：请看这幅作品。（大屏幕呈现三星堆青铜器《凸眼球大面具》，学生震惊、大叫……）

师：据说，在古蜀国有个部落头领叫蚕丛，他的眼睛特别凸出……

（突然有个女学生身体前倾，高高地举起手，要求发言）

师：请这位同学来说。

（注：这位叫唐恩宇的女同学为大家讲述了她所知道的"蚕丛纵目"的故事，引出教师将要讲述的典故）

分析：在上述两个案例片段中，教师都没有把话说完。第一个案例中，教师引导学生讨论、研究，甚至猜测。第二个案例中，教师的讲述启发了课外知识比较丰富的学生，她主动发言，用故事说出了教师要讲述的典故。这两种课堂效果都是非常好的，在美术教学中，话不说完就是教师教学机智的体现。如果教师在课堂教学中总是告诉学生结果（结论），这样的教学效果肯定就不会太理想。

二、美术课堂中的问答

美术教师在美术教学中与学生进行对话实际上是对课堂的控制。同时，课堂对话是师生互动的过程。师生之间在课堂对话中分享美术文化的信息、观念与观点，因此，对话是美术教师与学生形成学习共同体并共同解决某个美术问题的过程。美术课堂对话有两种形式：问答和讨论。以下针对美术课堂中的问答这个最重要的对话形式展开分析，并提供一些策略。

（一）美术课中的问与答

在中小学美术课堂，美术教师往往会提出一个问题，激发学生回答的欲望，然后美术教师即刻回应这些回答，并由此展开更深入的交流，这是课堂中最常见的师生问答形式。美术课堂问答不同于教师的讲述与演示表现，它是一种互动行为，需要学生的参与。美术课堂上完整的问答形式是美术教师根据自己的教学设计提出一些问题，与一个或几个学生之间展开对话。美术课堂问答的基本过程以及有效策略有以下几点：

1. 美术课堂问答的功能与表现形式

（1）诱发学生积极参与学习

课堂问答活动给学生提供了更多的表现机会，美术教师对图像（作品、图片）的解释性提问可引起学生的学习兴趣与注意力，激发学生的参与热情。

案例

这样表现，想改变什么

教学设计、执教：李力加

（注：本章节问题的讨论与分析均以本案例中的问答为例，此教学采用借班上课的形式，课前师生没有任何交流）

师：有哪位同学愿意到前面来协助老师做一个活动？这是一个有点痛苦的表演。谁能来？哪位同学有勇气？

分析：本问题的提出，已经埋下了伏笔"有点痛苦"。既然要协助教师做活动，还"有点痛苦"，学生是带着对神秘事物的探究心理积极参与的。虽然是借班上课，教师与学生根本不熟悉，但此刻讲台下举手的同学有一大片。这样的导入问话，迅速拉近了教师与学生的距离。

（2）提供思考与探究的机会

学生要回答美术教师提出的问题，就要注意本课教学主题中某些特定的图像（作品、图片）和信息（本课教学中使用的图像是教师专门按照设计思路制作的）。此刻，图像引发了学生对旧有生活经验的回忆，孩子们在心里迅速作出决定，自己的思路与本课内容发生链接。教师的问题围绕这些图像内容而展开，这给学生思考此刻的学习问题提供了思路。美术教师要对学生的回答做出某种反应，在肯定、讨论、修正、补充学生的回答中，使问题更加深入。课堂上通过师生问答及思考与探究的过程，能够使学生的已有知识与本教学主题发生链接。

案例

在教学导入中，教师用一块布（或绸子、报纸）将参与活动的学生的头部蒙住，全体学生兴奋得大叫。问题随之而出：

师：看到这样的场景，大家有什么样的感觉？

（学生积极回答略）

师：请看屏幕，这幅图片的性质与刚才这位同学的表演有什么联系？（大屏幕呈现一幅摄影图片"母亲与孩子"，这幅图片中的头部被紫色遮住）

分析：提出的问题与表演活动、图片呈现是紧密关联的，美术课教学的问题要由学生的视觉感受引发，这是最重要的学科特点。课堂上的视觉刺激可以引发学习问题，教学提问的设计必须与视觉刺激的感应关联。

（3）启发学生的思维

在案例中，美术教师在创设情境后提出问题，这样的问题具有开放性，可以激发学生思考、探究解决（解释）的路径，从图像和问题中发现条件与问题的关系。这样的问题设置，不仅可以拓宽学生的思路，引发学生对问题的另类思考，还可以促进学生建构新的思维模式。

案例

大屏幕呈现三幅用灰色布遮挡学生头部的画面。在学生疑惑的目光中，教师提问："看到这样的表现，想到什么？"

（教师随即讲述艺术家的生活故事，出示头部被物象遮挡的四幅作品，然后提问，引导学生探究、思考问题）

教师问："在这些作品中，艺术家用了什么样的表现方法？"

分析：这是一段连续的问题。教师的导引话语不断出现，无论是摄影图片，还是作品，都是要引起学生的视觉注意，并能够激发大家问为什么。而教师问题的提出，在于强化学生的思维。

（4）促进学生课堂学习向测验目标迁移

本课教学属于研究课，教师在课前已经对美术欣赏课进行了问卷测试，而课堂中的师生问答形式与最终的教学测验有着相似之处，学生在整个教学过程里的回答思路可以直接迁移到问卷测试中。可以说，本课教学中的提问与回答效果，对本课研究的问卷结果有着直接影响。

案例

大屏幕呈现作品《巫师"自画像"》，教师提问："看到这幅作品，你如何理解呢？人是否可以有四只手？"

在教师的引导下，学生对作品的理解进一步深化。

分析：美术教师将自己对作品的诠释以结构性的课程教学方式展现给学生，通过对学生视知觉及整体知觉的刺激，提出有针对性的问题，冲击与改变着学生对美术作品的看法。这些看法直接影响到学生在教学结束后的问卷倾向，甚至改变了学生的知觉思维。

小结：在美术课堂上，根据师生在问答活动中的参与程度和支配权的不同，美术教师采用问答的表现形式可有两种：质问式和交互式。例如，本课教学采用了"交互式"问答方式。美术教师根据对作品的解构,刺激学生的视觉,使学生产生疑问,然后提出有针对性的问题,让学生尽情表达自己的观点。虽然在借班教学中一些学生在教学开始阶段放不开思维,回答不太积极,但随着教学的深入,课堂气氛越来越活跃。另外,学生也受到传统视觉习惯的影响,在本课教学里看到这样的图像后,甚至不敢相信自己的眼睛。这些因素并没有严重影响到本课的提问,因为"交互式"问答方式体现了教师对学生的尊重。大家的讨论还没有结论,就生发了新的问题,美术教师的目的也是在学生回答问题的基础上再提出新问题。而且,教师也期待学生能够向自己提出质疑,或就欣赏中的某一个问题(图像中的作品)展开探讨。这样的问答方式展现了美术课堂的开放性特征,课堂上学生对问答的进程和方向有支配机会。该方式适用于在美术课堂解决开放性问题,由此提升学生的认知水平。

而在"质问式"问答中,美术教师似乎完全控制着课堂问答的过程和方向。这种方式是,由美术教师频繁提问,以检查学生对学习内容的掌握程度,或引导学生沿着美术教师预先设定的教学目标方向行进。在"质问式"问答中,美术教师可以提问,而学生则不能。这种方式在美术课堂上主要被用来解决封闭性问题。

2. 美术课堂问答的基本过程与策略

在所有的美术课堂教学中,由于问答过程中有学生行为的介入,师生的问答一般是间断性的,所以,课堂问答存在一种"问答行为链"。"问答行为链"的各个"链接点"或具体环节,构成课堂问答的基本过程。可以从以下案例片段中寻找具体的问答行为链。

案例

《委任状》

师:我们继续研究超现实主义和如何去实现超现实。同学们注意看屏幕!举手回答老师,你看到了什么?怎么实现超现实?好,请那位女生先说。(引导学生看图像并提出问题)

生:马和身体分开了!

师:被谁遮住了?

生:马从树中间穿过去了!

师:马能从树中间穿过去吗?我们继续研究!看到这幅作品,你看见马从树中间穿过去了,似乎又是树林被穿透了,马头、马身子和人,还有树,错开了!大家再看后边,树林是这样的!我们平时看见的是这样的树林吗?好,然后画上一匹马,现在树林和马错开了吗?(引导学生看图像,展开分析并提出问题)

生:没有!

师:和刚才那幅画一样吗?

生:不一样!

师:好,我们再继续看!

生：后面的树挡住了马的肚子！

师：好！告诉老师，艺术家是用什么样的表现方法来表现的？

生：遮挡！

师：好！请你上来遮挡一下李老师，好吗？请同学们注意看！（引导学生表演）

生：可是她矮啊！

师：矮也可以遮挡啊！注意看！假如她站在我的前面，她挡住我身体的哪个部分？

生：右腿！右边的肚子！

师：好！要是我的肚子在前面行不行？

生：不行！

师：怎么不行啊？我的肚子在她的前面不就是超现实了吗？现在她遮挡住我了是现实，如果我的肚子在前面，能不能行？

生：能！

师：是啊！在艺术家看来这就是超现实啊！现实中，这个站在我前面的女生是把李老师的右腿和右边的肚子给遮挡住了，假如我的身子到前面来了，不就像把我的身体劈成两半了吗？好！谢谢你！好！大家注意看啊！刚才这个女生和我表演的这个超现实的生活片段，就是用了这个遮挡的办法！这个同学说出了遮挡，很好！画面中的各种物象这样安排合不合理？

生：不合理！

师：不合理就是什么啊？

生：超现实！

师：很好！不合理就可以被认为是超现实！好！大家回答得非常好！我们现在让这幅作品变得合理，这样可以吗？树在人和马的后面，树林的绿颜色也在他的后面，对不对？现在合理吗？认为不合理的举手！好，你们三个告诉我哪里不合理？

……

分析：根据上述案例可以发现，美术课堂上一次完整的问答至少要经历这样几个"链接点"：美术教师提出问题，等候学生回答，请学生回答，学生应答，美术教师回应学生的回答并继续提问。当然，有时这几个"链接点"可能会省略一些，但美术教师发问和学生回答是不可缺的。因此课堂问答的必要"链接点"有这样几个：一是发问，美术教师按照教学设计组织问题和诱导学生回答问题；二是回答，由学生回答问题；三是引导评价，美术教师对学生的回答作出评价或进一步阐述某些问题。问答行为的一般过程可以归纳为发问、候答、叫答、学生应答、理答等五个环节。下面就教师实施的四个环节进行具体说明：

（1）发问

由以下角度研究美术教师课堂发问的思路：

①问题的难度。在美术课堂上，教师提问的水平与学生的认知目标直接相关，各年级小学生所处的认知发展阶段不同，因此各类问题对他们的作用也不同。教师要考

虑何种难度的问题在课堂上能有效考核学生对美术作品的理解力。对于本案例中的"超现实主义绘画"这个概念，教师可以引导小学生用图像解构的分析方法，使其掌握理解美术作品所必需的基本技能。这样的问题能使小学四年级以上的学生在组织自己的答案时提高自己的思维层次。

②问题的清晰度。从本课教学中看出，美术教师表述问题的清晰度和明确性，将影响学生答案的清晰性、明确性和一致性。例如，教师问："艺术家用什么样的表现方法来表现？"学生直接回答："遮挡。"又如，"超现实"这个词语是比较抽象、笼统、概括的，学生一般认为这是一个不太清晰的问题，而看着图像似乎也能够明白。但美术教师在本环节又提出了一连串问题，使得问题渐渐明晰。

③发问次数。本次教学实验研究结果表明，美术教师进行高频率的发问对学生的美术学习有着积极作用。在一节40分钟的小学美术欣赏课中，美术教师的高效提问更多地体现在问过程性问题，如"要是我的肚子在前面，这样行不行"，这样的过程性问题，能刺激学生对问题的探究性。当然，美术课堂上发问的次数并不是多多益善，而是要与教学内容、学生特点相符，并且教师要保证每次发问都是有效的。本课教学的研究集中于课堂提问的有效性，也就是美术教师通过提问，对视觉图像传达的意义进行深入解析，这就要求美术教师能提出让学生积极组织答案并参与美术学习过程的问题。

（2）候答

候答是美术教师等待学生思考和回答的过程。候答时间的长短直接影响问答的质量。本课教学出现了两种不同的候答时间：一是美术教师发问后学生回答前的候答时间，这段时间称为候答时间Ⅰ；二是学生回答后至教师对回答做出反应之前的时间，可称为候答时间Ⅱ。

通常情况下，候答时间Ⅰ对美术学科中的开放性问题而言更为重要，而候答时间Ⅱ对有犹豫的回答或部分偏向正确的回答而言更重要。在本课教学中，美术教师的等待时间已经足够长，但由于视觉图像传达的思想能够改变学生观念，因此他们在思考答案时还受到习惯的影响，即如何使自己的回答能够与教师近似或一致。研究者也发现，在本课中，美术教师课堂的候答时间Ⅰ或候答时间Ⅱ增至3秒以上，课堂就会发生显著的变化：学生不回答的次数减少，学生回答问题时更有信心，对其他同学的回答敢于进行挑战，还会对作品的解释提出自己更多的理解。

（3）叫答

课堂上的叫答是指美术教师示意某个学生回答问题。其中，叫答方式和叫答的范围直接影响学生的回答。例如，本课在前11个班的同课异构教学实施中，在课堂问答环节中，有时学生自愿回答，即教师不请学生回答就产生集体自答，此刻省去教师叫答这一环节。但是，教师在面对非常热烈的交流场面时，又没有办法按照一定的形式（如座次、学号顺序、姓氏笔画等）依次请学生回答。在美术课堂上，这种有规则的叫答方式似乎比较难实施。但是，假如尝试随机叫答，其优点是可以减轻学生的焦虑程度，有利于学生集中注意力，学生可以提前准备回答的内容。但在实际中，美术教师又倾向于让"好学生"（积极的学生）回答。如在本课的教学里，特别积极的学生回答了大部分问题，还有很多学生没有机会回答。本课教学中，美术教师一直在适当控制对自愿回答者的叫答，以最大限度地保证其他同学回答问题的机会。本课研究显示，课堂上叫答范围越广，教学效果就越好。

（4）理答

理答是美术教师对学生回答问题后的反应和处理，本课教学的理答表现有：

①表示肯定。在一般情况下，美术教师都对学生的回答给予肯定，主要是为了激励全班学生。在学校美术教学中，美术教师对学生的回答表示肯定的形式有：口头表扬、示意其他学生给点掌声、运用小奖励等。例如，赞赏、表扬是对学生回答的充分肯定，点头说声"很好"，或者是用具体的表扬言语等。美术课堂上教师表扬的效果取决于学生怎样理解受表扬的原因，美术教师接受或肯定学生的观点，就是充分利用学生的回答继续下一步教学，具体表现为：认可学生的观点，对它进一步修改，比较这个观点或者进行概括等，这样，学生就会更愿意参与课堂问答。小奖励是美术教师把提前制作好的五角星、小卡片、小花、游戏币等物件发给回答正确的学生，学生凭此可以"购买"或"兑换"诸如自由活动、荣誉称号、课外读物等奖励。小奖励可以强化学生的学习行为，激励学生进行后续学习，这在小学中低年级使用较多。

②探问与转问。探问，也称为"追问"，在本教学案例中能够看到这样的追问，是就同一问题对同一学生或全体学生进行探究式的发问，其目的在于深化学生对问题的认识。美术学科的问题本来就充满了不确定性，这样的提问可以使探究全面展开，但是教师在运用这种方式的时候，需要把握问题进展的度，到了适当的关口就要停止，进入转问阶段或重新组织提问。探问的方式有：一是改变同一问题的提问角度，或把原来的问题化解为几个小问题再逐一发问；二是向学生提供回答线索。例如，案例中关于"挡住"的回答，此刻已经比较接近教师对作品的解释，于是教师就问了一个与原问题相关的新问题："被谁遮住了？"有的时候，学生回答正确，美术教师也可再提一个问题，再对正确答案进行追问。当探问无效时，或是为了使问题得到更多学生的回应时，美术教师就会使用转问，就同一个问题向另外的学生发问，目的是使问题得到更好的解决。例如，"请你上来遮挡一下李老师，好吗？请同学们注意看！（引导学生表演）"美术教师通过这样的问题，使学生的回答更加明确。在学生与教师共同表演的基础上，学生的回答引发出新的信息，这为学生的思路提供了新的导向，使本课的提问更有成效。在美术欣赏教学中，探问和转问更有利于学生专注学习活动、改变思考方式，是值得倡导的理答形式。

③小结与组织。当围绕一个问题的问答结束时，美术教师为了使全班学生对问题的解决方法或结果有更清晰的认识并加深理解，有时会采取小结与组织的方式，对学生的回答进行重新整理，以给学生一个比较恰当和完整的答案。例如，在本节课中，教师有这样一段陈述，同时也投影在大屏幕上：

在艺术家的画面上有我们的眼睛能看到的东西！这是烟斗！但是画面上添上的一

句话要告诉我们眼睛看不见的东西。其实是这样！这个艺术家是想告诉我们画面上有我们看不见的。比如说，你今天看见了李老师，但是李老师脑门后面的东西你看见了吗？这就是画家想说的意思！烟斗后面有东西！他加了一句话：这不是一只烟斗！你看到的不是烟斗！我们看不见的是什么啊？是艺术家的思想！看不见的是他的创意！

美术教师这样告知，目的是引导学生对问题进行思考。

④关于消极反应。美术课堂上教师出现的消极反应表现为：不赞成、批评或训斥等。这样的状况会在学生回答不正确或学生拒绝回答时出现，但是，这在很大程度上会挫伤学生学习的积极性，消解学生的求知欲，建议美术教师最好不要出现或尽量少出现这种反应。

(二) 美术课堂问答的实施策略

1. 发问策略

（1）基于美术课堂教学目标设计问题，使问题适合学生整体的认知水平。美术教师设计问题时必须考虑本节课所要达成的教学目标，适当安排不同认知水平的问题，同时设计适合学生整体认知水平的问题，这对提高学生美术学习的有效性具有积极作用。其中，恰当处理好问题之间的平衡关系，要基于课堂教学目标，合理分配。

（2）提出的问题要明确。在美术课堂上，由于美术专业问题的学科性特征，教师提出问题时要措辞精练、具体明了，一次只提一个问题，尽量避免复杂、模棱两可、含有歧义的问题。鉴于美术学科的问题具有不确定性，美术教师需要把握问题答案的动态性、开放性。

例如，案例中学生对"超现实主义"这个概念的回答。学生开始是根据字面的意思进行推测性回答，有的说是"不现实的"，有的说是"超过现实的"，又有的说是"与现实不一样的"，等等。学生的回答集中于一点，他们对中心意思只作出一次表述，只用了自己认为具体的、描述性的语言表述问题。但是，当课要结束，教师再问什么是超现实主义的时候，他们的认知已经发生变化，由于对"遮挡、透明、透视、重合、重叠"有了一定的认识，学生的回答已经很深刻了。

2. 候答策略

美术教师在课堂发问之后，要根据问题的难度和具体情境，略等候3~5秒钟，给学生思考问题、组织答案的时间。

在学生回答之后，美术教师也要耐心等待，尽可能使候答时间Ⅱ保持在3秒钟左右。在问答过程中不要太快太急，以免影响课堂学习效果。美术教师叫答后（尤其是非自愿回答的学生），此刻如果学生并没有说话，或者是有些难为情，或有害羞等心理时，美术教师也应等待，直到学生给出实质性回答，或者让另外的同学帮助回答，然后再进一步解释所提的问题。当然，在课堂进程中候答时间只能适度延长，不能因此影响课程的连续性，有时美术教师应适当缩短候答时间，及时采取叫答或理答方式处理。

3. 叫答策略

在美术课堂上，保证每个学生有均等的回答机会，是美术教师实施课堂叫答过程的基本原则。一般情况下，美术教师叫答时可以按一定的规则进行。如当学生渴望回答时，一起在大声说或在插嘴说的时候，美术教师要适当抑制大声喊的学生："请举手一个一个进行回答。""大家要学会给别人保留回答的机会。"当多数学生沉默不语或课堂上出现问题卡壳时，则要鼓励学生参与回答，鼓励学生回答问题时声音要响亮。

　　4. 理答策略

　　美术教师要根据不同学生的回答采用不同的理答策略。对于学生迅速而坚定的正确回答，首先要给予肯定，如"对""回答得很好""不错"，或者是重复学生的回答。例如，在本课教学里，教师就采用了重复学生回答的理答方式，目的是既肯定学生的回答，又对美术问题的多样性结论保持一种开放态度。其次，在学生回答过程中要及时给予表扬。例如，可以说"请给这个同学掌声"，或者是美术教师此刻对学生的精彩回答作进一步解释，也可以追问一个问题，使本次对话达到更好的效果，由此可以了解学生是否真正理解"超现实主义"这个问题。

　　美术课堂上被教师肯定与表扬的行为越具体，表扬效果就越好。对那些依赖性比较强、易焦虑的学生进行表扬，效果要好于对那些自信学生的表扬。当学生的回答很精彩并与美术教师所设定的教学思路比较吻合时，美术教师先要对回答予以肯定，例如，"回答得很好。"如果学生回答时表现出犹豫不决，美术教师可以说"你的思路还是很有意思的"，而后用解释性的话语给学生指出比较有倾向性的理由，或者给学生指出具体思路，这样可帮助回答问题的学生和班里其他学生加深对问题的理解。

　　对于不太完整的回答，美术教师首先要以肯定的语气理答学生，而后探问或追问学生，向学生提供回答这个问题的线索或帮学生找出新的思路，也可以转问其他学生或美术教师自己解答问题。

　　对于回答不正确的学生，美术教师一般不要采取立即反驳的方式，要先弄清造成学生这样回答的原因，然后引导他转向新的思路，防止其他学生嘲笑这位回答问题有误的学生。美术教师最好不要采用直接纠正学生错误的方式，那样对学生的发展不利。对于因缺少美术学科专业知识或对美术表现元素不理解而造成回答错误的学生，美术教师可采用探问、转问等理答方式帮助学生理解。

　　在美术课堂上，如果学生拒绝回答教师提出的问题，该怎么办？课堂上经常出现超过教师候答时间限度而学生仍不能回答教师发问的情况，这时美术教师需要及时处理，否则将影响课堂教学的连续性。造成学生不回答的原因，可能是学生对美术学科知识掌握得不牢固，或教师提出的问题比较模糊，或学生具有恐惧心理等。如果学生由于美术学科知识欠缺而不能回答，教师可采取探问的方式简化这个问题，或者帮助学生了解这方面的知识。如果问题本身比较模糊，学生不能理解美术教师所问的问题，教师则需要在课后研究和改进问题，使原有的学科问题明朗化，易于学生理解。针对有些学生在课堂上回答问题时怀有恐惧心理，美术教师则需要对其进行适当的心理疏导，帮助其树立回答问题的信心。

第二节　教学语言的基础保障

每个小学美术教师都希望自己能上出好课，希望自己的课堂能被大家认可，希望自己的课堂语言丰富，能被孩子们喜欢。而被孩子们喜欢的前提，是教师先喜欢孩子，这是由教师的职业决定的，喜欢孩子应该成为教师的职业天性。走进教室，我们就要带着喜爱的心态去面对他们，与他们一起度过每一次课堂教学的时光。

但是，当小学美术教师面对那些被老师和同学称为"差生"（现在虽然已经不再这样称呼，但同样的问题依然存在）的孩子时，许多美术教师有时候真的感觉无能为力。这些孩子在美术课堂上不能集中注意力，甚至还会"捣乱"，画出来的画或制作出来的习作完全与其他同学不一样或被某些美术教师称为"不知道画的什么"。有的时候是别人画一张画，他只画几条线，而这看起来还是随便涂的。老师要求带的学习用具他们经常不带，一开始练习，就在教室里跑来跑去地向同学借用东西，导致课堂纪律受到影响。他们从来不举手或被叫起来回答问题时不知所云，作业也不及时地交，有时候干脆不交，甚至连老师发的材料都弄丢了……面对这些被认为"很差"的孩子，小学美术教师能使自己喜欢他们吗？很难。有时候老师还会理直气壮地指责这些孩子，甚至当面对学生吼上几声。这样的情况一出现，美术教师自己也会觉得自己"失态"了，说话太"过火"了，但是有时候真是很无奈啊！

一、宽容、幽默、通达

面对这些所谓的"差"孩子，教师的责任感要求我们绝不能放弃他们，因为每一个孩子都有权利在课堂里享受优质的美术教育。作为教师的我们，不仅必须喜欢他们，而且还得帮助他们找到解决问题与困难的办法，让这些孩子同样愉快地在美术课堂里开展学习，有归宿感和团队感，有创作感和成功感，甚至还有成就感和自豪感。

在美术课堂里，教师要做到这些，必须具备宽容、幽默、通达的教师素养。

1. 宽容

宽容，就是美术教师允许孩子有适度的课堂自由，允许他们在课堂里有自己的审美判断，而且"毫无偏见地"接纳与老师或被认为正确的观点不一致的意见，允许孩子为一个美术学科问题与自己"争论"。在教育辞典里，宽容是职业品质，是教师的美德。

但宽容学生并不是教师对学生的恩赐，而是教师应该做到的。如果仔细地分析，很多错误其实并不完全是孩子自己的责任。

案例 1

以"上课不认真听讲"的学生为例,进行一些学习责任的分析。

在课堂中,所谓的"认真听讲",是指学生专注于教师的讲课。学生非常关注教师的讲课内容,并积极地与教师呼应,回答教师的问题,并向教师提出问题,这样的场面是我们所希望的。而面对"不认真听讲"的现象时,可以进行以下分析:

群体	全班学生都不认真听	部分学生不认真听	个别学生不认真听		
			优秀学生不认真听	普通学生不认真听	比较差的学生不认真听
原因分析	1. 教师讲的全部内容学生都不感兴趣。 2. 讲课内容学生完全听不懂。 3. 教师个人的原因（如语言表达不清,语速过快,学生跟不上,教师只管自己讲等）。 4. 这个班级一直以来对美术课都没有兴趣,老师不受欢迎。 5. 其他原因（如美术课的前一节内容还没完成）。	1. 讲课内容只针对一部分学生。 2. 老师讲的内容引起学生的其他兴趣。 3. 部分学生在课前关注其他内容,导致惯性延续。 4. 其他原因。	1. 认为自己已经听懂了。 2. 认为有比美术课更重要的学习内容。 3. 因节外生枝不听课。 4. 不喜欢这位老师,用不听课的方式反对老师。	1. 讲课内容难度太大,听不懂。 2. 教师只关注优秀的学生,没有机会交流。 3. 另有心事。 4. 对美术课不感兴趣。	1. 习惯性地不听课。 2. 课前不准备,听不懂,也不喜欢听。 3. 想听课,但有更有趣的事或物品吸引。 4. 孤单,没人理,老师也不关注。
不认真听讲的几种表现	1. 上课和同学讲话。 2. 发呆,走神。 3. 不讲话,但做自己的事。 4. 玩学具或玩具。 5. 因为对教师讲的某一内容感兴趣而自己在下面发挥,不再听课。 ……				

分析：从以上的案例来看,同样是不认真听课,其原因和现象不一样。如果教师掌握并分析了这些信息,采取的措施就会更有针对性。如果我们把这些原因再归结一下,主要可以分为两种：一是学生听不懂,二是学生没有兴趣。而这两个原因之间又有着密不可分的关系,那就是教师讲的课学生不喜欢听,学生不喜欢听的原因不在学生身上,而在教师身上。也就是说,宽容学生,就是宽容教师自己。

美术教师应从自身找出原因,针对案例中"不认真听讲"的原因,设计一些相应的解决办法：

群体	全班学生都不认真听	部分学生不认真听	个别学生不认真听		
			优秀学生不认真听	普通学生不认真听	比较弱的学生不认真听
解决办法	1. 教师找孩子们了解情况，请他们说说喜欢什么样的课堂。 2. 去听别的学科老师的课（最好是听那些学生最喜欢的老师的课，也可以把所有任课教师的课都听一遍）。 3. 请别的老师（包括班主任、同学科的老师或教导处老师等）来听课，帮助自己找问题。 4. 每次课后都请学生反馈意见（可做简单问卷表格）。	1. 找认真听课的学生了解喜欢听的原因，找不认真听课的学生了解原因，对比一下问题。 2. 调整课堂节奏，鼓励不认真听课的同学参与课堂学习。 3. 请这些同学给老师提意见（除了课后提意见，还可以单独请一些同学做老师的监督员）。	1. 分层备课，给学习优秀的同学布置要求更高的内容。 2. 请学生当小老师，一起辅导其他同学。 3. 请这些同学记录老师的问题。	1. 多鼓励表扬（找到"闪光点"）。 2. 录下自己的课，仔细地分析这些同学在什么时间不注意听，再想针对性的办法。 3. 找这些同学个别了解并听取他们的意见。	1. 采取单项特殊奖励制度（如举手就奖励，发言加倍奖励）。 2. 记录老师说错的地方。 3. 设计分层的问题，请他们一起参与。 4. 找一个学习能力强的同学和他们做同桌。

教师对孩子宽容，除了在教学语言上要始终以褒奖的话语鼓励孩子外，还要对学生参与美术学习与习作的"低位标准"有基本的认识，这个"低位标准"有两点：一是用他们（儿童）的眼光看待他们的练习，二是从个体的角度去看作品。

所谓用孩子的眼光去看作品，即在充分掌握孩子心理特点的基础上，用合适的眼光去评价孩子的习作，而不是用成人的眼光去评价。例如，低年级学生的绘画中经常出现"透过房子看到屋里的家具"的现象，这是由于孩子还处在"图示期"向"写实期"（详见罗恩菲德《创造与心智的成长》）转变的时期，是在对生活中的事物的非理性认识的基础上产生的结果。如果教师在课堂上直接否定孩子的这种认识基础，那么他们就不知道如何来表现自己的作品了。

案例2

如何引导儿童画人物写生表现

执教：李力加

课堂上正在进行"画老师"的主题表现。

师：同学们，古人讲"画鬼魅易画人难"，这是因为鬼魅是人所未见过的，可以向壁虚构。而画人的标准则处处可见，虽是三岁小儿，亦可辨识"似与不似"，是以难也。

师：请问大家，谁可将老师想象成鬼魅来画呢？（学生大惊，连呼"不敢！不敢！"）

师：老师希望大家放开胆子来画，老师并不是要你把老师画成鬼，而是说如果你在画面上把老师画成其他的什么样子，或者说"鬼样"，也没有关系。

师：鬼之所以容易画，是因为谁也没有见过鬼的样子。如果有哪个同学画的老师成了"鬼样"，说明这个同学非常有创意。

分析：上述教师的课堂语言说明，从个体的角度去看习作，即要把评价标准"个体化"。这种个体化不是没有统一前提的，小学美术教师心中应该特别明确教学的目标，即某个年龄段的儿童应该达到的目标指向。但把这些目标放到每一个孩子身上时，它们又不是统一的对象表现及划一的评判标准，尤其在一堂课的教学中，许多美术教师由于事先规定了表现的内容或表现的要求而容易形成划一的标准。许多教师还习惯性地把这种要求传达给学生，导致许多学生的表现练习"得不到认可"，有的甚至被否定，这对孩子的美术学习是很不利的，尤其容易打击孩子的学习积极性。或者，在划一的要求之下，时间长了，孩子们便"没有了自己的想法"，老师怎么要求就怎么画（做），课堂上毫无生气，作品也没有什么创意，只是在表现教师希望表现的东西，这是教师的失败而非学生的错误。美术教师往往没有意识到自己的话语具有暗示性且已经伤害了孩子的自尊心。

另外，即便是真的"画得不好"的学生，也不要轻易地批评，因为孩子们愿意看到老师宽容的笑脸、鼓励的眼神。从这一点来看，教师可以负责任地说："只要在纸上画了，便是正确的，便是孩子的作品。"

美术教师的宽容，最终是要通过口头语言、肢体语言和表情语言来传达给孩子的，因此，美术教师加强自身的修养，提升自己的传达能力，也是重要的一项"功夫"。

要说明的是，宽容并不等于纵容，如果教师面对学生的问题与困难不闻不问或没有采取相应的办法，就不仅不是宽容，还会使问题越来越严重，甚至会导致"无法收拾"的局面，不仅那些差一些的孩子不会改掉缺点和错误，而且还会影响更多的孩子，使得班级走下坡路。

宽容的教师，美丽而可爱，他们一定会受到孩子们的喜爱。美术教师应该记住一个很重要的原则，即不要给自己的课设定太多的"标准答案"，因为标准答案只能让许多孩子失去自我，使他们没有心灵的感知与共鸣，同时也就没有了真正的创作。

2. 幽默

教师让孩子们在课堂里感觉到快乐与轻松，是开展课堂教学的起点。如果可以画一个终点的话，这个终点应该是学生经历学习与参与创作之后的成功感，这种成功感同样也是一种快乐。教师通过运用合适的方法，营造课堂氛围，激发学生的学习兴趣，使学生在投入与付出之后获得成功感与快乐。

在美术课堂里，教师要使自己的语言幽默，必须做到以下几个方面：

（1）对孩子的生活环境与生活方式的熟悉

了解孩子是教育孩子的前提，这一点我们都知道，但由于学科的关系，加上教师自身的认识，美术教师很少会有计划地去了解学生，而几乎是在无意或随意的情况下了解孩子的。事实上，这对美术教师的教学是有反作用的，至少起不到帮助的作用。如果我们能向其他学科教师学习，特别是像班主任那样去家访，去和家长沟通，那么美术教师对孩子的生活环境与生活方式就会有深入的了解。只有深入了解学生的生活环境和生活方式，才有生活基础，话语才会幽默。

（2）对美术教材的深入理解

教材是教学的范本，也是最重要的依据，小学美术教师解读教材的深度直接影响到教学的设计与目标达成的效果，这一点已经为大多数美术教师所知。但要在工作中坚持深入地解读每一堂课，这就需要美术教师建立美术学科教学的高标准，并且时时用新的高标准要求自己，不断地规范自我的行为。对于美术教师来说，美术教材应该是百读不厌的，解读教材时需要用多方面的知识补充自己，有了知识的补充，课堂上的话语基础自然就厚实。

所谓深入理解，远不止"这一堂课如何开展教学"这么简单，如果把问题再往高处提，就会发现还有好几个问题等着我们去解决。例如，我能在一堂课里用几种方法达成教学目标？怎样把孩子诱进这个内容的学习圈里并死死地"钩"住他们？这一课其他内容的前后关系如何处理？如果达不成设计的目标怎么办？

（3）知道孩子想什么和需要什么

所谓知道孩子在想什么，就是教师要和孩子们打成一片，让孩子们从心理上接受老师。

我们常看到这样的情形，在课间或休息时间，即便教师在教室里，也都是教师做教师的事，学生做学生的事，很少有孩子能主动地找教师说一些事，或教师主动参加孩子的活动（事实上有的教师被请到了也不会去），或者反过来，教师找孩子聊天。教师在教室里都是这种状态，更不用说孩子能主动到教师办公室或在其他的时间里主动找教师谈心里话了。那么，我们怎么可能知道孩子们在想什么呢？当今的小孩子受家庭、社会影响，经常会说出一些流行语来，美术教师需要留心小孩子的这些表现。如果美术教师在课堂上能用一句孩子经常说的话来表达美术学科问题，那么，课堂气氛就会很活跃，课堂上就会笑声一片。

（4）用孩子的方式去表达

直觉判断给我们带来的最大问题，是我们用已有的生活经验和判断方式去决定我们见到的东西，对孩子的学习也是如此。

所谓用孩子的方式表达，是指教师要在乎孩子们的感受。所谓站在孩子的角度看问题，是指要把小事看大或把大事看小。教师在乎的东西，孩子们不一定在乎，而孩子们在乎的，却又往往被教师忽略，这也许就是在教学中师生关系最大的问题之一。如果我们真正了解孩子，就不会把那些本应该很轻松就可以解决的事放大或特定化了。

例如，教师在课堂上布置完练习作业后，有的孩子在发呆，或回答说"老师，我画不出来"。许多教师面对这样的尴尬场面不知如何是好，更糟糕的是教师用这样的话语批评孩子："你上课有没有认真听讲？"或者以更断定的口气说："你上课肯定没有认真听,我不是都讲过了吗?为什么画不出来?别人都能画出来,你应该也能画出来。"这些武断的话语会让孩子不知所措。

那么,面对有困难的孩子,我们该怎么办?

在课堂学习中,让孩子感觉愉快是最重要的。如果教师自己能在这中间感受到教学的快乐,那就是很"厉害"的老师了。

女教师语言优美动听,男教师语言幽默豁达,都离不开一个重要的前提,那就是针对孩子的学习兴趣。

在课堂里,教师就要用幽默、轻松的方式表达,让孩子们听了也觉得轻松、愉快。

虽然我们都知道幽默是快乐学习的重要法宝,但幽默的语言不是一下子就能学到的,而要靠教师去"悟"和"练"。教师要在平日里不断地修炼自己的教学语言,修炼自己的"教学功夫",使自己的教学语言有水平、有"噱头"。

3. 通达

通达可以理解为"通情达理",还可以理解为"知晓""畅通"。简单地说,就是教师不仅能理解学生,还能流畅地将自己理解的表达出来。当然,这其中主要是指对教学内容的理解与表达。换句话说,教师要知道学生是如何开展学习的,并且知道他们可能出现的问题、困难和错误,在理解的基础上,还能帮助他们解决这些问题和困难,帮助其纠正错误。

美术教师的通达主要体现在两个方面:一是在课堂教学中与学生进行对话;二是评估学生的作品。这两个方面大多数时候是通过语言来完成的。

美术教师在开展教学工作时,要把学生放在比较"平等"的位置上。所谓平等,是指师生关系不是上下级关系,不是一个服从另一个,而是双方站在同一个平面上。

在课堂上,孩子们的回答也许并不是教师期望的那样,美术教师要学会与孩子们"侃"一下,或者借题发挥(当然不是漫无边际的那种)。比如,在低年级的一节学习色彩的课里,大部分孩子喜欢五颜六色的东西,并说"色彩鲜艳真好看",他们会觉得"颜色漂亮"。有个孩子却说:"我不喜欢那些花花绿绿的颜色,我喜欢黑色。"教师接着的回答是:"原来你喜欢黑色,是不是乌鸦在黑夜里飞的那种神秘的颜色?"这样的对话会引来课堂上的欢声笑语,而且那个喜欢与众不同的颜色的孩子也会开心地笑。

下课后,教师可以多与孩子们交谈。例如,"你能不能给老师的课提些意见?""你喜欢老师的课吗?""你希望老师怎么来讲课?"这些真诚的问题,相信学生们会喜欢的,而且他们会觉得老师和蔼可亲。

教师评估作品时,往往会习惯性地从课堂教学目标出发来评判,有时也从习作的效果来评判。就一堂课的要求来说,对学生习作的要求应该是"一条直线",也就是说,标准应该是一个,由此,教师可以给学生的习作打出成绩。在这个过程中,许多学生的课堂习作会被那些优秀同伴的作业"比下去",导致成为"一般般"或"比较差"的习作。而我们如果把评价标准改成"曲线",就会发现每个孩子不同的进步,因为起点不同、观点不同,甚至喜好不同,练习的表达效果就会不一样。美术教师一定要记住,美术课堂的练习不是数学作业的习题,必须是唯一的答案。如果是那样,美术课就麻烦了。

二、深情、感动、快乐

小学美术教师在课堂上要始终保持深情、感动与快乐的心境,因为这样的心境会自然地通过教学语言流露出来,感染学生,使他们更好地投入课堂。

课堂是孩子们学习知识和本领的地方,更是师生交流情感的重要场所,如果教师只是把课堂看成完成自己工作的岗位,那么,由于工作的烦琐和重复,教学就会变得越来越无趣。教师因为工作无趣而怨声载道,会影响到学生的学习兴趣,这在很大程度上影响了美术课堂教学的有效性。

无论是对教师职业的热爱,还是对美术教学的热情,最后都是要体现在课堂教学中的。如果我们换个角度,就会发现,课堂不仅是孩子们开展学习的地方,也是教师施展才华的场所,更是教师和学生共同营造"生命繁华"的发源地。师生间融洽的关系,会使得校园生活愉快、有趣,特别是在原本应该生动的美术课堂学习中,课堂是一个非常吸引孩子的场所。而这种场所之所以吸引人,是因为课堂教学最重要的人物——教师。

这里所说的深情、感动、快乐,其主体是教师。我们可以用一句话来概括:美术教师在课堂里应该饱含深情,心怀感动,以快乐的教学心态,从自己的教学中感受到传达的快乐,从学生的成长中感受到成功的快乐。

1. 饱含深情

美术教师应该用艺术的语言去表达,在儿童的课堂中更应该用儿童能够接受的语言去表达。教师是课程学习的组织者,也是师生情感交流的主要组织者。在课堂上,教师的语言表达无时无刻不影响(感染)着孩子们的情绪。

一个优秀的小学美术教师,可以对孩子的一件作品进行饱含深情的分析,可以对孩子的一次创作过程进行饱含深情的讲解,也可以对孩子的一次评述进行饱含深情的回应。总之,要对每一个孩子饱含深情。

当一群孩子站在自己身边,或坐在教室里,瞪着大大的眼睛看着自己,教师应有的那种责任感与使命感也许会涌遍全身。而教师在教学过程中或娓娓道来,或用激情澎湃的话语讲解,都源于教师对孩子的情感。这种由职业带来的深情,教师会通过语言和肢体动作传达给所有的孩子,让孩子们感觉到,甚至看得到、摸得到。这样的课堂,一定是孩子们喜欢的,而教师也一定是他们信任和敬重的。

一次热情的招呼,一次热情的问好,还有对他们的作品进行热情的点评,或者给予他们指点和帮助,哪怕是给予一点表扬或赞美,都是一种很美好的深情传递。

与之相反的是冷漠,这可能是当教师的最大的敌人了,也是教师工作失败的一个重要原因,一旦教师对教学工作"没感觉了",那么他对孩子们也一定会"没感觉",冷漠便随之而来,恶性循环也由之开始。几经周折之后,教师的热情便消失殆尽,脸上不再有笑容，心中不再有孩子，当然，课堂也就不会再生动了。

我们可以从两个角度来审视教师的"深情"：

一是教师对作品本身的情感的理解以及由作品唤起的情感而渲染的课堂氛围。

每一件优秀的美术作品都有一定的思想情感，作者都会投入自己的情感因素，也就是说，美术作品的主观成分会比较多。一件美术作品是对一个历史时期、一定社会文化背景的反映，但更是作者主观意识的表达。从作者的角度去理解和体悟作品，带领学生走入作者的创作思绪，是欣赏与理解作品的一个很重要的方式。由此而形成的充满情感的课堂教学氛围，便是我们追求的课堂教学境界之一。

二是关于"如何教，怎样学"的深情，也就是教师对学生和课堂教学本身的情感投入。

课堂教学天天在发生，如果没有足够的理解，教师是很容易疲倦的。所谓的"职业倦怠"，说的就是因为重复而引发的麻木与疲倦。

加强对教学重要意义的认识，特别是树立起对课堂教学的信心，是教师远离职业疲倦的重要法宝。所谓深情，是远高于职业操守之上的一种情感投入，即寄希望于从自己的教学工作中得到情感满足。这种满足，首先来自于教师对课堂教学研究之后的获得——从学生的成长与进步中获得。说白了，就是怀揣着"我要当一个好老师"的梦想并好好努力。这种动机是可能支持很久的，因为"好老师"是没有统一标准的，不同时期对好老师的要求也是不完全一致的。而随着对教学工作的深入理解，教师本人追求的职业高度也会随之越来越高，这也是我们期望的一种境界。

对孩子的喜爱应该是教师的天职。喜爱孩子的前提是关注孩子，美术教师要像炒股者关注数字变化那样，像垂钓者关注浮标的变化那样，哪怕学生的一丝动态也能感觉到，这叫"入境"，是对孩子们真正的喜欢、真正的情感投入。那样，我们就会感觉到孩子身上丝丝细微的变化。比如，我们能从一次课堂发言中感觉到他们对作品的感悟与学习感受，也能从他们的一次习作的变化中感觉到他们对课堂学习的态度或对学习内容的喜爱程度，还能敏锐地感觉到他们对教师的教学和组织方式是否有兴趣。那样，我们就会欣喜、丰盈和欢快。

美术课堂教学，是让孩子们快乐地成为他们自己。他们是他们，我们是我们，我们的任务是帮助他们成长，而不是逼着他们成为我们希望的他们。这一点，我们必须清楚，否则我们就会逼着他们做那些我们认为很重要而他们并不喜欢的事。许多美术教师曾经或正在做这样的傻事，希望孩子画那些教师欣赏的作品，甚至"逼"着他们表现"教师心中的作品"。

2. 心怀感动

所谓心怀感动，是指教师以自己的感怀之心，在课堂教学过程中，以自己的真情实感引导学生进入学习的境界。教学内容可以千变万化，但教师对课堂、对学生的"感觉"应该是不变的。

"我把课堂当做是神圣的地方，那是我和学生们一起完成使命的场所。那里，有我作为教师的尊严,更有孩子们带给我的感动。"这是一位教师的课堂感言,也是我们带着感恩的心进入课堂的写照。

美术课堂容易被教师当做传授技法的场所,我们耐心地把技术传授给学生,让他们学会表达某种造型或设计的技术。但如果我们在课堂上忽略了情感的因素,我们就会成为"匠人"。

学生的参与会给教师带来更多的课堂教学灵感,没有学生的参与,课堂就成了"一言堂",就成了"死的课堂"。课堂上正因为有了孩子们的参与,有了他们的灵动,有了他们看起来散乱的思绪,教师才得以填补那些需要开垦的处女地。那些看起来不需要教师花许多心思研究的"小儿科"的内容,可能正是我们需要花许多精力去研究的,那里可能藏着孩子们喜爱的东西,也有他们作为学习主体的最重要的学习方法。作为教师,我们应该感谢孩子们带给我们一次次的惊喜与意外,感谢他们引发了教学需要,与他们一起共度学习时光时,我们受到他们情绪的感染。

我们感动于孩子们对我们教学的真实表白和他们对教师的信任。"我喜欢。""我不愿意。"这些话都充满了真情。他们的表达,就是教师最重要的一种需要。正因为有了这些直白的表达,我们的课堂才会真实可信,孩子们的天真与朴实也由此开始净化我们的心灵。

心怀感动,是一种形成于刹那之间的感觉,也是一种长久存在的心动,它可能不是轰轰烈烈的,不是惊天动地的,也没有豪言壮语,可它却真实地存在着,存在于我们的课堂,存在于教师和学生之间。

3. 传递快乐

"快乐是一种强有力的传染病,可以在最短的时间内感染所有的参与者,甚至目击者。我们的美术教学,需要这种不能抗拒的传染病。"

孩子和教师之间每天都在传递着一些情绪和情感,快乐或者忧郁,喜欢或者讨厌,我们可以选择,也可以拒绝,但却无法逃避。因为在每天的课堂上,教师与学生的每次见面都是一种情绪的传染。孩子们天真地说,我喜欢看到老师的笑脸,我喜欢自己的画被挂在教室的墙上,我喜欢被老师夸奖,我喜欢……

孩子们的喜欢,应该就是教师的喜欢。

教师要研究孩子,研究他们的喜好。同时,教师要擅长用非语言沟通。例如,期待的目光,鼓励的眼神,某个动作(肢体语言),这些都能够传递快乐、信任、鼓励,给予学生美术表现的启发性、激励性、引导性(方向性)。

传递快乐前,教师自己首先要快乐,要为课堂教学中的收获和成功而快乐,也为孩子们的学习与创作而快乐,然后用自己特殊的语言——能说的语言,能看的语言,还有能体会的语言,把这种快乐传递给全体孩子。

4. 深情、感动、快乐心境下的课堂语言

事实上,在所有的学科教师中,美术教师可能是研究课堂语言规范性比较少的。可能是因为专业的缘故,也可能是因为在教学过程中美术学科的语言本身不是美术教师们最关注的内容。美术教师们更关注自己的课堂设计和教学效果，还有学生的作品。在课外辅导中，美术教师关注的是学生创作的作品，而对语言本身研究得比较少，这导致不少一线美术教师的动手能力强于动口能力。

问题是，根据小学教育的特点，小学美术教师在完成教学内容时，不得不重视课堂语言。事实上，和所有的学科一样，小学美术教师的课堂语言，包括教师的辅导语言，正是教师最需要关注的内容之一。可以说，整个课堂教学的实施，都是以语言为中心的，没有语言就没有授课，也没有评价。如果我们忽视这个内容，一个再好的美术教师，要发展和成长起来，都是有很大难度的。

小学美术教师对课堂语言的重视，表现了自己对孩子们深深的喜爱，也表现了对美术课堂深深的眷恋。如果能够经常将深情、感动、快乐融入课堂，肯定可以很好地解决课堂语言问题。美术教师可以从以下几个方面解决自己的课堂语言问题：

首先，要在思想上充分重视课堂语言的重要性。因为不重视，所以才会忽略，因为经常忽略，所以"随口乱说"，想说什么就说什么，事先不准备，事后不反思，久而久之，课堂语言表达能力自然不会提高。

其次，要在日常教学中不断地锤炼自己的语言。具体的方法可以有以下几种：

（1）备课时要把重要的语言（如起始谈话语、过渡语、结束语等）写下来，上课前要好好地看一下这些重要的语言，想一想它们的表达方式，而且要记熟或背下来，最好还能在上课前自己先讲一遍给自己听，这样能较好地在课堂中把握语言。

（2）在课堂教学中关注自己的语言。课堂语言一定要实施后才能检验，所以教师一定要在平时的教学中关注自己的课堂用语，把自己的点滴收获记下来，反思自己的课堂语言，再修改、运用，如此往复，必定会有大收获。

（3）研究自己的语言发展的"关键帧"。最理想的做法是，在日常教学中让其他指导教师听自己的课，把自己的课堂语言记下来，指出适当与否，然后再进行修改。我们没有这个条件，但我们可以换一个方法——研究自己课堂语言发展的"关键帧"。

在影片制作中，有一个"关键帧"的说法，就是把几个最重要的点抓住进行制作，点与点之间会自动连接起来。我们在课堂研究中也可以采用这个方法。

用录音机或录像机把自己的日常课堂教学录下来（没有人帮忙的时候可以自己来录），再进行"微格化"的分析，这是一种很好的办法。听自己的课，记下问题与收获，可以大大地提高自己的研究成效和实施效果。

（4）关注课堂中的信息。课堂里有很多不同的信息，我们需要去分析，同时还可以通过观察学生的反应、与学生对话等方法去研究自己的课堂语言。

（5）评价性语言是重要的研究对象。教师在课堂中的评价语至关重要，它在很大程度上体现了教师对课程的理解。教师对学生的发言或练习的评价比设计语言本身更重要，也可以在很大程度上看出教师的综合水平。

课堂语言是教师教学的重要载体，作为一个教师，应该一辈子都研究自己的课堂语言。

第八章
美术教学的教研一体化修炼

小学美术教师的课堂教学研究,要回归到美术教师自己的课堂教学实践。本章从小学美术教师的美术课程与课堂教学发展的有效性出发,对小学美术教师在基础美术课程与课堂教学中的种种问题进行梳理。

第一节　课堂教学研究的着眼点

美术课堂教学研究，就在小学美术教师的生活里，研究对象是教师自己的日常课堂教学与小学生美术学习作业。研究是伴随着"小学美术教师（自己）即研究者"的思路展开，研究的主体是小学美术教师和参加美术学习的全体小学生。因为每个小学美术教师面对的每个小学生的个性都是特定的、具体的、丰富的，因此，小学美术课堂教学研究是基于随时面临新挑战的课程教学实践，是回归课堂教学"原点"的、具有说服力的、以小学美术学习实践为基础的教学研究。

朱小蔓教授就"教师研究"作过精彩的分析。她认为，教师不能脱离自己的职场，不能脱离自己的课堂，不能脱离自己日复一日地和孩子们在一起的这种情景状况。从教师的日常生活出发，研究自己的日常生活，使这种研究变成工作的一部分，因为有这样一种研究的倾向、态度和意识，也使工作变成了研究的一部分。她说："研究就是教师的工作，工作也是研究……这个研究首先是一种态度，这种态度是什么？是把自己融入教育活动中，而不是自己在教育之外。我们推崇一种自然主义的态度，最终我们要回归到教育生活中做研究，把学生和老师作为研究的中心。我们主张回到日常的教育生活世界，通过老师在日常生活中的实践以及体验进行研究，通过这种研究更好地理解学生，也更好地理解自己。"

丰富的小学美术课堂教学实践，是每个小学美术教师教学研究的原点。研究者要着力分析小学美术教师的课堂教学与不同年级小学生的美术学习行为，探讨小学生美术学习的思维方法以及美术表现能力是如何发展的，研究艺术文化、美术课程文化对小学生个体与群体的影响，以及在课堂学习活动中，全体小学生的表现能力是如何发展的。研究应包括三个视角：

（1）小学美术课堂文化的生存环境，教与学的方式，不同年段学生美术学习的有效性。

（2）小学美术课堂教学的文化性对小学生的影响。

（3）小学美术教师进行课堂教学的思维方式，教师与小学生之间的思维关系。例如，主体间共享的体验型美术课堂教学。

一、什么样的孩子在美术课堂上最听话

迄今为止，在绝大多数的小学里，美术还属于比较边缘的学科。这是因为社会整体始终没有将美术课放在一个应有的位置上，美术课是"小三门"中最小的学科。

随着社会发展，信息量迅速扩张，人们接受的东西多了，对于美术这样一个学科，

有些人常常会谈论一个"高调",即艺术能够促进人的发展,美术能够提升学生的素质。特别是在国家素质教育目标的要求下,人们开始认识到美术课是重要的。但是,又有多少人能够真正地理解美术与人的发展的重要关系呢?又有多少小学美术教师能够理直气壮地在学校里为美术课的地位而争得面红耳赤呢?

案例

知道自己的文化课学习为什么没有获得成功吗?

执教者:李力加

秋日的一天,实习教师(美术教育专业的本科学生)在实习学校上课。我随机抽查听课,来到课堂上,只见这位实习美术教师戴着耳麦,拿着教鞭,正对着满教室里的小学生大声喊着……他特别想让这些小学生们安静下来,但是,已经是五年级的孩子们只顾着自己讲话,没有理睬这位实习美术教师。每个课桌上虽然摆着小水桶、毛笔、墨汁、毛毡、宣纸,但没有一个小学生动笔,他们只是在玩。那位实习教师看上去很无助,我为他的处境感到发窘,也感到难堪。

排除实习美术教师控制课堂的能力因素,仅从这些五年级的小学生对美术课学习的态度来讲,这个学校的美术教学、整体教育是有问题的。尽管这是当地最好的小学,但依旧没有摆正美术学习与文化课学习的位置。

我暗暗地压住内心的火气,走到这位实习教师前,拿过他的教鞭,在桌子上敲打着,大声喊着:"安静!请同学们安静!"学生有的望望我,有的开始关注讲台了,还有的在继续说话、继续打闹着。我又一次大声喊着:"安静!"并用力拍着课桌。学生开始安静了……

"同学们,今天是什么课?"

"美术课。"

"你们上美术课就这样吵闹吗?"

(学生相互看着不说话)

"请问同学们,你们的语文学习、数学学习、英语学习怎样?有多少同学在这些所谓的主课学习中成绩优秀呢?又有多少同学在主课学习里出现了问题,成了班级里的差生,遭受到爸爸、妈妈的严厉批评呢?"

(学生此刻相互看着,有的人低下了头)

"知道你们自己为什么在这些主课的学习中出现问题吗?知道为什么自己的语文、数学、英语课学习没有成功吗?"

(这些五年级学生大眼瞪小眼,不说话)

"告诉你们一个秘密!由于你们从小学一年级第一堂美术课开始,就没有学习好美术课,因此,你们自己的文化课学习就出现了问题。你们的爸爸、妈妈不断地骂你,他们越骂你,你就越有抵触情绪,就越学不好。但是,最重要的问题还是出在一年级开始的美术课学习上。"

(学生们很不服气地看着我,他们不相信我的话)

"请看大屏幕!"我故意拖长了声音。

"作画时,须收得住心,沉得住气。收得住心,则静;沉得住气,则练。静则静到如老僧之补衲,练则练到如春蚕之吐丝。"

(在我的朗读中,孩子们逐渐低下了头)

"大家应该明白了吧,因为你们从小学一年级开始,在美术课学习中没有做到'沉得住气,收得住心',所以,你们不能安静地读书,不能收心学习,你们的文化课学习才出现了问题,你们就遭到了父母的指责。假如你们从一年级开始,在美术课堂学习里能够练就了这样的'静'、这样的'练',那么这肯定会对你们的文化课学习有极大的帮助。"

(此刻学生不说话了)

"有没有人知道这句话是谁说的?"

(学生们肯定是不知道的,但在场的美术教师们也不知道,这真是悲哀)

"告诉大家,这就是我们浙江人。"

"小学美术教师要注意了,有哪位教师能够从一年级的第一节美术课的教学开始,就向小学生传递这样一段话,而且要让孩子们在不同年段里反复背诵,不断地思考,在每个学期都能够有新的体会?如果有谁能够这样做,而且他教出的小孩子按照这样的要求自律了,那么这对小孩子的文化课学习肯定会有帮助。"

分析:出生在浙江宁海的潘天寿,其美术学习是从《芥子园画传》开始的。他受其师李叔同的影响很深,曾在《画谈随笔》中说:"吾师弘一法师云:'应使文艺以人传,不可人以文艺传。'"他对禅学的研究也是源于李叔同,并认为"作画时,须收得住心,沉得住气。收得住心,则静;沉得住气,则练。静则静到如老僧之补衲,练则练到如春蚕之吐丝"。这种境界,是一种什么样的高度呢?

在中国艺术中,创造者一直要创造一个与自我生命相关的"境",这包括四个方面的内涵:

一是体验性。"境"是创作者在当下的体验中发现的。在小学生一年级的时候,要求他们作画时能够收得住心、沉得住气,就是一种"境"的培育。如果经过6年小学的美术学习,有了这样的"境",小孩子不仅在美术学习方面能够发展,而且文化课学习也会非常好。

二是浑全性。人与山水草木等共同形成了一个无分别的圆满世界。要求小孩子在做事情、读书的时候做到浑全性,并不是容易的,因为孩子天性活泼好动。中国的小孩子现在最大的问题是受信息时代的"泛美国化"影响太多,特别需要回归到中国的文化精髓里汲取营养,让其安静,督促其历练一种精神是非常必要的。

三是关联性。出现在"境"中的山水草木是一种彼此相关的存在,产生往复回环的运动。儿童要建立一种关联性思维,只有收得住心,才能够发现事物的关联性无处不在,才能体会到循环往复的生命在运动,才能对事物的本质有所认识。

四是价值性。人在这样的世界里,彰显着生命的意义。当一个小孩子能够在小学一年级的美术课堂里按照这样的境界要求自己，按照这样的目标历练自己，他的价值观自然就会逐渐形成，对生命意义的理解就会更加深刻。

最听话的孩子，是在美术课堂上全身心地投入，身无旁骛地沉浸在美术海洋里遨游的学生；是能够积极应对课堂上的美术主题，发表自己独特见解与观点的学生；是能够安静地表现、大胆地质疑、快乐地合作的学生；是能够在美术学习中归纳道理与方法，并将其用于自己文化课学习的学生。

二、美术课堂的"乱"与"静"

常态下的美术课堂与公开课的美术课堂大不一样，表现在"乱"与"静"两个方面。常态课与公开课是最明显的反差。

在公开课里，所有学生背向教师的心理被掩盖了，看上去都是"乖乖的"。公开课之所以不乱，学生能够比较安静地坐在课堂上，主要是因为我国的基础学校评价教师时需要公开课的方式。公开课是所有美术教师都需要面对的，小学生本身对这样的教学形式非常熟悉，到了上公开课的时候，各方面表现自然就好起来。

常态课肯定要比公开课乱，这里的"乱"，表现在课堂纪律乱、教学秩序乱、基本教学规范乱。此种情况在任何学校里都存在。

乱的第一个原因，是小学美术教师担负着繁重的教学任务。在一般小学里，美术教师每周的课时在16～18节，有的教师多达24节，还有的教师担任副班主任的工作，这样的工作量让小学美术教师几乎没有时间认真备课，没有时间研究教学。因此，在日常课堂教学工作中就持有应付的心态：小孩子们乱就让其乱吧。

乱的第二个原因，是由小学美术教师的工作态度所致，这是主观上的原因。自己究竟对小学美术教师这个职业、这份工作持有什么样的态度？是保持一份职业，还是将这一工作当事业来研究和追求？在东部发达地区，有一部分小学美术教师，只是将教师这份工作保留着，每天到学校课堂上混混日子，而对美术教师的专业发展没有什么大的追求。

另外，学校对美术课不够重视，这个学科也不用考试，只要教学运转，不出大娄子就可以了。

上述几个原因，是造成小学美术课堂乱的主要因素。当然，在西部偏远省份，还有一个重要原因是，经济落后导致小学美术教师的编制不能落实，很多学校都是由其他学科教师兼职上美术课，美术课可有可无，经常被其他学科老师占用。

案例

回味自己的课堂

经常到基层去上课，由于小学生对外来的老师都有几分敬意，往日里的打闹和说话情况少了许多，教学的实施也比较顺畅。其中，最大的问题是，当自己不进行示范画，请同学们自己画的时候，有的小孩子会抬着头，眼睛闪烁地问道："老师，怎么画？"或者说："老师，我不会画。"还有的学生干脆说："老师，你帮助我画好吗？"但是，这样的话语在公开课上小学生是不敢当场说出来的。

分析：这是在小学美术课堂上经常见到的现实情况，也是基层小学美术教师感觉比较难以解决的问题。在日常教学中，教师如果不能当场解决小朋友的问题，课堂立刻就会乱起来，孩子们因为感觉自己没有能力画好，而去做其他的事情，或者是说话。

小孩子在以前的美术学习里养成了需要示范的习惯，如何展开教学就成了控制课堂的关键因素。假如教师在课堂上处理不当，学生"乱"起来是很正常的。对此，教师可以从以下两方面进行控制：

（1）局部示范。教室里是否有多媒体教学设备，这并不重要，教师只要有一支粉笔，就可以随即进行引导性的局部示范。所谓的"局部"，是指美术教师在课堂教学里不要直接拿出范画挂在黑板上让学生临摹，那样会禁锢学生的思维。局部进行示范的要求是：根据主题，采用局部表现的方式启发学生。例如，花的形态、树的形态、人的形态、室内物体的形态等，教师可以选择主题里某个局部形态表现的点，采用多样手法进行提示性的示范。教师提示学生时，画笔最好不要离开纸面，而要根据自己的把握随意游动，线条的轻重、力度都要自然，如果是用笔的侧峰，就需要注意运笔的速度。

（2）恰当指导。当教师看到学生在表现中出现困难的时候，针对线形与何种形态吻合的问题，可以提示学生加强某处或某一笔。为了保证班级整体学生的学习情绪，教师在具体指导过程中看到某一位学生的作业有亮点，就要马上拿起来展示给全体学生，这是特别重要的调节方式，可以集中大家的视线，让他们暂时忘记其他的事情，集中精力表现好手里的作业。

出现课堂纪律问题的时候，美术教师自己应该心中有数，即要知道小孩子在课堂上"乱"的心理有哪几类状况，自己要用什么样的对策指导教学。例如，画不好、缺乏自信心是"乱"的一种心态根源。这个时候教师需要特别关注那些画不好的学生，当他们能够安心的时候，课堂上就不会乱。又如，新课程改革后的合作学习，有时候是一种流于课堂表面的形式，这个时候，反而会造成课堂学习里的"乱"。因此，对于课堂教学里的合作学习，教师需要在教学设计中提前对问题有所观照，对于什么样的情况能够运用合作学习方式，教师需要心中有数。

关于小学美术课堂里的"乱与静"，小学美术教师应该花点时间，好好地研究，要分辨清楚什么样的乱是由学习纪律引起的，什么样的乱是由学习兴趣、学习自信心引起的，这样才能有针对性地进行指导。美术是没有考试、不倡导量化性评价的学科，因此，小孩子在课堂上放松心情，把文化课学习里的紧张情绪释放在这个学习时段，表现出相对的轻松并不是乱。但是，小学美术教师能不能从小学一年级开始就为学生们建立一种静心学习美术、研习视觉文化的场域，真的特别重要。不静下心来，什么学科都不会学好。

三、面对课堂中的"乱与静",美术教师如何修炼自己

1. 树立"都是为自己做"的意识

小学美术教师如何理解"为自己做"的内涵?

在物欲横流的现实生活里,人最缺乏的就是一种艺术化的生存状态。艺术化生存这个目标,说出来似乎感觉比较高、比较空,似乎不切合现实生活,但实际上,艺术化生存就在每一个人的生活细节里。

小学美术教师在学校里,每天要面临着辛苦的教学工作、繁重的备课任务,还得抽出时间做带班、分饭的工作,另外还要进行教学反思……这些事情都是自己过去从来没有做过的,又这样的平凡、琐碎。面对这些时,教师自己有没有抱怨呢?肯定是有的。

小学美术教师如果有了"都是为自己做"的意识,抱怨就会减少,甚至不再抱怨,遇到困难时就会主动想办法去解决它,发现问题时就能够用探究的方式去研究它,碰到了真正艰苦的事情,也能够尽力克服。这样的状态就是艺术化生存。

真正的艺术家在创作的时候处在一种"心在前,画在后"的心理状态,痴迷、陶醉、毫无顾忌,甚至忘我(忘掉现实)的心境,是其能创作出感动人的作品的基础。如果一个小学美术教师在面对自己的学习、自己的教学、自己的工作时,能够有"为自己做"的境界,实际上就在实现着艺术化生存的目标。

人在生活中总是会产生抱怨,例如,在家庭生活里有人会这样说:"今天怎么又轮到我洗碗?"你洗碗为了谁?是为了别人吗?还不是为了你自己,为了你的家庭,为了你和家人生活得更好吗?你做事情为了谁?课堂教学的一切努力为了谁?

小学美术教师教学是为了谁?表面上是"为了孩子",不过说实在的,还是为了自己的发展。

学生学习也是这样,到底为了谁在学习?是为了爸爸、妈妈,还是为了自己呢?有了"为自己而学习"的心态,还有什么困难能阻碍进步呢?

能够坚定地相信"为了自己而做"的时候,一切困难,一切埋怨,一切的一切,还算得了什么呢?这就是艺术化生存的境界与状态!人啊,最需要艺术化的生活。为了这一目标的达成,先做到一点:保持"为自己而做"的心态。

上述观点对于优秀的小学美术教师来说,似乎又不那么到位。浙江杭州西湖小学教育集团的孙飒老师说:"'为自己而做'这样的境界我觉得还不够,不用去想为谁做,热情投入自己的工作是一种品质,当用心投入美术教学成为自己的一种习惯和思维方式的时候,就根本不会去想为谁而做……"

2. 用"三张脸"对待生活

这是一个有意思的话题。什么叫做"三张脸"?

在现实生活里,每个小学美术教师都有这样或那样的个人实际情况,文化背景、生活和工作的环境、家庭生活等都不一样,自然也不能用一个标准来要求大家。所谓

"三张脸",是基于每个小学美术教师不同的生活状况设定的基本对策。

(1)"公开课的脸"。每个小学美术教师都需要经历公开课这样的过程,无论是学校里的公开课,还是区、县里的公开课,还有市里,甚至省里的公开课,这样的经历没准在什么时候就落到自己头上。当有了任何上公开课的机会的时候,建议每个小学美术教师都要全力以赴、认真对待,这个时候自己所呈现出的面孔肯定与常态里的自己不一样。这是一个最基本的要求,哪怕是使出浑身解数,也要使自己的能量得到最大限度的释放。这是一张超乎寻常、超越自己的脸,是一张具有风采的脸,是展示自己潜在能量之后的脸。

(2)"常态课的脸"。以自己的良心对待日常的课堂教学。实际上,在小学美术课堂上,要建立这样的基本认识,其实特级教师、名师都没有什么,最重要的是在自己的岗位上尽职。在教师这个行当里,实际上就是要凭着良心吃饭。可如今大多数的青年人已经不太相信良心是什么了,他们已经把认真、严谨等字眼抛得很远。

今天,能够按照一个教师的基本规范与职责做自己应该做的事情时,就已经是出类拔萃的教师了,因为大多数教师,只要完成教学任务就可以了,应付教学的思想比较普遍。

教师需要尽力关心学生,需要对教学付出数倍的努力,当这一切都成为平常的时候,这个教师自然也就成为"名师"了。还是那句话,因为他人并不想这样做,你的"名"就在他人被遮掩的状态下出现了,你的"专"也就在他人厌倦的、习惯性的生活里生发了,并不是你真的想出名、想"专",而是他人没有做反衬出了你。所以,我们对一切都要从事物的两个面来看,这样才能保持清醒和冷静。

(3)"生活中的脸"。真实、本真,是当今时代最珍贵的。在网络信息化时代,虚拟掩盖了真实。艺术,其核心为真实;体验,其核心是当下独特的自我感受与触动。小学美术教师的教学生活不容易,很辛苦,是一种真实情况,但在课外、校外的生活里,自己可以彻底地释放自己的心情。自己在课堂教学里遇到的困难,在学校生活里有过的不愉快事件等,都需要在这个时段里得到缓解。因此,生活中的自己要回到本真,回到真实的自己。

3. 提升自身的人格魅力

说到人格魅力,应该是所有美术教师、所有学科的教师共同追求的一个修炼目标。在美术课堂上,为什么有的教师就能够特别吸引学生,把看似平常的课上出彩来?为什么小学生们就特别听这位教师的话?为什么这位教师的课堂就能够出现比其他教师更精彩的课堂表现作业?这些为什么,都要由小学美术教师的人格魅力来解释。

小学美术课堂上的乱与静,也与小学美术教师自身的人格魅力关系极大。温州龙湾区美术教师陈小琴是一所小学的副校长,她认为,解决小学美术课堂上的乱与静这一问题,需要研究小学美术教师的人格魅力。因为,这与一位小学美术教师在学生面前投入了多少精力,展示了什么样的风采,用了什么样的教学方式,都是很有关系的。这是一个与教师成长、教学研究相关联的研究课题。

第二节　如何研究小学美术课堂教学

一、把美术教材上厚

11个版本的美术课程标准实验教科书，所有的教学课题基本都包括以前的美术教材内容、主题范围。但是，有10个版本教材的构成形式均为"课"，只有岭南美术出版社的教材构成形式为单元，再划分出具体的"课"。

案例1

"课"为何物？

小学美术教师似乎不考虑"课"是什么，也没有研究"课"为何物，但只研究小学美术课堂教学，而不研究"课"究竟是怎么回事，将无法深入研究小学美术课堂教学。

小学课堂的课时规定，40分钟为一节课，这确立了课的内容实施需要的时段。小学美术教材中"课"这个概念，并不是单一地指讲授时间，更重要的是针对教学内容的。但是，问题出现了，小学美术教师的一般理解是，用40分钟的课堂时间，对接小学美术教材里某"课"内容。这样的对接产生的问题是，教材里的"课"的主题或内容，在40分钟的时间里能够适应小学生的学习需要吗？

学习内容和教学主题在教材里被称为"课"，学校秩序、时间安排，40分钟也称为"课"，但这是两个完全不同的概念与内涵。因此，在研究小学美术课堂教学时，小学美术教师首先需要对"课"有一个更整体的、宏观的认识，这样才能上好每一节美术课。

实际上，在40分钟的课堂教学时间里，是不可能完整地将小学美术教材里一课的内容教完的，因为所有的教学内容与主题都有着多角度的关联性，40分钟的教学只能是完成其内容的一部分。这样的认识，小学美术教师需要在思想上确认。

分析：基于上述的观念，所有的教学主题都有着多角度的关联性，既然这个观点确立了所有版本小学美术教材的课题内容都不可能完整地在40分钟时间里上完，说明教材课题本身已经很丰富了，那么还用得着再上厚吗？

此处所说的厚，与常态课和公开课有关系。小学美术教师在常态课里往往不太注重备课内容的关联性与丰富性，而在上公开课的时候，似乎准备的东西又太多，反而削弱了主题的关联性。

案例2

人民美术出版社教材第四册第15课《画夜景》，某个教师的教学设计为：请学生欣赏一组城市夜景与白天景色的对比图片，引导学生欣赏与感受家乡美景。其表现方法为：（1）用油画棒直接在深色卡纸上绘画；（2）先用浅色油画棒画景物，再用深色水彩涂抹背景。这是最直接的方法，学生仅仅是凭着对摄影图片的表面知觉，用油画棒在深色卡纸上表现，或者是与水粉结合表现。此课题仅仅就这一个点，就可以继续深入挖掘：

策略1：欣赏城市夜景图片与欣赏艺术家表现夜景的作品结合起来，安排一个尝试练习的环节，看看艺术家的表现方法与学生个体的表现有没有匹配的地方，到底什么样的方法更合适、更有意思，表现得更充分。

策略2：欣赏艺术家作品，分析颜色在夜间的灯光下发生了什么样的变化，艺术家是如何表现的，自己又想怎样来表现。

策略3：欣赏舞台剧照，分析舞台灯光中有主体色调的光是如何影响颜色变化的，再研究怎样表现更有意思。

策略4：欣赏城市繁华的商业街区夜景图片、乡村灯光比较昏暗的室内图片，集中对表现城市夜景和乡村灯光比较昏暗的室内场景的不同方式进行探究。

分析：小学美术教师在每个学期开始拿到新教科书之后，要有针对性地对本册教材里的课题提前进行自主研究，分别设计出几种可以操作的教学思路。这样，在平行班教学的时候，就可以在不同的班里对不同的教学设计进行实践，归纳总结出最适合学生的方法，这样的过程就是教学研究的过程。

例如，人民美术出版社的《美术》教材配套的教师参考书中有一课多例设计的安排，力图使美术教师在参考时有选择、有取舍，提高教学效率。但是，仔细研究一下这些一课多例的设计，就会发现这些设计在教学观念上还是比较陈旧，主要是对美术本质的认识不足，建议美术教师要跳出教材、教参的圈子来思考问题，突破一些传统的想法。

国内目前11个版本的美术教材，除了岭南美术出版社的《美术》教材之外，都采用了以课的形式呈现学习内容的方式。建议小学美术教师在备课时，自主地将教材的课题内容按照单元式来架构，这是将教材上厚的基础。

小学美术教材中所有的美术学科知识与内容都不是孤立存在的，课堂教学设计需要以单元的方式构成一个主题的教学内容。这样的教学研究，能够使一个课题内容始终存在于某种"场"中。美术教师在教学的时候，要选择整体"场"中的一个点展开教学。在教学导入和教学结束的时候，教师需要交代："我们在上节课（曾经用几课时）学习了……本节课我们将针对……展开研究（学习）。""大家在本课时出色地完成了……我们还将在下一课时（以后）……"这样的陈述是非常重要的，包括在公开课中，也应该按照这样的教学思路进行。如果小学美术教师在日常教学里，在公开课的准备中，都按照单元式来架构课题内容，上出来的课肯定是丰满的。

案例 3

"穿衣戴帽——自我的表达"主题教学实践设计框架[1]

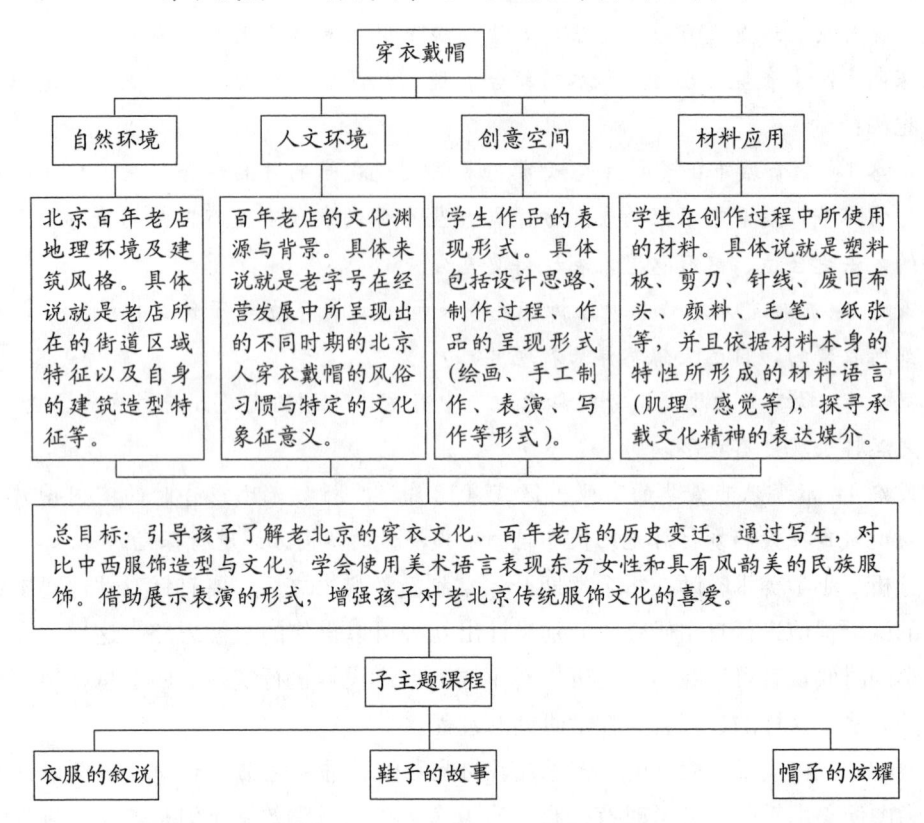

```
                        穿衣戴帽
        ┌──────────┬──────────┬──────────┐
     自然环境     人文环境     创意空间     材料应用
```

自然环境	人文环境	创意空间	材料应用
北京百年老店地理环境及建筑风格。具体说就是老店所在的街道区域特征以及自身的建筑造型特征等。	百年老店的文化渊源与背景。具体来说就是老字号在经营发展中所呈现出的不同时期的北京人穿衣戴帽的风俗习惯与特定的文化象征意义。	学生作品的表现形式。具体包括设计思路、制作过程、作品的呈现形式（绘画、手工制作、表演、写作等形式）。	学生在创作过程中所使用的材料。具体说就是塑料板、剪刀、针线、废旧布头、颜料、毛笔、纸张等，并且依据材料本身的特性所形成的材料语言（肌理、感觉等），探寻承载文化精神的表达媒介。

总目标：引导孩子了解老北京的穿衣文化、百年老店的历史变迁，通过写生，对比中西服饰造型与文化，学会使用美术语言表现东方女性和具有风韵美的民族服饰。借助展示表演的形式，增强孩子对老北京传统服饰文化的喜爱。

子主题课程

| 衣服的叙说 | 鞋子的故事 | 帽子的炫耀 |

分析：本案例选自北京东城少年宫罗珍老师全国教育科学"十五"规划重点课题"城市儿童中国传统文化的传承"。这一课题在全国十几个省市的校外儿童美术教育机构、学校的美术课堂及课外美术活动中实施，经过 4 年的努力，取得了丰硕的成果。这一课题的设计只是其中的一种方式，按照单元结构的方式构成了整体的美术文化与儿童的知觉体验场，儿童在这样的系列学习中能够得到身心的全面发展。

二、美术课堂教学中的假设与实证

为什么需要假设与实证？

研究需要假设，更需要实证。用研究的态度设计美术课堂教学，必然也就需要假设，同时需要用实证来论证自己的假设。小学美术教师在每个学期开始，要对自己担任的整个年级的美术教学有全面规划，规划中肯定就涉及了教学目标达成的假设。例如，三年级下册有 16 个课题，教材上的课题涉及哪几个学习领域，每个领域有几课，哪几课比较类似，并可以合并或者省略不上，在本学期中自己脱离教材编写有个性的

---

[1] 罗珍. 城市文化与儿童美术——主题性儿童美术课程的设置与实践（上）[M]. 广州：岭南美术出版社，2010.16.

教学主题，要达到什么样的教学效果，这些需要有一个教学目标假设。对于学生来说，这是一个学习目标假设。针对这个假设，要考虑采用什么样的方法使其能够达成，如何用多样的美术教学方法在课堂上进行实证。而且有的课题可能还需要多上几次，才能够真正地得到实证。

案例1

(一) 河北美术出版社《美术》四年级上册

本教材共18个课题，教材设计时已经确立"造型·表现"学习领域有11课，分别为：第2课《昆虫与花朵》，第3课《自行车》，第6课《老鼠嫁女》，第7课《色彩的冷暖》，第9课《用色彩画心情》，第11课《物象重组》，第12课《多变的大自然》，第13课《我设计的新机器》，第14课《绘画日记》，第15课《模板上的艺术》，第16课《电脑小画笔》。

"设计·应用"学习领域4课，它们是：第4课《趣味小台历》，第5课《行走的动物》，第8课《我的小笔筒》，第10课《我的家，你的家》。

"欣赏·评述"学习领域1课，即第18课《花鸟鱼虫》。

"综合·探索"学习领域2课：第1课《描龙画凤》，第17课《正月十五闹元宵》。

内容分析：

"造型·表现"学习领域，线描写生课专门安排2课，为第2课《昆虫与花朵》和第3课《自行车》。与线描有关的表现方法涉及3课，为第1课《描龙画凤》、第11课《物象重组》、第14课《绘画日记》。

本领域内色彩表现安排了3课，分别是：第7课《色彩的冷暖》，第9课《用色彩画心情》，第12课《多变的大自然》。与其表现相关的有：第13课《我设计的新机器》，第14课《绘画日记》，第15课《模板上的艺术》。

剪纸表现安排1课，即第6课《老鼠嫁女》。陶艺表现1课，即第8课《我的小笔筒》。

综合表现1课，即第17课《正月十五闹元宵》。电脑绘画1课，即第16课《电脑小画笔》。

教学目标假设：

线描造型：(1) 全体学生基本能够用线造型方法完成花卉写生；(2) 80%的学生能够用线造型完成自行车写生；(3) 90%的学生能够用线造型方法完成主题内容的表现。

色彩表现：(1) 全体学生知道色彩的冷暖，并能够选择不同的颜色表现冷暖色调；(2) 90%的学生能够用色彩画出自己的心情；(3) 80%的学生能够用色彩进行综合表现。

剪纸表现：全体学生能够参与剪纸创作，90%的学生能够独立完成"老鼠嫁女"的一个造型。

泥塑造型：全体学生知道用泥板塑造的方法，90%的学生能够独立完成本主题创作。

综合表现：全体学生能够参与综合表现，80％的学生能够较熟练地运用综合表现方法。

电脑绘画：全体学生能够参与电脑绘画表现，80％的学生能够完成电脑绘画作品。

鉴赏能力：全体学生能够描述出传统中国画中分别有工笔画与写意画，80％的学生能够具体描述二者在表现上有什么不同。

教学实施：按照上述教学目标的假设，制订出具体落实的计划、课时、教学策略、方法等，包括在课外美术活动中需要强化哪些方面的能力。

学期检查：根据教学目标假设与一个学期教学的实证结果，分析作业，写出研究报告。

（二）湖南美术出版社《美术》三年级上册

本教材共13个课题，划分了不同的学习领域。"造型·表现"学习领域有：第1课《老师您好》，第2课《卡通大亮相》，第3课《鸟之王》，第7课《留住秋天》，第9课《花样》等。

"设计·应用"学习领域有：第4课《会走的小人》，第5课《旋转卡》，第6课《盘泥条》，第8课《玩偶大本营》，第10课《纸盒城堡》，第11课《开心台历》。

"综合·探索"学习领域有：第12课《我是生活小主人》，第13课《幸福乐园》。

内容分析：

本册教材中，"造型·表现"学习领域与"设计·应用"学习领域瓜分了大部分课题，课题数量基本对半，这样的教材编写方式比较接近于课程改革前的美术教学大纲。"综合·探索"学习领域的课题并不属于特征鲜明的课型，而"欣赏·评述"学习领域的专门课题则是空白。

"造型·表现"学习领域中的表现方法比较含混，没有具体规定要用什么方法表现，只要属于一般儿童画的表现就可以了。

"设计·应用"学习领域有泥塑的盘泥条造型，有纸工造型设计，有废旧物品利用与纸材料综合表现等。

在"综合·探索"学习领域里，表现方法基本重复本教材中曾经用过的方法，其目的可能是为了巩固已经有的学习成果。

教学目标假设：

造型能力：全体学生基本能够用自己擅长的表现方法完成主题表现，50％的学生能够完成较为完整的画面。

色彩能力：全体学生能够用油画棒、彩色水笔或者水粉颜料表现色彩，60％的学生能够针对主题画出有表现性的作品。

泥塑造型：全体学生能够用盘泥条的方法塑造器物，60％的学生创作的作品比较出色。

综合表现：全体学生能够参与综合表现，70％的学生能够较好地运用纸张、废旧材料、树叶等材质进行综合表现。

鉴赏能力：全体学生能够在随堂欣赏中对作品、图片形成自己的感受，并能够表达个人的看法。（虽然本册教材没有欣赏领域，但这里为其设立了目标）

教学实施：按照上述教学目标假设，制订出具体落实的计划、课时、教学策略、方法等，包括在课外美术活动中需要强化哪些方面的能力。

学期检查：根据教学目标假设与一个学期教学的实证结果，分析作业，写出研究报告。

（三）浙江人民美术出版社《美术》二年级上册

本教材共22个课题，在目录上设立了颜色标识，确立了不同的学习领域。"造型·表现"学习领域有9课，分别为：第1课《云儿朵朵》，第2课《好大的向日葵》，第6课《我的老师》，第7课《爸爸妈妈真忙》，第8课《快乐的假日》，第13课《指印的联想》，第14课《刮出来的画》，第21课《地下的故事》，第22课《下雪天》。

"设计·应用"学习领域有11课，分别是：第3课《奇妙的字母》，第4课《多姿多彩的课程表》，第5课《小闹钟》，第10课《壶的聚会》，第11课《手拉手，好朋友》，第12课《手指玩偶》，第16课《转啊转，纸陀螺》，第17课《卷纸动物》，第18课《自己做帽子》，第19课《小画框》，第20课《小小建筑师》。

"欣赏·评述"学习领域1课，即第9课《泥娃娃》，另加一个主题，在封二、封三及第40页有美术万花筒与专题欣赏《民间剪纸》。

"综合·探索"学习领域为第15课《闪光的星星》，本课内容与"设计·应用"学习领域交叉。

教学目标假设：

造型能力：全体学生基本能够按照教师要求的表现方法完成主题表现，50％的学生能够完成较为完整的画面。

色彩能力：全体学生能够用油画棒、彩色水笔表现不同的画面色彩，50％的学生能够针对主题画出有表现性的作品。

泥塑造型：全体学生能够用彩泥塑造壶的造型，60％的学生的作品比较出色。

综合表现：全体同学能够参与第15课的综合表现活动，80％的学生能按照教学要求制作简单的玩具。

鉴赏能力：全体学生能够在随堂欣赏中对作品、图片形成自己的感受，并能够表达个人的看法。（虽然本册教材没有欣赏领域，但这里为其设立了目标）

教学实施：按照上述教学目标假设，制订出具体落实的计划、课时、教学策略、方法等，包括在课外美术活动中需要强化哪些方面的能力。

学期检查：根据教学目标假设与一个学期教学的实证结果，分析作业，写出研究报告。

分析：在上述案例中，教师仅仅是依据教材的呈现形式进行分析，没有阅读配套的教学参考书。其中，教材文本里提示最充分的是河北美术出版社的《美术》。这样的分析目的是给小学美术教师们提供一个简单的范本，如果真正在每个学期里按照这一方法进行教学目标假设分析的话，应该要进行比上述案例更深入的文本研究。如果再强化一部分校本教学研究的内容，与统编教材整合为一体的话，分析将更有指导性。

案例2

教学课题研究案例参照：主题性教学课程开发框架[①]

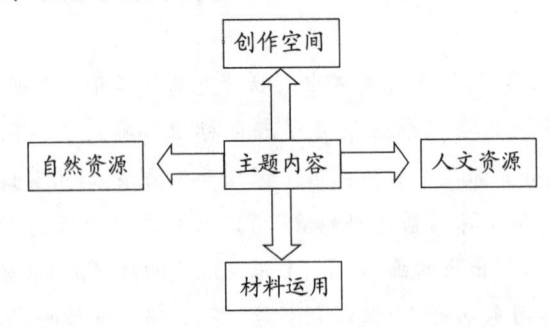

```
              创作空间
                ↑
                |
自然资源 ← → 主题内容 ← → 人文资源
                |
                ↓
              材料运用
```

在这个"十字框架式"的课程开发结构中，将教学主题置于中央的方格中，然后从"人文资源""创作空间""自然环境""材料运用"四个方向思考，进行教材资源的强迫联想、扩散开发。

框架有四个维度的内容：

1. 人文资源：

(1) 人物：历史人物、名人等。

(2) 建筑：皇室园林、地方传统建筑、宗教建筑、现代建筑。

(3) 表演：本土艺术（包括传统艺术和现代艺术等）、国际交流演出。

(4) 各种博物馆、艺术馆。

(5) 生活：衣、食、住、行、民俗活动、礼仪、节庆、传统手工艺品等，以及与这些表现形式相关的文化空间。

(6) 地理环境、城市历史、现状调查、相关的文化空间等。

2. 自然环境：

(1) 欣赏资源：山、水、动物、植物、各种特产等。

(2) 创作材料：原始材料、再生材料、废旧材料。

3. 创作空间：

(1) 设计：平面（招贴、书籍装帧、报纸等）、立体（装置、室内设计、服装等）、展示。

(2) 创作：视觉艺术、表演艺术、应用创作等。

(3) 手工制作。

---

① 罗珍. 城市文化与儿童美术——主题性儿童美术课程的设置与实践（上）[M]. 广州：岭南美术出版社，2010.2.

（4）各种社会实践活动。

4. 材料运用：

（1）材料的特性。

（2）运用的方法。

（3）意义的表达。

分析：从这个单元教学的框架里，能够看出整体设计的巨大优势。小学美术教师应该在自己的教学里参照这样的研究模式，自主进行课程开发，使美术课堂教学研究更深入。

第三节　小学美术教师的课程意识

谈到课程意识，小学美术教师总会觉得它离自己的教学生活比较远，课程意识似乎是教育专家研究的东西。实际上，任何一种课程的设计、实施、落实都必然体现一种课程意识。课程意识反映了小学美术教师对美术新课程理念的认识，对课程标准实验教科书的理解，对不同年段小学生课堂教学的组织。

提出建立课程意识这个问题，是因为美术新课程与传统课程体现的美术教育理念与课程观不同。美术新课程实施10年多来，一些小学美术教师对新课程实施与教学认识不太清晰或理解上有偏差，最主要的原因在于没有建立起自身的课程意识。当今时代及未来的小学美术教师是否具有课程意识，对美术课堂教学中的制约、管理、落实等因素都有极大影响。课程意识是小学美术教师在教学过程中发现问题、调整教学、进行组织和管理的重要砝码，所以，建立课程意识与美术课堂教学是一个可以长期不断讨论的话题。

一、超越课本与学科

建立最基本的课程意识，需要对什么是课程有一个大概了解，在了解的基础上，通过美术课堂教学实践和研究形成自己的基本研究思路。课程包括教学目标、教学内容的组织和选择、教学方式、教学评价四个方面。小学美术教师建立起课程意识是时代发展的要求。有了课程意识的美术教师，在面对每个不同的教学课题时，并不是照着教学参考书的葫芦去画瓢，而是以整合的教育思维提出教学设计思路，既特别关注所面对的不同学生群体，又研究每个教学的细节。

案例1

儿童转型期年段写生单元教学的实践研究（节选）

杭州市求是教育集团　　羊敏

每天早上和傍晚，孩子们都能看到老师骑着电动车出入校园，老师的电动车停放在自行车棚里，孩子对老师的电动车再熟悉不过了。在《老师的电动车》一课，孩子们拿着写生凳到车棚里写生。孩子们在表现自行车的基础上，再表现老师的电动车，显得轻松了很多。他们先勾出大致的形，然后表现细节部分，有的同学画面表现得很丰富。

我问一个孩子："你为什么能表现得这么具体呢？很多细节部分都表现得很到位，这是什么原因呢？""因为老师每天早上骑着它来到学校，傍晚又载着它回家，我们几乎每天都能看到，它的造型我们再熟悉不过了。因此，画起来也特别顺手。"

有一个孩子说："老师，您的电动车已经很旧了，我在用颜色时用了很鲜艳的颜色，希望你能每天骑它来上班。""你真是我的好学生。我的电动车虽然很旧，但是它一直在勤勤恳恳为我服务，不管刮风下雨，不管严寒酷暑，它都任劳任怨，你仔细看车身的那道'伤口'，它就是为了保护我而避开一辆汽车被擦伤的。还有那轮子上的几颗螺丝，虽然已经生锈了，但是它们还牢牢地固定着。我的车很'老'了，但是我深深地爱着它，因为它陪伴了我好多年了。我当它是我的孩子，一个不怕困难的勇敢的孩子。"当我说到这里的时候，孩子们表现得更认真了，过了一会儿，一个孩子跑过来跟我说："老师，我很仔细地把它的那道伤口表现出来了。"还有一个孩子说："老师，我不仅表现了它的伤口，还非常精细地表现了那几颗很重要的螺丝。"此刻，我已被孩子们的心意感动得热泪盈眶。最后，孩子们表现出了一幅幅生动的作品。

分析：建立在课程意识基础上的小学美术教学，使学生的学习方式发生了根本变化：

第一，整合出的学习内容（主题）具有真实性（生活性）、复杂性（趣味性）与综合性。

第二，对学习方法的引导性、支撑性、研究性、迁移性大大加强，关注学生的"学"，成为小学美术教师始终需要坚持的教学研究方向。

第三，对小学美术课程教育现象的研究成为支持美术教师专业成长的基础。关注教学现象，关注教学细节，发现教学中的问题，已成为美术教师教学成功的关键性因素。

案例2

表现性教学设计解析

根据建立课程意识所应该具备的思维和方法，选择义务教育课程标准实验教材中的课题，应用建构主义课程理论和后现代课程理论的教学建构方式，尝试对课题进行教学设计，思考其中的不同与相同之处，发展这一课程模式的建构方式。例如，河北美术出版社义务教育课程标准实验教材《美术》四年级上册第2课《昆虫与花朵》。（选择具体表现环节的指导进行分析，其他环节略）

教材呈现分析：这是最直接的线描写生教学。欣赏以花与昆虫为主题的摄影照片，另外，有一幅国画工笔重彩作品《白牡丹》局部图，还有7幅从不同角度表现的学生线描作品。

教材上的教学提示：带上放大镜，让我们到昆虫与花朵的世界去仔细地观察，那些常常被我们忽略的细节，原来是那么有趣。学习活动建议：细致地观察自己感兴趣的昆虫或花朵，按照自己的感受去组织画面，并详细地描画出来。

教学设计思路1：备课时，用电脑制作昆虫与花朵局部的图片，分别放大3～5倍，并用线条提炼的方法将每张图片全部制作好。

教学与指导：PPT呈现图片，引导学生仔细观察并描述。请3个学生到黑板上用白色粉笔简单描绘局部，教师再用彩色粉笔在3个学生画的形态上进行局部调整。然后全体学生开始表现。在指导过程中，教师注意发现学生的作业，看到一点精彩处，立刻拿起来向全体学生展示，让学生以最宽松的心态自主表现。

教学设计思路2：在没有多媒体的学校，教师备课时要画两幅局部线描范画，建议直接用普通水笔表现，这样可与学生的表现接轨。

教学与指导：请学生看教材，研究昆虫与花朵局部。再请3~5个学生说说两幅范画的表现，并即兴在黑板上画某个局部，让学生看线条的运动力度。然后全体学生开始表现。教师发现学生作业的亮点后，立刻表扬，让大家能够放松心态，大胆表现，要求画线条时力求自然，勾画线条不要太紧。

教学设计思路3：PPT制作与备课同教学设计思路1。同时，准备昆虫标本或者是玩具，准备3~4盆花带到课堂，以实物写生的方式进行表现。

教学与指导：PPT呈现图片，引导学生仔细观察图片并转向观察昆虫标本、玩具、盆花。请3个学生选择一个局部在黑板上表现，教师为其作业调整线条走向，引导学生讨论研究，然后全体学生开始对照实物进行写生。教师巡视，及时发现学生作业亮点，展示作品，鼓励大家自主表现，落笔大胆。

分析：美术新课程的结构包括显性课程和潜在课程。显性课程包括教学目标、教材、教学方法、选择内容、组织内容、评价的项目和方法。潜在课程包括学生的学习经验、旧有的生活经验、社会文化背景。二者之间是一种互补的关系，上述的教学设计体现了二者的关系。

案例3

欣赏教学案例解析

浙江人民美术出版社《美术》二年级下册封二"**热爱祖国优秀传统艺术**"青铜器欣赏。

教材分析：在每册教材的封二安排欣赏内容，是浙江人民美术出版社小学美术教材的一个创意，图片精彩，主题非常有意义。但是，在日常的小学美术教学里，真正能够上好这一主题欣赏课的教师比较少。本主题一共有4幅图片：《铜奔马》（汉），《朱雀》（汉），《虎》（战国），《二狼噬鹿》（战国）。

链接：中国古代青铜器有着永恒的历史价值与艺术价值。青铜器是神秘的，它的符号和形状涵盖了古人的历史、宗教与文化，掩饰了古人难明的心态，让人不得不憧憬那些远古的时代，不得不借由它编写自己对那个年代的理想。于是有了禹铸九鼎、干将铸剑这样的传说，有了金戈铁马、礼乐教化这样的历史，也有了炊烟袅袅、男耕女织的生活。传说讲了几千年，历史记了几千年，生活过了几千年，青铜器渐渐在尘土中湮没了，它被忘了吗？

青铜器是我国古代璀璨艺术的经典，它种类繁多，有酒器、水器、乐器、兵器、车马器等。青铜器的冶炼铸造技术代表了当时社会最先进的生产技术。

（本资料是关于青铜器的概述，提供给美术教师研究）

教学活动建议：

1. 欣赏我国古代青铜器图片，了解各种青铜器的实际用途，特别是对青铜器的造型和纹样进行仔细的观察，并和同学们说说自己对不同造型与纹样的感受和认识。

2. 根据与青铜器有关的故事及典故，讲述有趣的故事片段，用绘画或泥塑造型的形式进行表现。

表现活动建议：

1. 了解我国古代青铜器冶炼技术代表了那个时代科学技术的顶峰，以及铸造青铜器需要不同的工序。

2. 引导学生在泡沫塑料板材上雕刻出形状和喜欢的花纹，再用纸浆（废旧报纸等泡在水里后成浆）敷在上面，等干燥后取下，可以看到自己用纸"铸"出的纹样。

3. 利用塑料泡沫进行拼版铸造的实践活动。按小组合作的形式，每个学生刻制不同的版，然后组合在一起进行"铸造"。

欣赏教学备课建议：

1. 讲师讲述《铜奔马》时可以参照的资料：王家斌与王鹤著的《世界雕塑名作100讲》。

教学素材：《铜奔马》亦称《马超龙雀》（原名《马踏飞燕》），其艺术造型异常精巧。骏马腾跃，作凌空之势，后脚落在一只飞行的燕子身上，这栩栩如生地表现出骏马的神速，甚至燕也落在神马的后面。"奔马踏飞燕"仅仅是一个情节，烘托出马的神速，雕刻的主题思想是骏马不断地飞速前进去执行战争任务。这位汉代的无名雕刻师，以他奇妙的艺术构思和精湛的造型手法塑造了神速的骏马，把造化之形和心灵之意凝聚成艺术的精华。《铜奔马》是我国雕塑历史上现实主义与浪漫主义相结合的一尊艺术精品。

教学提问："有哪位同学听说过《马踏飞燕》？"这是本作品欣赏中需要把握的要点，古代无名的雕刻师对这个瞬间捕捉得这么好，让今天的人感到汗颜。（可引申问题：文化断层，如今的艺术家为什么创作不出来）

根据这一思路，可以这样提出问题："请同学们考虑，今天有谁能够创造出这样的作品？""看到这件作品，大家想想，今天还能不能创造出这样的作品？"

（还可以有其他思路，请美术教师自己把握问题的出发点）

教学素材："竹批双耳骏，风入四蹄轻。""是何意态雄且杰，骏尾萧梢朔风起。""莫嫌金甲重，且去捉飘风。"杜甫、李贺写的句子，仿佛是对《铜奔马》形和神的描述，而《铜奔马》正是对这些诗文的佐证。铜奔马形象豪纵，它昂头竖耳，万里骁腾。

2. 在《二狼噬鹿》这件作品中，一只狼跃踞鹿背，口噬鹿的耳朵，前爪抓住鹿的头与肩部，另一只狼伏在鹿的腹部。由这样一个形象的瞬间向学生提问："两只狼在吞噬鹿的瞬间，你想到了什么？"

思考：

1. 设计出能够使学生发展整合思考方式、联系多方面美术学科知识与理论的课程。

2. 设计出能够联系学生生活实际的、有着具体美术学科要素的课程。

3. 设计出适合每个学生生活的、促进学生主动学习并完善个性的课程。

设计的重点：

1. 从过去的灌输式教学转变为引导学生进行自主学习、探究学习。

2. 将学生头脑中诸多文化知识整合起来，使学生的审美能力得到发展。

3. 课程的组织形式或结构由三个方面因素组成，即学科、学生、社会。

分析：在美术课堂教学实践中，小学美术教师有必要逐步建立一种全方位的课程意识，这样的意识就是"超越了学科界限，网络性的思维，生态式的发展，结果的不确定性"。一位小学美术教师有了这样的课程意识，就会对教学问题考虑得比较全面，就会对美术教学的理解更加深入，就会在美术课堂教学实践中逐步完善自己。

二、学习进行教育叙事研究

把自己教学中的想法写出来，把课堂上发生的故事记录下来，对于小学美术教师来说，是一种最容易掌握，也特别有效果的教育教学研究。这一方法被称为"教育叙事研究"。

对于教育叙事研究，著名教育学者丁钢先生有精辟的论述："教学是什么？教学是一种教与学双方的相互沟通的过程，也是一种价值分享的过程。如果教师不打算加入在不同差异学生个体中的不同价值分享和理解过程，只是停留在知识传授的范围，那么，在教学过程中，或者说当一个又一个的可教育时刻来临，我们充其量只是一个教学活动的旁观者。"一个有思想的小学美术教师，并不愿意只做课堂教学活动的旁观者。

1. 先写教学故事

教育叙事研究可以由写自己的教学故事开始，学着记录自己日常的教学生活，开始分析自己，研究学生，研究自己。

以下是新老师故事片段二则及优秀教师的反思：

（一）暖的四月——柳湖小学教学纪事

林小桃

4月的某日，天空无比湛蓝，日光洋洋洒洒地倾泻，尚需你我微微眯眼，避开它的刺激。

来到此处，眼中映现出一张张小小的脸蛋，有喜悦的，有懵懂的，稚气的脸上带着一份属于儿童的纯真。包围你的还有特有的熟悉感：上课时安静得仅剩下窗外树儿摇晃的微噪声；下课时，走廊上总有男孩在追逐打闹……

我和两名同学一齐被分配至四年级3班，担任这个班几周午间的课程。虽说我们是美术教育出身的，但却要教艺术以外的包括语文、数学、自然等学科。这对我们而言，是一次教学能力和综合素质的考验。

孩子们对陌生人总是抱有好奇之心。胆子大的，会上前和人招呼。怯懦的，则停下手中的作业，抬头望你。当你的目光与他相触时，他便迅速低头不语。班长是个女孩，眼眸明亮，剪着童花头的发型，为人乖巧。在后来的日子中，她也协助我们完成了不少教学上的事情。这儿的孩子一眼看上去算不上特别，但细看之下，每个孩子都各具特征，耐人寻味。

作为一名教师，要有一颗愿意关注孩子的心，在这种心愿的引领下，你会发现每个生命的不平凡。我也愿将心沉静下来，去关注他们，感知每个小孩的神奇。

记得我给孩子们上的第一堂课是关于祖国山水名胜的，主要介绍五岳和五大淡水湖。课程本身较为简单，但为了调动孩子们的积极性，我请了5名同学走上前，分别饰演"东岳、西岳、南岳、北岳、中岳"的山神。孩子们顿时乐了，觉得有意思。上来的学生领悟力都很不错，找准了方向和位置，便进入了"山神"这一角色当中。接着，我拿出事先准备好的稿子，文稿的内容是山的一些历史典故和神话传说等。我将稿子按内容分别发放给5个学生，让他们节选一段向全班同学朗读。在这个过程中，有些孩子的读说能力较弱，我需要在一边进行语句上的补充。对于稿中出现的难字，我事先已经用拼音注出，学生在不认识的情况下，可以拼读。在这个活动环节，上面的学生和下面的学生都比较投入和专心，对不确定的知识，他们勇于提出疑问。事先的备课十分重要，教师只有对教学内容十分熟悉，才能帮助孩子们解疑。那节课上得比较顺利，孩子们在课后仍然记得课上的知识点以及趣味内容。

还有几次教学是围绕美术进行，我让孩子们在轻松的氛围中，去感觉，去画，去玩乐。我发现一些小孩子的创作能力是很强的，当然也存在着一些问题，就是习惯临摹，缺少观察与思考。比如，他们画的电视机永远是方形的，带两根天线、几个按钮。在发现这一现象后，我便对他们进行引导，打开他们的思路，他们之后的作品的确有改观。

课下，与他们嬉闹也是少不了的，但还要注重与孩子们进行必要的交流。

记得小牙是个愣头愣脑的男孩，不怎么起眼。但我翻看了他的作文簿，小小的字，虽说写得歪歪扭扭，读起来费事，但文字中流露出真挚的感情。我拿其他学生的作文和他的进行对比，发现别的孩子的作文中多了一份矫揉造作和刻意，而他的文字则是自然流露。

我对他说："你要继续努力，写得不错。"边上的孩子便欷歔起来，说："不对，我们老师从来没这么评价过他。"小牙脸红，拘谨地捏紧他的本子。同时，我也有失落感。

现在的教育中还存在着太多的束缚压抑着孩子，以及他们的纯真。我倒是觉得小牙敢写，写得很有王朔的风格，文风看似玩世不恭，但又巧妙地表达了某种感受。我希望他继续这样写下去，还鼓励了他。他微微点头，我心中有一丝动容。

还有个学生是小K，意识比一般同龄人超前，外向大胆，敢于作秀表演，典型的班中活宝。这样的孩子不能"死教"，而需用"影响"来迂路攻破。此外，在课堂教学的活动环节，也需要这样的孩子上场，以激发其他学生的情绪。

……

（二）教学中的故事

冯晓晓

这天天气十分的晴朗，我第一次来这儿教课，心里不免有些紧张。我站在讲台上望着学生，先简单地自我介绍了一下，接着说："第一次美术课大家好好画，发挥自己的想象，创作一幅作品，让我……"我话还没说完，一个个头不高，但带着调皮眼神的小男孩大声地回了一句："是你第一次来上课，而不是我们第一次上美术课！"我愣了一下，看了他一眼，心想：怎么这么倒霉！一来就碰到这样的学生。但又一想，这是一个好的挑战机会。这时旁边的学生也开始起哄，我调整了一下自己，微笑着说："你说得很对，这是我第一次给你们上课，所以你们要好好画，充分地表现一下自己。"

在画画的过程中，我知道他的名字叫朱文韬，今年10岁。我看到他很有想象的天赋，他用铅笔开始画素描画，画怪兽。许多小朋友也受他的影响开始画怪兽，看来他是个很有影响力的人物啊。记得在上别的课时，他一个劲地讲话，那老师就说，警告过三次就要扣星星，最后还要按星星的个数评分，谁的表现好就加星星，还有奖品。而他还是无视一切，说个不停，于是老师就威胁他要扣他星星，他非常强烈地反抗说："我才不稀罕，有什么了不起的！我才不要什么奖品。"还是依然带头起哄。

他是真的不要星星了吗？我在心里暗暗地想。看到这种普遍的奖励情况在这样的方式下无效了，心里感到一丝凉意，为什么我们总是要以这样的方式来评定一个学生呢？在他闹时，老师说："你表现好点我就给你加星星。"他就说："我不要，干吗要表现好点呢？"

这样的小孩确实让我为难，我就想，他到底为什么会这样呢？也许他不曾被鼓励过，也许他没有被认可过，或者是他认为，反正你们认为我是这样，那我就是这样吧。那么他自信吗？也许他更多的是需要认可吧。这时我想起了电影《看上去很美》的男主角方枪枪，大人们都不能容忍方枪枪这个充满野性的孩子，但方枪枪却经历了一个寻求自由的过程。他开始学着顺从，竭力表现自己，可都被误解。当他明白这种顺从并不能让他得到其他人的信任和理解时，他觉得这种顺从是毫无价值的，于是他走向顺从的极端，成为叛逆者，用脏话骂人，欺负同学，他从这种方式中获得了满足。这让我感到伤感悲哀！那朱文韬呢？我产生了想要了解他的念头。

第一次的接触确实也让我明白，他很厉害，不会犯太大的错，但就是会让你生气。

……

（三）家长参与的一节美术欣赏课

孙飒

这次的家长开放日，年级组安排我在409班上一节美术课。说来也是，开放了几次，每次开两节课，我也曾执教过好几次，但这个班级，我一直还没有和学生、家长一起上过美术课。因此，上周五年级组和我一说，我便欣然接受了这个任务。

上什么内容呢？想到前不久刚设计了一节自编教材的美术欣赏课，还没有实践过。于是，我便决定在周三开放日上这节《一个"沉思者"——走进马格里特的世界》。周二的这节美术课，我让他们带蔬菜瓜果，上教材中的《蔬果造型》一课。周一晚上，想到这颇有难度而且尚没有把握的一课，觉得有些后悔。家长不是美术专业人士，听课的套路和美术教育专家、同行不一样，内容简单一些，上课活跃一些，让孩子表现充分一些，不就皆大欢喜了吗？上欣赏课还真属于自找麻烦，着实有些冒险。

果然，周二的《蔬果造型》一课，没有任何人听课，但学生的热情很高，创造力也不错，气氛相当活跃。不过，既然已经通知了学生带相应的材料，还是得上这一课，就算是自我挑战吧。周二晚上，处理完令人心烦的继续教育的事项，开始准备课的时候，我这么想。

说准备，其实也只是重新看了一遍教案，修改了一下课件，考虑了其中的一些细节。对于我这样一个"久经沙场"的老教师来说，有人听课属于"家常便饭"，虽然也需要准备，但不会因此觉得有什么可紧张的。

因收拾刚经历过科幻画训练而比较凌乱的美术教室花了我不少时间。尽管昨日已经搞好了卫生，一早我还是去了那里。很快，第一节下课了。孩子们先到，家长在后，还有几个新老师，满满一教室的人。迎着一屋子的目光，我开始上课了……

让我没有想到的是，这节课的状况超出了我的期待，孩子们的表现真是精彩！如果有人问我，你觉得自己最成功的是什么？我会说，我觉得我最成功的是我在课堂里打开了学生的思路，让他们的思维和情感流动起来了，表达热烈、流畅起来了……美术欣赏只是一个载体，很多时候，欣赏什么并不是最重要的……

一直不喜欢花哨的教学，我设计课的时候，很少去挖空心思地想什么特别的形式，尽管在某些时候，我也承认好的形式能起到锦上添花或者扬长避短的效果。但我内心里始终认为，那不是教学的本质。因此，这节课的教学设计也不复杂。我精心做的，只是选择哪几幅作品欣赏，哪几幅作品重点欣赏，设计哪几个问题，并认真思考教学的"度"……教学的"度"很重要，对于不同年龄阶段的孩子来说，要有不同的层次和不同的教学方式。这个内容，可以在小学上，也可以在高中上，但教学对象的不同决定了教学的深度和广度……

令我惊讶的是，这群四年级的孩子和我在课堂中的和谐互动激发了彼此的热情和思想，他们的灵感一个接着一个，他们对作品，对作者——超现实主义画家马格里特的理解已经非常深入，大大超过了我的预想……

甚至很多家长也一直用热情的目光参与着课堂，在课堂生成的"场"里交汇着自己的情感和思想。课后，有好几位家长还跟我交流了听课的感想，一位家长说："不光孩子需要这样的课，我们家长也需要这样的课……"

当我在课后回味这节课的时候，我为孩子们的表现而欣喜，甚至沉醉……

分析：两位新手美术教师的故事，一位优秀美术教师的反思，可以反映一个重要的问题：小学美术教师对待自己的日常教学生活，要学会用艺术的思考方式。什么是艺术的思考方式？就是对课堂教学中的事情进行观察、体验、知觉后的"描述""描写"，是欣赏、投入、参与、对话、提问并倾听。在孙飒老师的博客里，能够看到她自觉地记录并思考着日常教学生活里的事情。在两位新美术老师的教学故事里，能够看到她们在用艺术的思考方式努力学习着。那么，对于广大小学美术教师来说，应该怎样具体运用艺术的思考方式呢？

（1）应该如何描述

小学美术教师要明白一个问题，真正的"描述"，并不是直愣愣地"盯"着眼前发生的某种现象，也并不是把日常课堂中的教学现象当做一个"对象"。那应该怎样描述呢？

可以设想，如果是别人直愣愣地"盯"着你，你会感觉舒服吗？"描述"也是同样。有效的"看"是用"欣赏"的眼光，采用"交往"与"深入其中"的方式，为自己的细腻"描述"而奠基。

（2）描述的方式

要重视"语言"，重视"描述"，重视对自己日常美术课堂教学事实的"想象"和"回忆"，这是艺术家的技艺。道理是故事文本要阐述的焦点，但真正的道理却隐含在"焦点——边缘"的整体之中（文化的边缘）。

（3）有点刻薄的严格要求

一些美术教师应该认真思考：为什么与其他教师有差距？差距在哪里呢？到底是为了目的去生活，还是为了快乐去学习？在教学中，是目的在前，还是动机在前？没有艺术化生存的思维方式，只能是为了目的而做，而不是为了解剖自己而反思。

小学美术教师要牢记以下三点：

第一，在教学中要先"动机"后"目的"。教师要激发小学生学习美术的动机，要尽量将教学目的"隐藏"起来，让学生在不知不觉中达到"目标"。

第二，在学习中要先"体验"后"记忆"。教师要引导学生知觉美术的人文性，学生在知觉体验中自然会领悟和破解术语、概念、理论结构。

第三，小学美术教师需要树立这样的观念：对教学研究不能先入为主，如果先考虑"结果"，过分考虑"结果"，就会忽略思考，没有推论和研究。

2. 日常教学生活叙事

"教育教学是一种生活方式，而且是一种日常生活方式。无论是教师的教学，还是学生的学习，都是一种生活。所以，我们如果想要了解教育，并且期望发展教育，就必须了解和理解这种以人际沟通为核心的生活方式。然而，这不仅是一种平等的交流和知识共建，更重要的是由共享性思维方式的建立而促成的价值共建。我们必须把教学看做一种体验的过程，即从价值与信仰、情感与作用方面来体验思维的可能，并把这种体验作为一种媒介，使之得到维持、发展。"小学美术教师有着与其他学科教师不同的生活方式，这是一种更具活力、更有激情、更感性的生活。因此，对小学美术教师日常教学生活的研究，用教育叙事研究的方法更合适。

教育叙事基于研究人（学生与教师自己），由此整体地研究美术课堂教学，这样的研究对小学美术教师课程意识的形成与强化有直接的作用。

案例 1

他为什么不举手了

当今时代的教育研究特别强调关注课堂教学实践的细节与现实。教育叙事研究这一方法，就成为小学美术教师反思自己教学的最好的研究方式。

2007 年 11 月 26 日上午，第五届全国美术公开课比赛紧张进行。作为承办学校的无锡元连街小学的学生，在全国公开课中的表现是很精彩的。

教学进行到《吉祥图案》这一课，当教师请学生们说说自己的心愿时，孩子们的小手一下子全都举起来。在一排小手中，有个小男孩半站起身来，把手举得老高，超过其他学生的高度，希望教师看见自己，能够让他发言。他想说些什么呢？我在公开课现场的第一排坐着，一切情况都看得极其清楚，特别想看看这个孩子如何回答问题。

前面几个学生回答问题时基本上都是在说，2008 年北京要举行奥运会了，祝福祖国吉祥等类似的话。我感觉，这样的话并不是小学生在美术课堂上的真实心境的表达，更多的是喊口号式的表面文章，这样的回答说明孩子们在美术课堂学习中并没有什么体验。

此刻，老师终于叫这位举手很高的男孩子回答问题。老师问："在 2008 年，你想说什么样的祝福和吉祥语呢？"男孩子眨眨眼睛："我就希望明年中国和美国能够打一场战争。"哇！全场一千多听课的教师大笑起来。这位上课的教师也被这个学生的话语搞懵了，说不出话来。停顿片刻后，她才镇静下来，"你的心愿究竟是什么？"男孩子天真地说："我就想做一个军人，在坦克里发导弹。"老师说："是想保卫祖国、保卫和平，让世界永远安宁。"

在这个教学片段之后，这个小男孩又连续举手发言，而且每次都举得特别高。但是，老师再也不叫他起来回答问题，我看到他眼里的失望，我用镜头记录了他的无奈。

分析：在教育问题上，最需要解决的就是教师与学生的关系。学生能否很好地面对规范的学校学习，能否在课堂学习中达到最有效的学习效果，一直是教育研究者特别关注的问题。然而，长久以来，我们始终没有找到最好的解决方法。当这个男孩子在课堂上的回答与教师原来在教学设计里预设的思路不一样的时候，当这个小男孩在教师心目中成为课堂上的捣乱者的时候，教师再也不去关注他。

但是，我看到他的创作，是一个导弹，他在作业展示的时候，也想让教师表扬自己，也想让教师把自己的作品展示给大家，但教师的眼睛都在回避他。他失望了……

课结束了，我和尹少淳老师立刻到后台，找到这个孩子。"你爸爸是军人吗？"男孩子说："不是！""那你为什么喜欢战争？""打仗是很有意思的。""你为什么觉得有意思？""是在电脑游戏里……"我顺便收藏了他的作业，一幅导弹剪贴作品。

这段交流说明了什么？儿童的知觉经验在课堂上被唤起，电脑游戏让孩子觉得打仗好玩，时事里的美国与中国又让小男孩知道这两个国家目前在世界范围里最强大，强大的国家之间有战争，那肯定是一件好玩的事情。

这是一段极其真实的课堂实录，其中反映的问题核心为，教学环节里的偶然与必然、预设与生成。但这位执教的美术教师，并没有由此进行关注，她的课堂教学是以伤害这个学生的心理为代价的。

一般情况下，在一节小学美术课里，课程教学目标确立之后，美术教师所有的教学行为是朝着目标进行的，这是每个美术教师课堂教学的最终取向，特别在公开课的时候，更是凸显了这样的取向。但是，这样的教学要求不能忽视教育中最为主要的问题，教育所面对的是一个个活生生的人，在美术教学指导中怎么能够用一把尺子去量不同的学生（人）呢？

这个问题的症结有两点：一是传统教师教育体系所培养的美术教师，在具体的美术课堂教学中一直紧贴学科方向，始终怕自己的教学脱离了美术学科本体；二是历来的基础教育美术课堂教学没有摆脱单一的技术传递的方式。这一现象的本质是，美术教师把自己摆在了学生的对立面，在美术课堂上没有将自己与学生都看成是美术学科问题的探究者。

在后现代课程论中，现代学校课程设计一般有三个原则。一是"公共性"，即课程代表着整个社会发展的意愿。例如，美术新课程改革标志着社会与时代发展的方向。二是"适应性"，即美术教师要尊重每个学生的心理、生理的发展水平，特别要注重以学生发展为中心的教育理念。三是"超前性"，即美术学习对小学生未来发展的准备。

但是，第三项"超前性"在课堂教学中比较难把握，因为现在的小学生在他们的课外时间所接受和积累的生活经验非常丰富，甚至多得已经使小学美术教师们有些无法应对了，在许多问题上，教师都可能不如学生。

案例2

美术评语

孙 飒

为学生撰写美术评语是我本次期末美术教学工作中的一项重要内容。因为用心做了，并尝试改变了以往的方式，我有了更多的体验、感悟和思考。

先说说一年级的评语。对于这个新的年级，我一开始就决定每个人都写，因此，先按顺序把每个人的姓名列出来，然后在名字后面添句子。我没有按学号顺序从上至下地写，而是从最想写的孩子写起。但是，写到最后，我发现还有三四个名字后面空着。显而易见，我对这几个孩子的印象不深，他们是平日里不善于表现，既不拔尖也不特别调皮，属于我们常说的"两头"外的"中间"部分。于是，我从每次作业里找出他们的作业来看，又对照平日里记录的每节课的课前准备、课堂表现、按时上交作业的情况和成绩登记表来看，然后再写。话不是很多，但每个人我都很认真地想了、写了。在最后一节课上，我将评语打印出来分发给大家，指导他们贴在美术作业袋上。回想这个过程，一方面，事情虽然复杂了一点，时间虽然多费了一点，但孩子们因我的鼓励开心了，受到激励了，我也就觉得自己的努力值得了。另一方面，还提醒了自己，以后要更多地关注这些"中间"孩子。一直觉得自己很注重关注每个孩子，要不是用这样的形式来"检验"自己，我不会发现也有被自己忽略的孩子。由此想到，还需要有更多的策略关注每一个孩子，上好每一课。

对于五年级学生的评语，我本没有打算每个人都写，只是做了一次改革，不光我给他们写评语，也请孩子们像我给他们写一样，认真地为他们自己写美术学习评语。我读了一些我写的评语给他们听，对于如何写，我在黑板上写了三个关键词——进步、不足、希望。要求是：可以用第一人称，也可以用第二人称，认真想想自己本学期美术学习的进步和不足，全面地评价自己，并对自己提出希望。没想到，孩子们写得这么好！看了孩子们写给自己的评语，我很受感动，也因此决定这次为每个孩子都写评语。两个班孩子的评语，我周末在家很认真地写了整整一天才完成……

一个孩子，美术表现还不错，但不是班级里最突出的，在课堂上也不是很善于表现。她给自己写的评语却让我大吃一惊："你是一个能在作品中体现出自我风格的孩子，在水墨画方面表现尤其突出。你能够享受完成美术作品的过程，让自己充分地体验、感受艺术。相信今后你能够把艺术当做生活中的一部分！"说实话，这比我给她写的更细腻、更深入，让我很感动、很感慨。可以说，通过她给自己写的评语，我进一步认识了她。最后，我删去了自己原来给她写的那段话，用了她自己的评语。

另一个孩子，美术水平在班级里是属于比较弱的，上课容易走神，从不主动举手发言。但是，他的评语也让我对他有了新的认识："我爱好美术，对画画非常感兴趣，我还经常在家里画画。不过，我上课不认真听讲，发言还不主动，只要我努力，一定能改正这两大缺点。只要认真画画，我就能得五星，我剪纸方面也还不错呢！希望我下学期里上课认真听讲，不开小差，不跟同学说话，积极举手发言，加油！"

也有一个孩子是这样写的："我是一个心灵手巧的女孩，在每次剪纸做手工的时候，我都能认真、仔细地去做，每次作品都能让同学、老师眼前一亮，他们简直不相信这是我做的。以后我会更加努力。在水粉色彩练习方面，我却有不足。希望我以后取长补短，剪纸更加完美，水粉画以后也争取有更大的进步。"就是这个可爱的女孩，在元旦的时候还运用她的剪纸特长，精心为我制作了一张贺年卡……

还有一个孩子，是这学期从农村转到我们学校的，美术基础很薄弱，他是这样评价自己的："我学习态度不太好，经常拖欠作业，画水粉画时还不敢下笔，可通过这段时间的练习，我觉得我进步很大，也敢大胆地下笔画了。我希望我在下学期里美术可以全面进步，学习态度更好，认真完成老师布置的每一项作业。"看了他的自我评价，我暗暗地想：下学期一定要更关注他，给予他更多的个别指导和帮助……

"我很爱美术，因为我感到美术很奇妙。"

"美术是我最喜欢的课，我一定会朝着更高的目标前进！"

"我觉得我这学期在美术方面取得了不小的进步，我对自己很满意。我在色彩运用方面更棒了，画面的颜色更和谐了！我在剪纸、手工方面学会了更多的方法和技巧……"

"在本学期中,我的美术水平又提高了,色彩感和创意提升了,色彩在我的眼睛里似乎是一群快乐的小精灵,使我感到愉悦,我的生活里只要有美术,我就会快乐……"

"我是一个热爱美术的孩子,每天期待着美术课,期待画画时那种特殊的感觉。我喜欢艺术,喜欢大胆地动手绘画,喜欢静静地欣赏属于自己的作品。我沉迷于那种创造的过程,沉迷于大笔一挥的感受……"

"我能够诠释艺术的魅力,对艺术有着独特的理解。我的绘画充满了我的思想,这体现了我对艺术的理解。希望下学期我能更好地掌握绘画技巧,让自己在艺术的海洋中尽情遨游,把艺术当成生活中的一部分,把创作当成一种乐趣。我要创造美,享受美!"

孩子们对自我的肯定,对美术的喜爱,对创作的感悟,对艺术的理解……也深深激励了我,让我以更大的热情投入今后的教学中去……

分析:孙飒老师对教学的研究,验证了一个道理:研究就在自己的教学生活中。小学美术教师做研究,就需要在自己的教学生活里发现问题、展开思考。有的美术教师可能感觉这样的做法太累了,说这样做是"自找苦吃",但不得不承认,这对孩子很有帮助。我在本书中多次引用杭州西湖小学教育集团孙飒老师的教学研究、案例,希望全国的小学美术教师能够向她学习,坚持以自己的爱对待小学美术教学工作,对待教学研究。只有这样,才能在自己的工作中取得成果。

3. 课堂教学专题教学叙事研究

通过对某个课堂教学片段、事例进行比较深入的教育分析,论证某种教育理论或哲学思考。小学美术教师虽然日常教学工作比较忙,但这样的研究也是可以做的,要结合读书积累的知识,主动对课堂教学问题展开研究。

案例

五年级美术欣赏课《这是什么》教学片段评析

执教:浙江金华师范附属小学 李启云

研究者:李力加

在一所乡镇小学的课堂上,到了对"杜尚这个艺术家自身是什么样的人"进行分析的环节,学生们的研究视线被引导到大屏幕上"杜尚孤独地站在狭窄的两面墙角中"那幅照片。此刻,学生们对照片上杜尚呈现出的那种感觉评析得特别精彩。

李启云老师提出问题:"杜尚为什么要在这样的地方拍照?"其中一位同学说:"我认为,杜尚所倚靠着的两面墙代表'世俗'。"此话一出,语惊四座!在场老师全部震惊了,这个孩子的话竟然如此理性。李启云老师马上问:"说说看,你为什么说是世俗?你懂得'世俗'这个词的含义吗?讲给大家听听。"学生说:"杜尚是一个与众不同的艺术家,他的思维特别有创意,一般人都不能理解。例如，他把那个尿壶摆到艺术展览会上，人家都反对，全都不理解。我认为，不理解他的那些人就是世俗的。这两面墙就代表了世俗，他在这两面墙之间拍照片，是想说明一个问题，让别人觉得杜尚这个人之所以长得身材瘦长，是因为被两面世俗的墙给挤压的。照片表明了在世俗压抑下的杜尚，这样的照片才更有新意。"（热烈的掌声）

分析：在教学之前，当要面对乡镇中心小学的学生时，李启云老师担心地对我说，这些地处乡镇里的孩子们在课堂上是否能够积极回答问题？思维是否活跃？事实证明，这些乡镇小学的学生精彩的对话以及天马行空般的思维，让所有的听课教师为之震惊。

对于这个课题，教师在教学设计和操作中就应该注意，学生对生活经验的了解，有的时候远远超过教师对他们的心理承受能力所把握的尺度。小学美术教师需要解决的是，在课堂上引领小学生对作品的艺术价值取向进行一定的选择。

体验是当下的。美术学习中的当下体验是人在生机世界里瞬间"发现"的东西，这是人的心灵映照出的一种东西。"心生则种种法生，心灭则种种法灭。""意境""意象""境"是由心而起的，没有心灵的体验则没有境界。

什么是美术课堂上的知觉体验？并不是你临摹了什么，也不是你完成了什么，学生在美术课堂上发生了知觉体验，产生了一定的境界，才是真正意义上的体验。境界是心灵中所呈现出的事实，不是简单地画什么、做什么。

体验是自我的，因为真正的体验不是依他而起的，而是由自己的生命直接转出的东西（情感）。体验是当下的，因为体验具有现实性，是由当下呈现出来的。体验是一种直觉，它是一种不关乎功利、不关乎知识概念的直接的认识活动。

体验的根本，不是一种"记述"，不是"记录"和"临摹性表达"，真正的体验是"发现"。一个学生在美术课堂上的发现，就叫做体验。我们不能空谈什么是体验，说体验没有发现是假的。所谓"发现"，就意味着美术学习中的这个境界是我所创造的，是独特的，是唯一的，是无法重复的，是一个新的东西，是一个新的世界。这是中国艺术创造的核心理念。体验，在中国艺术和中国哲学中叫做"悟"，实际上叫做"妙悟"，即所谓的"妙悟不二"。

"悟"或者"领悟"，意味着这个孩子在美术课堂上比其他小朋友看得更清晰，听得更真切，感受得更深刻，描绘得更生动，表现得更充分，思考得更独特。

悟，意味着这个小孩子在美术课堂上看到了事物之间的联系，能够反思自己的表现，能够考虑用其他的方法改进自己的表现。

所以，教师在美术课堂中必须要给小学生创设丰富其感官体验的场，要为小孩子提供平台。

小学美术教师在教育叙事研究中，可以采用写故事的方式，也可以直接用记日记的方式。需要注意的是，无论采用什么样的描述方式，都需要真实记录当时的情境。同时，还需要议论，在逐渐理解与深化问题的过程中，结合教育理论的学习，使议论上升为一种有前瞻性的思考。随着研究的深入与延续，小学美术教师能够在不断的积累中成为教育教学研究的专家。

第九章
发展性美术能力的培养

小学美术教师在自己若干年的教学生活中是否发现自己缺少点什么呢？在处理繁重的教学任务和日常琐事之余，有几位小学美术教师能够坚持艺术创作或画一画呢？美术教师如果想要达到自己的教学理想，就必须有一种境的追求，在体验中发展，在思考中发展。

第一节　在体验中发展

在中国艺术中,创造者一直想要创造一个与自我生命相关的"境"。中国诗人所写的、画家所画的不是山水,不是景物,而是心境。小学美术教师也应该追寻这样的一种境界。因为人只有在这样的世界里,才能彰显自己生命的意义。

在中国艺术史上,人们一直对"画史""画工""史匠"持批评态度。所谓"画史",就是以写实为根本之法。中国艺术家认为,即使画得再像,也只是表现了表面的真实,这样的创作者只是世界的描画者,而不是发现者,真正的创造者、艺术家应该是世界的发现者。那么,小学美术教师在自己若干年的教学生活中是否发现自己缺少了什么,或者应该补充点什么呢?

一、手生了吗

如今的小学美术教师,有几位还能够在处理繁重的教学任务和日常琐事之余,坚持动手画一画并进行艺术创作呢?可能有不少小学美术教师会讲,事情太多了,教学任务太重了,哪里有时间来画画呢?

案例

朱凡先生"空中漫笔"的启示

和中国美术家协会常务理事、中国美术家协会少儿美术教育艺委会秘书长朱凡先生相识,源于他那一本本有着特殊意味的速写本。朱凡先生担任中国美术家协会的领导工作多年,他的专业发展时间之紧张是其他画家无法相比的。而对于在一线教学的小学美术教师来说,他们忙的程度更是无法与朱凡先生相比。谈到教学之余是否还进行绘画创作,很多美术教师都以工作紧张、没有时间动手画画作为自己不动手的借口。

这些年来,朱凡先生一直在协调处理各种与美术有关的事务,出席会议,而他为中国美术家协会少儿艺委会的发展所付出的心血,更是有目共睹。特殊的工作性质,使朱凡先生必须时常经历飞行生活,在这个特定的时间里,他利用每次空中飞行的时间,记录了几十册默写与意象性创作思路。他用不同的图式语言,随时随地表现自己的真情感受、体验。朱凡先生的非凡创意来自于万米高空中即刻产生的感悟与思想碰撞,聚成真情表达的"空中漫笔"。

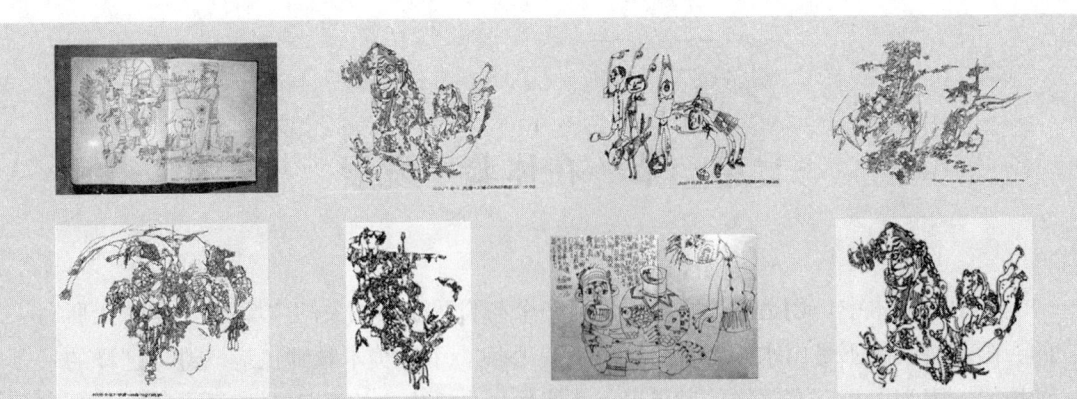

默写，是画家进行技术练习的重要环节，是绘画的基本功之一，是作画者在不看原作或实物的情况下，自主地将自己脑海中的形象与自己的思维创意发生关联后，凭着记忆画出来。同时，默写是美术工作者进行艺术创作时收集素材、表达创意的重要手段。如今，已经很难见到像朱凡先生这样持之以恒地坚持默写的画家了。

提到美术创作，一些美术家似乎离不开"模特儿"。在视觉图像社会全面到来的今天，有的画家对着"模特儿"仍画不好，离开"模特儿"，就束手无策。美术创作依靠照片的情况已经成为一种"潜规则"，在生活里坚持速写和默写的画家并不多。从这样的社会创作背景看，朱凡先生的"空中漫笔"更具有深刻的教育意义。

说到美术创作，一个美术工作者如果没有"默写"的本领，就会严重影响到自己作品质量的提高。可以想象，主题创作中的一个生动姿态，如果叫"模特儿"来摆动作，在那里一动不动，要想将其画得"活"起来，并不是一件容易的事。另外，主题创作中的每一个典型人物，应该是艺术家对生活中许多形象的综合，是作者丰富的生活与高度想象力结合的产物，而绝不是某个具体的"模特儿"，一个不善于创造，不能够概括、提炼、加工的画家是不能够创造出典型生动的人物形象的。当今，在默写没有被人们重视的情况下，朱凡先生几十册厚厚的速写本，上万幅"空中漫笔"，给人们的启示不仅仅是他在画默写，他在记录生活感悟。更重要的是，他在坚持美术创作的本质，那就是用真情表达其非凡的创意。

默写是中国民族绘画中的传统创作方法，中国画创作是以"默写"为主要手段，中国画家创作一幅画并不是依样画葫芦，而是凭着自身丰富的生活经验与想象力进行创作。中国画的"写意"表现，有着"胸中丘壑"之说，万水千山就在作者的脑子里，画家所依靠的就是默写所形成的基础能力。中国画讲究"意在笔先"，落笔之前，画家胸中"有竹"，这正是由于长期的"默写"锻炼使然。默写使作者的脑海里蕴藏着丰富的生活材料，他们有着对形象高度的概括力，画出来的作品比对景写生概括性更强，神韵更足。因此，在朱凡先生的"空中漫笔"中，我们能够看到他对此境界的不断追求。而他坚持不懈地默写，给儿童美术教育的启示，则是更加深远。

分析： 美术造型表现的具体手段，无论是成人的美术创作，还是儿童的美术学习，不外乎临摹、默写、创作这三种方式。其中，默写与创作表现是紧密联系在一起的，

258

默写在表现体裁（图像主题）和表现工具、材料上并没有特别的限定。速写、素描（儿童线描），以及水墨、水粉等表现方法都可以用来进行默写练习。

如今中国的儿童美术教学，仅从儿童造型能力发展角度看，美术教师在教学里使用的方法多是临摹，而默写在美术表现与创作中的主要作用是，训练孩子意象性的形象记忆能力及手的表达能力。在中外美术史上，众多艺术家通过不断地进行大量的"记忆绘画"，丰富自己脑海中的形象素材。此记录表达过程就像如今网络系统中的资料库一样，大量的图式语汇由平常的默写中得来，从而由基础造型能力的提高，最终达到艺术创造能力的发展。

儿童的美术学习与美术家的创作表现一样，默写就如同看书学习过程中的记笔记，也如同教育教学研究中的教育叙事方式。艺术家（画家、雕塑家）用"记笔记"的默写方法，不仅为了能更好地达到技能表现研习的目的，同时也为日后创作积累素材。在儿童的美术学习中用默写这种方法，能够训练他们凭记忆把眼睛看到的形象画出来的能力，这是一种集观察、记忆、默写为一体的综合训练方法。因为无论什么样的形象，在转换为儿童笔下的形态符号的时候，必然带有这个儿童自己主观的图像形态符号图式，这是儿童的意识、心理与物象形态、图像形态汇合时必然产生的主题意象性心理发展过程。如果一个儿童能够坚持在美术学习中不断地发展自己的图像形态符号图式，那么其创作能力的提升是必然的。所以，在儿童美术教学中，美术教师系统地按照课程体系引导儿童多画默写，能够使孩子的造型能力得到较好的发展，能够激发孩子们学习绘画的兴趣，也能够得到家长们的认可和支持，因为，儿童在美术学习过程里获得手上功夫是硬道理。

学习美术的儿童，如果在相对长的时间里掌握了"默写"的技巧，不仅在技术上能达到随心所欲地描写对象的境地，提高自己学习美术的自信心，而且由于长期锻炼画不同的物象形态与组织画面的能力，美术表现也能够达到一种更纯粹的"轻松"状态。在今天的儿童画创作里，我们所看到的作品更多的是制作性的，有成人（美术教师）痕迹的虚假表征。孩子如果没有"默写"的本领，只有想得到而画不出，是不能达到预期教学效果的，更不要说发展儿童美术的"本质力量"。从以上事实看，在儿童美术教学中实施"默写"课程，是引导儿童技术性发展极其重要的一步，美术教师绝不能等闲视之。

从中国儿童美术教学目前的现状来讲，儿童期能够进行美术创作的孩子，其表现的大多数还是美术教师提供的"文本"中的东西，最缺少的就是现实生活里鲜活的东西。近10年来，儿童美术教师尽管在教学里纳入了大量艺术家的作品，启发儿童的创作思维，但是，这些并不是或不一定是今天儿童生活中的东西。虽然艺术大师的作品有助于提高儿童美术表现的格调与艺术意味，但这里面有些东西不适合儿童的发展要求。当今时代要求小学美术教师关注儿童的心理发展需要，美术教学能够反映当前儿童的生活，由儿童的知觉体验入手，使他们的心灵得到释放。这些最新鲜的表达心灵的东西，迫切要求美术教师在教学过程里引导儿童面向生活、面向自己。"两个面向"

在美术表现的技术层面上，需要依靠系统的写生、默写课程来完成。

小学美术教师在教学时要清晰地认识到，儿童不能很好地把现实生活和自己的心理表现出来，是其美术学习的重大缺陷。这就大大降低了儿童美术教育的现实意义，削弱了儿童美术作品的艺术感染力。因此，在儿童美术教学中，小学美术教师最迫切的任务，是努力唤起儿童自身对生活的实践体验，在儿童的美术成长中长期进行默写表现的锻炼，落实到具体的技术表现课程，就是让学生在学习写生的同时，能够学会与坚持"默写"。美术教师要发挥集中、概括、提炼的艺术手段，使儿童们逐步形成默写能力，从而提高儿童认识生活的能力，学好意象性地表现生活物象的本领。

二、边教边画

小学美术教师长期不亲自动笔画画、写生、创作，手肯定会生。能不能找个解决的办法呢？边教边画，是一个不错的主张，可以尝试一下。教学中的画，教师常以简笔画为主，而真正落实的美术创作性表现比较少。小学美术教师群体近年来发生了比较大的改变，美术学专业的本科生及研究生进入小学教师队伍，在这个新生群体中，整体美术学科表现技能有所提高，但是，如何在小学美术教师岗位上继续提升自己的美术创作表现水平，尚有一定的盲点。

1. 用线造型的方法画默写与写生

在常态教学生活中画什么？依据小学生心理、生理特点，儿童基本以线造型表现为主要手段。因此，建议小学美术教师在日常教学生活中能够坚持用线造型的方法画默写与写生，既能使自己的表现方法更熟练，又能够为日常教学提供素材与补养。但是，默写与写生的表现工具与材料要有变化，硬笔、毛笔相结合，各种纸张都要尝试。

小学美术教师如何在日常教学生活里坚持画默写或写生呢？一是形成固定的生活习惯。在日常比较稳定的教学作息时间里规划出一个小时的练习时段，将这方面的练习与写字（书法）练习融合为一体，同时要让学校领导能够确认这个专业练功的时间。二是结合教学活动专题进行。例如，根据教学安排或者学校与社区艺术活动安排，在组织学生参与艺术活动的同时，自己要力争完成一幅相应的作品。三是在外出教育研究活动中画速写，这也要成为习惯。学科表现能力发展与教学能力发展之间并不矛盾，美术教师要结合日常教学主题积极投入自我完善的练功学习。

小学美术教师还要将自己的默写练习与日常教学活动结合，以此促进小学生美术表现能力的发展。教师可以把自己画默写的体会拿出来与小孩子分享，激励孩子们也能够坚持去画。

案例

儿童的默写学习与思维转化

儿童在学习绘画的过程中，在技术与思维转化的层面上，首先是通过眼睛观察，然后调动思维，将其与旧有的表现图式融会，最终完成画面的表现。美术教师只有引导儿童仔细深入地观察生活物象与细节，他们才能抓住物象的形态特点。对于儿童来说，观察是一种心理知觉体验，是其美术表现兴趣扩展的基础，是美术教师对儿童进行知觉能力培养的重要手段。儿童进行绘画活动从眼睛的观察开始，而观察时又需要大脑的记忆来深化其知觉认识，心灵的思考与其观察的知觉体验对接后，孩子才能在画面上把自己的特殊感受表现出来，这样才能形成深刻的印象，或者是形成视觉图像表现的程式。

儿童视觉图像表现的程式，可以由"图式"和"图示"两个概念来分析。幼儿期的孩子，能够用自己认定的线条、点、色状来表达自己心理知觉的生活，这个时期的画面出现的痕迹可称为"图示"。因为孩子是主观地在表达自己感受后的某种意思（意图），是用成人看起来不明白的符号来示意自己内心的想法。这个时期包括涂鸦期幼儿的表现。

经过了美术学习的儿童，最需要的是能够形成多样的"图式"能力。为什么是多样的而不是单一的？什么样的美术学习是单一的？

在美术学习中一味地临摹，孩子笔下会出现概念性的表现"图式"。例如，为数不少的幼儿园小孩子笔下的树有着固定的"图式"，即树只有"树冠"和"树干"。再如，几乎所有的幼儿园小孩子画的鸟都是一样的"图式"，还有那种三根线条的"小草"，在画纸左右上角画"半个太阳"等，这些是最糟糕的儿童美术学习情况。

在儿童美术学习中，有的美术教师称默写为"记忆画"。"记忆画"是教师引导儿童去观察物象的实体，经过分析概括对象的基本形态特征后，再凭记忆作画的方式。这样的练习既是训练小孩子造型能力的手段，又是促进和加深小孩子记忆的良方。

在朱凡先生的"空中漫笔"中，我们能够看到他的表现符号有一种自己特有的"图式"，这些图式是他体验社会生活、积淀历史文化、感悟和思考生活的结晶。每个儿童在美术学习中也会形成自己特有的视觉图像表现"图式"，这是美术教师在研究儿童美术学习心理时需要特别关注的。只有这样研究，才能引导儿童逐渐走向表现的自由境地。

默写的训练方法包括眼睛观察、记忆思考、默写表达三个有机过程。默写练习与儿童的思维发展紧密关联，美术教师在研究儿童美术学习中需要注意以下环节：

（1）强调观察后的思考。在儿童对生活中的物象形态进化深入仔细观察的基础上，随时引导儿童注意观察事物后进行即时思考，也就是观察某个物象后知觉心理引起的主动联想，启发儿童进行自主的训练性表现，抓住物象形态的基本特点进行描绘。

（2）图形表现的符号化。儿童美术学习中的默写学习内容，需要结合儿童的生活经验，开始由故事性表现记录入手，唤起儿童的生活体验和感悟，让儿童能够用各种线条进行不同的变化构成。儿童知觉体验生活物象后，逐渐分析与概括物象形态，将各种物象形态进行组合，在抓住对象形态基本特征的基础上进行联想，对比表现，加强记忆。

（3）变化性默写游戏。由物象形态的单一图式表现到多样性的复杂表达，练习时可以由单个物象形态的默写开始，转化到对同一形态进行意象性表现。例如，物体形态的两个或多个造型的对比观察、记忆默写。又如，美术教师请儿童注意观察摄影图片中的物象形态，在进行感知体验的过程中，主动思维，与自己原有的记忆图式相匹配。然后，教师把此图片关闭，启发儿童凭着瞬时记忆，用三种以上的表现图式默画刚才的图片内容。

（4）促进思维发展后的表达。经过系列的默写学习，逐步协调和完善儿童眼、脑、手三者间的知觉表达关系，提高其形象思维能力。在上述基础上，由主题性记忆默写练习转向日常生活的表现默写作业，按照计划完成表现性作业，既锻炼和培养儿童的分析能力，又加强其对客观物象形态记忆后的意象性表现能力，丰富与强调儿童的主观想象性，促进儿童思维的发展，逐步增强孩子的艺术敏感力。

2. 教学专题与参加展览

所谓的教学专题，即小学美术教师要在美术教学领域选择某个表现方向，例如版画、中国山水画、陶艺、水彩、油画、书法等。其中，版画这个方向又可以分几个专长，小学美术教师选择了自己的专长后，不仅要带领小学生一起在这个表现方向创作出好作品，而且自己也要结合教学创作一些作品。有了专长的突破点，美术教师就能够将教学活动与专业成长紧密结合，使自己的发展步入一个系统化的轨道。

参加展览是必要的，美术教师要抽时间送作品参加本地的美术创作展览或者是教师美术作品展览，与同事及其他朋友交流，这样能够对本时代美术的发展有所了解，也能够获取信息，为日常教学积累素材。例如，在参加社会性美术展览活动时，发现某件作品的表现形式很有创意，可以尝试将这样的表现形式迁移到儿童美术教学中，促进教学表现方式的变化。

3. 经常秀一秀

这个"秀"，即在学校的不同场合里"秀"。课堂应该成为小学美术教师"秀"出自己的主要平台。教师要经常在课堂教学里展示自己的才艺，哪怕是几笔看似随意的线条，涂抹某个局部的色彩，泼洒水墨，撕出某个物象形态，用泥团塑造一幢房子等。这里的"秀"，并不是普通意义上的课堂教学表现性示范，而是一种个人才艺与表现性魅力的综合展示。

教师经常秀一秀，既可以在小学生中更好地树立自己的威信与形象，同时，又能够将课堂教学指导与个人学科表现的才能结合起来。

第二节 在思考中发展

一、静思中的研读

历史的车轮驶入21世纪,各种信息扑面而来,小学美术教师此时需要回归到中国艺术家所强调的"寂寞无人之境"。在喧嚣的视觉图像时代里,如何能够透过人生活的外表,看到生命的真实,追寻生命的意义,应该是美术教师重点思考的问题。

"寂寞无人之境"给人一种强烈的历史感。例如,在视觉图像社会,海量的信息使人目不暇接,如何选择图像信息并进行资源整合,成为小学美术教师自身修炼的一种能力。寂寞,在中国艺术的意象世界里,是一种与现实社会"不相见"的境界。人在世界里,就处于一种必然"在现场"的生活状态,处于一种对自己位置的确认状态。但是,长期的"在现场"势必会让小学美术教师感觉心很累。为什么累?原因是多方面的。例如,公开课、录像课、评优课、说课比赛、论文评选等,追逐名利的风帆,能使人丧失真性情,能够带来莫名的痛苦。又如,长期必须抓课堂教学,一天要上好几节课,有时候疲于应付,这样的工作状态,会让人感觉无味。

案例1

中国艺术课程网上崔波老师的帖子

本学期,我在一山区小学校蹲点。山区学校基本上人人兼职两门学科,有的甚至兼职三门,周课时量人均在16节以上,加上各种政治学习、业务学习,大多数教师认为,基本没有时间认真备课。但备课又是教学的重中之重,想要上好课,教案的备写又是关键。

既要使备课为课堂教学服务,以备课的有效性促使课堂教学有效性的提高,同时又要想方设法减轻教师的工作负担,那么,我们该如何备写一种"既经济又实惠"的教案呢?其备写方式有哪些?我们首先来看现阶段教师备课中存在的问题:

(1)抄袭各种形式的教案,不加入自己的思考,费时费力而又缺乏意义。

(2)备课与上课脱节,备课量足够,甚至超前,但本上留痕迹,脑中无印记。

(3)教师备课多为应付检查,单纯追求项目的完整、字迹的工整、字数的多少,以及图案、色彩的漂亮等。

(4)集体备课,集而不备,转化为个人备课。个人备课未经集体讨论就直接实施美术课堂教学。

(5)备课只顾写内容与环节,忽视知识点的落实和教法、学法的设计。

(6)强调预设,忽视生成。预设无质量,生成成空谈。

分析：这样的现象，在小学美术教师的生活里比较常见。宁夏灵武市美术教研员崔波老师直言，将这样的问题发在艺术论坛上，既是为了提醒美术教师们思考，又是为了引发大家对问题展开讨论。排除小学美术教师工作非常辛苦的因素，仅仅从小学美术课堂教学的现状入手，思考一下，生活的喧闹与寂寞的心境，如何能够让心安静下来呢？

寂寞的境界由读书而生。读书，能够让一切喧闹都"寂然"而灭。任凭风吹雨打，留下一片自由的空白，这是中国艺术家所追求的一种高逸情致，这样的情致能够在书中寻觅到。读书，首先需要安静，哪怕是不读与美术教育有关的书，而是读休闲娱乐类的书，也需要一个相对安静的状态与环境。

在中国哲学与艺术观念中，"静"有三种不同的解释：一是指环境的安静，这是与喧闹相对的；二是指人心灵上的安静，能够不为社会生活里众多纷扰的事情所左右；三是指永恒的宇宙精神，这是一种没有生灭变化感的宁静，是一种绝对平和的静。[①] 这样的境界被称为宇宙感。中国艺术家，正是在追求一种永恒的寂静，这种寂静与读书的静应该说是一个目标。

小学美术教师可读的书有很多，今天这个时代，信息很发达，但人们却在网络的影响下很少读书。杭州西湖小学教育集团的孙飒老师，在向美术教师们介绍自己专业成长的讲座里，多次向美术教师们推荐她列好的书单，希望美术教师们在读书中静下心来。她提出，小学美术教师的成长，最重要的是精神的成长，思想的成熟。"腹有诗书气自华"，读书是一条"捷径"。当内外的情感交融起来，当自身的思维活跃起来，我们的成长就开始了或者加速了。

非常赞成艺海先生的一句话："不论'文化美术'或曰'美术文化'——看来首先要使美术教师成为有文化底蕴的教师。"要成为一位有文化底蕴的小学美术教师，基础的修炼就是不间断地读书。一篇关于阅读的文章这样写道："你读得越多，知道得就越多；你知道得越多，就会变得越聪明；你变得越聪明，当你表达思想或作出选择的时候，你的声音就越有力量。"

在关于美术教师专业成长的讲座中，常常听到推荐书目的小专题，这的确是一种非常好的指导读书的方法。但是，对于如何读书，到底读什么样的书，依旧没有人进行深入的引导。以下对如何读书作一些简单说明：

方法一：不求甚解与深入精读。看到这一点，美术教师一定会吃惊，读书怎么能"不求甚解"呢？所谓不求甚解，是指小学美术教师在读书学习中的一种特殊的方法。小学美术教师的教学生活比较紧张，要静下心来认真地读上一本书并不是那么容易，特别是像《艺术与视知觉》《视觉思维——审美直觉心理学》这样的书，一读起来肯定会有睡意出现。因此，建议小学美术教师开始读书的时候，先可以泛读，不求甚解，在遇到阅读困难的时候，先退一步，读那些自己能够读进去的书。对于有难度的书，

---

① 朱良志. 真水无香［M］. 北京：北京大学出版社，2009. 90.

先初步翻阅，知道各章节都说了些什么。

不求甚解的另一个解释为：大量地读。小学美术教师可以多读一些书，读得广泛一些，各类书籍都有所涉及，这样，不同的书会给自己留下一个粗略的印象。在遇到教学问题展开思考的时候，自己会突然想到什么，于是再次找出某本书来，根据自己的思考精读其中的章节，并写下自己的读书笔记。写读书笔记是精读时必须做到的，而且要将自己的体会研究一下，由此写出某些个人的论点，这样就达到了读书的效果。

方法二：要读哲学书。教育研究最终是要上升到哲学的高度的，教育理论也均是由哲学思想论证的。但提到读哲学书，小学美术教师又要说太难了。哲学的范畴比较大，与小学美术教师专业发展比较近一点的哲学书是美学方面的书。读美学方面的书时，并不是先去读那些著名专著，而是要由基本读本入手。例如，李泽厚著的《美的历程》《美学三书》，朱光潜著的《谈美》，台湾著名学者蒋勋先生的著作《写给大家的中国美术史》《写给大家的西洋美术史》《美的沉思》等。从这些书的学习中，启发自己的教学思路，锻炼自己的思维，最终再读更难一点的书。

方法三：写读书笔记。我在浙江平湖师范附属小学朱永强老师的教学案例"一把椅子"（教学案例见第四章，"欣赏·评述"学习领域教学）中提出的修炼建议是，其他小学美术教师如果上本课题，需要读四本书，其中，《国家艺术：一章"木椅"》是最需要认真读的。

那么，怎样结合教学课题"一把椅子"来写读书笔记呢？

案例2

关于"椅"的读书笔记

李力加

"椅"一课，是以南官帽椅为研究对象，针对南官帽椅的释名、结构、造型、分析、装饰、组合，由人文性的角度品鉴。如何欣赏这一造型的椅子呢？其中，专家给予了文化上的论证和审美鉴赏的引领。

舒展而凝重是明式南官帽椅的特点，这其中蕴涵的复杂的人文意义是很深刻的，如何在课堂教学里使小学生们能够体会到舒展而凝重的感觉呢？

凝重，由何处说起呢？在教学中可以选择本书中第98～99页的图。美术教师要为小学生们创造一个情境，能够让孩子们原来的视觉经验与本课题所具有的最新鲜的信息资源融合，产生新的意义。

什么是美？美由哪里来？这是教学的核心，美术教师在课堂教学里不能空谈美，金字塔空间的意象性，是本教学中孩子们最需要获得的。

"在'最终会成为一个金字塔'的基础结构底下，令作为从属于整个家具（乃至建筑）大系统的官帽椅（第90页），带着一种'独立自足'的性格。"[①]

所以，每个中国人都会很自豪地说，将明代的一张椅子放在任何一个现代美术馆

---

① 赵广超，马健聪，陈汉威. 国家艺术：一章"木椅"［M］. 北京：生活·读书·新知三联书店，2008. 99.

里，都非常精彩，这就是因为其"独立自足"的性格。请看，大家可能更为吃惊，这是什么？

PPT里呈现"黄金分割"比例，这是最能够说明美的一个公式，也是西方艺术作品经常用于研究美的规律。大家可以看到，这个比例在我们中国明式的南官帽椅上竟然也一样合适，这难道是巧合吗（第100~101页）？美妙的比例就在生活里，就在我们祖宗所创造的南官帽椅上。实际上，"黄金比例"在生物结构中、在艺术作品中、在建筑中都会出现，只是我们过去没有发现。

这不是巧合，"这是大自然公平地赐予每个民族的感动。"[①]

关于"舒展与凝重"，这样的概念是不容易让小学生理解的美学要素。但是，这又是必须在美术课堂上给小学生们讲清楚的，而且还要通过比较通俗的语言、图片唤起小学生的视觉经验。

美术课堂教学如果停留在欣赏明式椅子的图片上，孩子们的认识就不会深刻。所以，学习明式椅子的美术造型细节成为教学重点。例如，为什么用"舒展"这个概念，可以通过第106~107页的图片，重新组织教学。椅子本身如何表现了舒展，具体的曲线又是怎样体现了舒展，要用解构性的图片向学生展示椅子的舒展，加深学生对概念的理解。

分析：从上述的读书笔记中能够看出，课堂教学研究与读书思考应该结合起来。带着研究去读书，在读书中深化教学设计，在读书中把握课堂教学的人文性，走向美术学习的本质。上述读书笔记，既可以作为教学研究的文本，又可以作为论文中的一段案例，还可以在教学设计中使用。小学美术教师如果能够坚持读书和做读书笔记，就可以在积累中发展自己。

二、如何自主思考

对于小学美术课堂教学，每个教师都有自己独特的思考，思考的起源来自教学中的问题。

案例

从老虎的"王"字说起——关于"概念化"的想法
浙江省东阳市外国语小学　吴佳燕

昨晚，大家就上次磐安的课在网上进行了热烈的讨论。大家提出了不同的困惑和感想，虽然没有解决具体的问题，但是讨论结束后，引发我们思考的问题还是很多。

从昨天的深夜到今天，"概念化"这个词一直在我的脑海中萦绕。何为美术教学中的"概念化"？"概念化"的教学是否常在我的教学中出现？在我们的美术教学中，"概念化"是否成了我们教学的绊脚石？如何把"概念化"的教学变得生动有趣？改变了"概念化"的教学是否能在很大程度上增加美术课堂的生动性？

---

① 赵广超，马健聪，陈汉威．国家艺术：一章"木椅"［M］．北京：生活·读书·新知三联书店，2008．101．

关于"概念化"的教学，我首先想到两个例子。《照猫画虎》这课中出现了老虎，大家自然能想到虎头上的"王"字，这是约定俗成的概念。对于这个概念化的"王"字，有老师提出是否可以不解说或者一带而过，因为孩子们早已把"王"字种入心田。但大多数教师认为，这点是必讲的，而且要把这个"王"字讲好。在教学时，教师在范画上写了一个"王"字，告诉学生，虎头上有个"王"字，这样就过去了。这样的教学是否过于简单？这个"王"字从何而来？它到底是什么？其实它是老虎身上的花纹，只不过在额头上，看上去有"王"字的形。所以，人们经过艺术化的概括，都喜欢在虎头上写个"王"字。在此，应该引导学生仔细观察虎头上的花纹，它像"王"，我们可以用像"王"字的花纹来装饰，而非像写字一样写个"王"字就可以，此"王"非彼"王"。最后让学生在这个过程中学会观察，理解这个概念，用具体形象的美术语言来表现这个概念化的事物。

第二个例子是我儿子在幼儿园画画的经历。那天，孩子爸爸从幼儿园带了一张白纸回家，告诉我，儿子在幼儿园的画画作业完成得不好，要带回来重画。我问："画的是什么内容？"先生说："画不同形状的汽车。"于是我们马上让儿子画不同形状的汽车。儿子边画边想，边画边说，画了乌龟汽车，还在水中开呢！线条很稚嫩，但整幅作业生动有趣！第二天，儿子把画带给老师看，老师表扬儿子的想象力丰富。但我在看了别的小朋友的作品时，发现儿子的作品与其他孩子的作品风格相差甚远！其他小朋友画的汽车一般都是长方形、圆形或三角形加两个轮子，再涂上颜色。大家画得都差不多，结构严谨，涂色相对均匀。这些三四岁孩子的心中被植入了这些固定的图式，他们下次画的时候，肯定也是用这种方法。或许到了一年级，这些孩子还是用这些固定符号来表现汽车。老师怎么教，孩子就怎么画，这形成了一定的概念，即用符号来表现。这样，在无形中就扼杀了孩子的想象力、创造力，使孩子容易形成一种不爱动脑的学习习惯，也导致学生不敢画、不会画、没有内容可以画的局面。孩子画画的技能固然重要，但是我觉得还是应该使创造力、想象力先行。

对于"概念化"的教学，我们如何面对？

美术是一门发展形象思维的视觉艺术课。对于很多"概念化"的事物，我们应该让学生亲自观察、体验、感悟，使这个概念具象化，让学生用自己的美术语言来表现这个概念。在此过程中，学生自然就学会了观察、分析、表现等各项美术学习的能力。

……

分析：所谓概念化，即来自于每个儿童的思维假定（前概念）。当然，在美术学习中，让小孩子完全抛开思维前概念（假定）的影响并不现实，因为每个孩子都有自己的社会经历与经验形成的特定环境，这些必然沉淀了他们的知觉意识、意见、观念等。问题在于，小学美术教师在美术课堂上不能对这些思维前概念（假定）熟视无睹，任由它们影响孩子们的思维。

例如，在浙江大学附属小学二年级一个班的美术课上，40个孩子按照老师的要求临摹浙江人民美术出版社教材上的儿童画。所出现的问题是，班级里90％以上的孩子在临摹的时候，都在用橡皮反复擦着铅笔留在画纸上的线条，他们认为自己画"错"了，而且嘴巴还说着自己画"错"了什么样的形态。看到这里，我非常着急和痛心，这是杭州各方面条件最好的小学之一，但还是出现了这样的教学情况，这使小孩子美术学习不良前概念的连续生成，是美术学习中非常糟糕的事情。

我当即就大声地对全体学生讲："不要用橡皮，而且以后也不要用铅笔，可以用签字笔或油画棒、彩色水笔去画，那样就无法修改了。"我反复说美术学习是没有对错的，并提醒孩子们要大胆作画。同时，我严肃批评任教的教师（这个教师原来是我教过的学生）。怎么能够这样教学呢？他解释说，今天下午要开家长会，他要布置学校的环境，就让孩子们自己画。这样的教学是违背儿童美术教学规律的，美术教师不应该以事情多为由放任孩子们。小孩子如果养成这样的习惯，改起来就麻烦了。

解决美术表现性学习概念化的问题，需要在美术文化的背景下进行儿童的美术教育，这里最需要的是，在课堂上形成与美术文化的对话机制。例如，不同的艺术家表现同一事物所用的不同形式与方法，是美术教师引导儿童逐步摆脱思维前概念（假定）影响的一个契机。当孩子们学习不同的艺术作品表现形式与方法的时候，当他们与其他小朋友和教师进行交流的时候，孩子们必然需要暂时搁置自己的意见，去倾听别人的诉说和文化带来的信息。这个时候，孩子们的思维前概念（假定）就会因为与相反的思维信息相遇而发生碰撞，孩子们就能越来越熟悉自己的思维前概念（假定）和方式，并逐步学习对它作出一些判断，开始自觉地将自己融入多元美术文化的对话之中而获得智慧。在美术表现性学习中，进行这样的文化对话，对于儿童的美术表现性能力发展及他们的成长来说是最有效的手段。现在的关键问题是，美术教师们需要排除在教学中图简单与省事的心理，加大力度为儿童美术表现性学习及能力的发展做深入的研究。

现行所有版本的课程标准实验教科书小学《美术》存在的问题是，编者在构成美术教材的具体课题时，都想按照新课程改革的教育理念进行设计，但面对具体的内容、具体的图片时，会出现图像客体与图像主题"两张皮"的现象。

学生在美术课堂上看到的图像，并不是图像客体简单地显现出来，而是在它显现时还有某个东西被带出来，那就是图像主题。在这里，有一个美术学科要素与人文主题之间的紧密关系。例如，在观察莫奈的"睡莲"系列作品时，画面上的图像事物显现为"白色的油彩"，或者是带有黄色、粉色的油彩，而图像客体显现为一般小学生的视觉经验所认识的"白色的小睡莲"。如何来解释这两个客体之间的关系呢？

小学生的视觉经验、知觉水平、思维方式，在这个作品欣赏中所涉及的不是建立在同一立意内容上的两个感知立意。小学生是以生活里的认识、经验来对应艺术作品，在具体作品的理解上，学生会用不同颜色的油彩对应眼睛看到的。这就像在怀疑的情况中一样，小学生这里的知觉水平所涉及的是一个感知立意和一个感知性的但不设定的立意。《照猫画虎》这个案例反映出的也是这个问题。在美术课堂上，如果图像事物和图像客体不是对立的关系，除非一个图像客体（例如一个人或者是蔬菜水果的实物）没有被感知为一个图像，而是被感知为现实，即被感知为一个真人、真蔬菜、真水果，也可以说，图像客体在小学生的思维里此刻被设定为存在着的真人、真蔬菜、真水果，或者是在动物园里看到的真老虎。如果小学生把真人、真蔬菜、真水果、真老虎看做是一个展现了某个人的图像客体，那么这里的知觉就不会出现分歧。

但是，在小学美术教材课题内容的具体构成中，这样的问题还是相当严重。在具体的教学现场，不同水平的美术教师在把握教材的时候，出现的落差将更大。因此，与其说美术课堂上的视觉图像传达有两个显现，不如说是一个显现具有两个功能。图像主题和图像客体的立意应该在这样一种意义上相互联结：它们相互交织并且相互依赖。例如，在获得了全国公开课一等奖的课中，"火火的向日葵"属于图像传达的人文主题，具体的美术表现方式（水粉颜料的厚涂法方式）属于图像客体，二者的结合不是两种立意的相互并列，而是它们的相互融合。再如，当看到摄影图片"小花"（图像）并且把它看做睡莲时，此时起作用的不仅仅是这些小睡莲，而且还有现实的睡莲。因此胡塞尔先生把图像主题的立意称为"对一个在显现者中的未显现者的再现意识"。如果这样设计美术课题，这样去设计教学的话，图像主题意识便有别于非图像的，即（纯粹）再造性的再现。

三、生活感觉与艺术感觉

研究小学生美术学习的知觉体验离不开对生活感觉的关联分析，日常生活里的各种感觉是人们视觉经验的基础。在生活里，人们随时用语言描述感觉。例如，"天好蓝好蓝！""花儿真漂亮！""哎哟！好痛！"这些都是由生活里的感觉引发出的话语表达，将这些感觉用语言来描述，还可以有很多。

1. 生活感觉是人自身状况的感受

即便是闭着眼睛躺在床上，在半睡半醒之间，头脑中也能够产生或者是生发出某种感觉。例如，闭着眼睛感觉到了邻居家孩子吵闹的声音，感觉到街上的汽车驶过等，这样的感觉是由听觉唤起的。眼睛的感觉可能会引起更多的联想，例如，看到了红色，会有一种激荡的感觉；而看到了绿色，则感到了安静与舒适。"纯粹的感觉应该是一种未分化的、转瞬即逝的点状'冲击'感受。"[①] 但实际上，感觉这个概念与人们体验到的东西有时候会不相符，人对生活事物的知觉应该说是一种关系，而不是绝对的概念化术语。例如，每个人的眼睛在知觉体验时会产生不同的"印象层"，特别是在看到颜色的时候。当一个颜色或多个颜色在一个单色的背景下，颜色与背景、颜色与颜色之间形成点与线的交汇，就会形成不同的图形。人们在知觉这些图形的过程里，会产生不同的印象层。

---

① [法]莫里斯·梅洛-庞蒂. 知觉现象学[M]. 姜志辉译. 北京：商务印书馆，2005.23.

又如，欣赏马蒂斯剪纸作品的时候，剪纸的色纸形态使人在不同的色彩背景中产生了不同的知觉感受。人们在"看"（此刻还谈不上鉴赏）作品的时候，眼睛最基本的知觉已经具有一种感受，不同的人看作品会有不同的意义。一般情况下，作为整个作品的图形与背景没有被全部感知的时候，人们往往是对作品中的某个点产生感知的。但人们却没有在意，任何知觉的产生都是由物象整体的"场"所给予的，因为，人们知觉的某种物象总是融合于其他物体的中间，"它始终是'场'的一个部分"。[①] 所以，当普通公民用生活的眼光去审视艺术家作品的时候，其知觉的意识处于一种生活的场中，尚缺乏艺术感觉，于是，艺术教育的作用在这个时候就显得特别重要。

2. 艺术感觉所需要的是意象性的知觉体验

人的眼睛在感受事物和艺术作品的时候，其视觉场不是由局部的视觉构成的，虽然被看到的物体或者艺术作品是由材料的片段构成的，其空间的各个点是相互分离的，但人们在心理体验上感知到的应该还是整体，因为普通公民的意识里并没有分解其材料要素、结构要素、学科要素等的需求。此刻，他们只是在看。那么，问题来了，为什么不从这个角度去研究小学的美术课堂教学设计呢？

现有的美术教材，其教学课题所呈现的图像与教学思路多半都是为了"给"学生"知识"，缺乏的是启发学生主动地探究"知识"。人的眼睛和耳朵这两个器官所分化出的概念为视觉和听觉，看就是为了获取颜色、形状、光影等，而听就是获取声音。从这个最基本的生理功能中可以得出一个结论：仅仅看或者听还不是产生了感觉，特别是还没有产生艺术感觉。"红色和绿色不是感觉，而是感性事物，性质不是意识的一个成分，而是物体的一种属性。"[②] 因此，美术教师要帮助学生解构生活，解构艺术作品，分解不同的要素，结合生活经验，从而能够产生连接的知觉。当这样的知觉产生后，就能够有重新构成创作的艺术感觉。

3. 关于知觉本质的研究

"我们自以为完全知道什么是'看''听''感觉'，因为长期以来知觉把有色或有声物体给了我们。当我们想分析知觉时，我们把这些物体带进了意识。"[③] 产生这样的自我认识是根据先前的生活经验而确立的，这样去谈知觉，是在犯一种"体验错误"。例如，小学美术课堂上学生对作品的知觉，学生对某种美术表现技能、方法把握过程中的知觉反应，并不是一种表征性的单一接受。当小学生看到作品中具体的形象时，他们往往用现实生活中的意识去对应作品中的形象，这在写实性绘画作品中是非常普遍的。这样的状态就是用被感知的物体来分析知觉的表现。但在此刻，知觉美术作品的人（小学生）没有接受过马蒂斯的论点——"那不是女人，那是一幅画"。因此，在对待美术作品的时候，其知觉的意识依旧停留在现实生活中，而不是艺术感觉中。

被感知的物体（美术作品、美术表现方法与技能）本身，只有通过小学生主体的

---

① [法] 莫里斯·梅洛-庞蒂. 知觉现象学 [M]. 姜志辉译. 北京：商务印书馆，2005.24.
② [法] 莫里斯·梅洛-庞蒂. 知觉现象学 [M]. 姜志辉译. 北京：商务印书馆，2005.24—25.
③ [法] 莫里斯·梅洛-庞蒂. 知觉现象学 [M]. 姜志辉译. 北京：商务印书馆，2005.25.

知觉体验才能被理解。人的一切意识都是关于某物体（事物）的意识，这个"某物体"（事物）不一定是人的视觉辨认习惯所知觉的物体，因此，人们在知觉艺术作品的时候，需要由生活的知觉向艺术感觉转化，才能发现艺术作品的本质。

任何知觉物体的性质并不是小学生知觉体验、感受意识中的一部分，知觉物体应该是小学生感受艺术的对象，它在美术课堂上的性质有着其特殊的意义。例如，仅仅看一张普通的摄影图片，要想知觉其本质意义，必须回到这个物象形态的本身去思考问题，而不能够仅凭着图片来说明什么。再如，欣赏一张雪景的摄影图片，或者是一幅有山有水的摄影图片，在美术教学的本质意义上讲，需要利用现代数码技术分解图片中的形态，使其更适应于学生的知觉体验，为学生把握图片物象形态的表现而提供重新构成的平台。

在小学美术课堂上，知觉体验的方式与过程最少可以分为两种类型：鉴赏型知觉体验和表现感悟型知觉体验。鉴赏型知觉体验又可以分为艺术作品鉴赏知觉体验、图像鉴赏知觉体验。对艺术作品进行知觉体验时，教师要引导学生了解与作品相关的背景信息，结合视觉的即时感受，描述自己对作品的感觉。对图像进行知觉体验时，教师既要强调现实的视觉感受冲击力，又要分析构成其图像画面的形式意味，并让学生描述知觉后的内心感受。面对不同的美术表现形式、材料、工具、技法等，学生的知觉体验与鉴赏知觉体验有所不同，鉴赏知觉体验更强调体验中的感悟性开启。

四、"浪漫的思想、踏实的脚步"

如何自主思考？对着镜子能否照出自己心灵的样子？毫无疑问，小学美术教师们脸上什么也没有，是他们不健康的自我认知心理影响了自主判断，这是内心知觉的作用。但是，一个人内心的伤痕与脸上的显性伤痕相比，显然要隐蔽得多，但同样会通过自己的言行显现出来。如果小学美术教师们自认为个人有缺陷、不可爱、没有价值，也往往会以同样的消极态度对待学生。所以，人的心灵就像一面镜子，小学美术教师感知到的是什么样的世界，取决于自己如何看待自己。

作为一个小学美术教师，需要的是怎样的一种生活状态？经过了美术学科的各项专业修炼后，是否已经可以告白，自己在各方面都非常出色了，能够应付小学美术课堂教学了呢？实际上我们一直处于"在路上"的状态。

"表现"是美术教师说得最多的一个词，但美术教师有没有思考过"表现"这个词的内在含义呢？在美术活动中，表现既表示一个行动，同时也表示这个行动的结果。美术教师在运用"表现"这个词汇的时候，在理解这个词的意思时，需要更全面的思考。表现是过程性的，教学生活也是处在过程中的。修炼了各项不同的美术学科能力后，我们还是处在过程里。在这个过程里，我们需要"浪漫的思想、踏实的脚步"。

国家美术课程标准研制组组长、首都师范大学美术学院博导尹少淳教授认为，在中国师范大学的美术学院里，真正是教育家的院长，当属浙江师范大学美术学院周绍斌院长。周绍斌院长有一句富有震撼力的论述："没有浪漫的思想，踏实的脚步是迈不开的。"

"浪漫的思想"是什么？按照教育研究分析，"浪漫的思想"是一个教育研究假设。有了"浪漫的思想"这个美术教育研究假设，没有做不成的美术教育实证研究。

"踏实的脚步"是什么？就是实实在在的美术教育实证研究与改革，这应该是每个美术教师一生都需要面对和坚持的。"没有浪漫的思想，踏实的脚步是迈不开的。"这句话对于小学美术教师来说意义深远。在修炼自己的过程中，小学美术教师的思维处于多种"浪漫的思想"交织的状态。虽然这些"浪漫的思想"都需要经过"踏实的脚步"去实证，但是，对于小学美术教师来说，自己的课堂教学生活特别需要那样的浪漫。由"浪漫"到"踏实"，由改革发展到习惯（传统）……思绪在不断地跳跃着。

2000年8月，新世纪开始那年，在中国北京，有了一个浪漫的思想——第八次基础教育课程改革。2001年9月1日，迈开"踏实的脚步"。基础教育新课程改革进入28个国家实验区，至今经历了10年。小学的美术教育课程改革经历了由浪漫到踏实的过程。美术教育研究需要浪漫的思想，艺术创作需要浪漫的思想，艺术家们是最具备浪漫思想的人。能够艺术化生活的美术教师，最需要浪漫的思想，因为它是创新的基础，也是发展的起步。

一直行走在路上的小学美术教师们，教学生活需要浪漫的思想，但这些都离不开踏实的脚步。只有那些有着浪漫思想的人，才能为踏实的脚步迈开第一步打下基础，没有浪漫思想的人，怎么能够谈得上有踏实的脚步呢？小学美术教育研究，小学美术教师的专业成长与发展，都需要浪漫的思想——教育研究假设，还要依靠踏实的脚步——课堂教学实证。

一位小学美术教师如是说：

当老师真的很快乐！

当一个美术老师更快乐！

我们的快乐在课堂里，在孩子们的每幅习作中。当我们装裱、布置着那些充满着成长味儿的作品时，我们似乎看到了助人成长的快乐，我们的快乐还在我们与孩子的交流与共同学习的过程中。

快乐的美术教师一定是幸福的，因为他懂得体验教学中的快乐，还享受着创造快乐的快乐，他的幸福在为孩子的成长创造快乐之中。

让自己感知快乐、体验快乐、享受快乐、创造快乐，小学美术教师需要为自己做一些必要的整理，说得确切一些，我们必须为自己所有的工作做一些准备，或者说为自己的教学过程做一些努力，为自己和孩子能一同在课堂里有收获、有成果而进行各种形式的反思，甚至可以理解为把自己"包装"一番。说得再深入一些，我们要为这些付出自己长期的努力……

呼吸着21世纪的春风，面对望不到边际的蓝天，小学美术教师心中将浮现多少浪漫的思想，并暗自思考着如何迈开那踏实的脚步。是的，我们的未来不是梦。

参考文献

①［美］鲁道夫·阿恩海姆. 艺术与视知觉［M］. 滕守尧，朱疆源译. 成都：四川人民出版社，1998.

②［美］艾略特·W·艾斯纳. 儿童的知觉与视觉的发展［M］. 张丹，刘海英，孙宏，葛凌凌译. 长沙：湖南美术出版社，1993.

③［法］莫里斯·梅洛-庞蒂. 知觉现象学［M］. 姜志辉译. 北京：商务印书馆，2005.

④［美］鲁道夫·阿恩海姆. 视觉思维——审美直觉心理学［M］. 滕守尧译. 成都：四川人民出版社，1998.

⑤［美］鲁道夫·阿恩海姆. 对美术教学的意见［M］. 郭小平，翟灿，熊蕾译. 长沙：湖南美术出版社，1993.

⑥［美］拉尔夫·史密斯. 艺术感觉与美育［M］. 滕守尧译. 成都：四川人民出版社，2000.

⑦邓晓芒. 康德《判断力批判》释义［M］. 北京：生活·读书·新知三联书店，2008.

⑧［美］加里·D·鲍里奇. 有效教学方法［M］. 易东平译. 南京：江苏教育出版社，2002.

⑨［英］A.D.史密斯. 胡塞尔与《笛卡儿式的沉思》［M］. 赵玉兰译. 桂林：广西师范大学出版社，2007.

⑩［美］埃伦·迪萨纳亚克. 审美的人［M］. 户晓辉译. 北京：商务印书馆，2004.

⑪［美］沃尔夫·吉伊根. 艺术批评与艺术教育［M］. 滑明达译. 成都：四川人民出版社，2000.

⑫［美］帕森斯·布洛克. 美学与艺术教育［M］. 李中泽译. 成都：四川人民出版社，2000.

⑬［美］布郎，科赞尼克. 艺术创造与艺术教育［M］. 马壮寰译. 成都：四川人民出版社，2000.

⑭王柯平. 美育的游戏［M］. 南京：南京出版社，2007.

⑮［美］列维·史密斯. 艺术教育：批评的必要性［M］. 王柯平译. 成都：四川

人民出版社，2000.

⑯［美］罗恩菲德．创造与心智的成长［M］．王德育译．长沙：湖南美术出版社，1993．

⑰［英］赫伯·里德．通过艺术的教育［M］．吕廷和译．长沙：湖南美术出版社，1993．

⑱王柯平，杨平，李中泽，黄水婴．美国艺术教育新台阶［M］．成都：四川人民出版社，2006．

⑲朱青生．没有人是艺术家，也没有人不是艺术家［M］．北京：商务印书馆，2000．

⑳汉宝德．美，从茶杯开始——汉宝德谈美［M］．桂林：广西师范大学出版社，2006．

㉑蒋勋．美的沉思［M］．上海：文汇出版社，2005．

㉒［美］玛琳·加博·林德曼．小学阶段的美术教育［M］．李蒙丝译．长沙：湖南美术出版社，2009．

㉓李力加．走向多元的美术教育［M］．长沙：湖南美术出版社，2009．

㉔李力加．艺术成长［M］．济南：山东教育出版社，2007．

后　　记

《小学美术教师专业能力必修》这部书稿的选题创意及形成，源于与西南师范大学出版社北京图书策划中心郭德军主任的对话、沟通。经过几个回合的切磋，我基本确立了本书的写作提纲。在全国教育科学"十一五"规划、2009年教育部重点课题"基于学生知觉经验唤起的小学美术课堂有效教学模式研究"立项的指导下，本书作为课题的研究成果之一，旨在为小学美术课堂教学研究和小学美术教师专业能力修炼提供一种可以借鉴的模式。

全国教育科学"十一五"规划、2009年教育部重点课题"基于学生知觉经验唤起的小学美术课堂有效教学模式研究"，在立项前已经进行的前期研究有5年多时间。本次课题立项后，我又在浙江、江苏、福建等省的18所各类型小学进行了实验性研究，论证了课题理论。本书中的九个篇章，按照不同的专业修炼策略，汇集了部分研究成果的案例、论点、论据、理论。可以说，本书将最新的研究成果呈现给了广大小学美术教师。

本书的写作经历了编目框架讨论与样张编写、整体写作与调整两个阶段。根据与西南师范大学出版社相关负责人讨论后的综合意见，我在确立整体结构、行文格式上都力图有所突破，主要目的是为了贴近基层小学美术教师实际的课堂教学实践，力求达到好读、好用、好借鉴。每个篇章主题内容都有所侧重，尽量照顾到小学美术教师在实际课堂教学中的需要。本书由小学美术教师的日常教学生活入手，提出了专业化修炼的策略、思路、方法，辅以教育叙事（教学故事）的写作方式，将生动的案例提供给美术教师，描述性地阐释了一个基本合格的小学美术教师在自我发展和教学成长中所需要的专业修炼。

按照整体编写框架，本书中"写在前面的话"、第一、二、三、四、五、八、九章以及第七章中部分内容由我完成，第六、七章由浙江省特级美术教师章献明撰写，我负责整个文本统稿、文字修改与结构调整。

感谢西南师范大学出版社的所有编辑。

李力加